きっぷのルール ハンドブック

三訂版

土屋武之

実業之日本社

はじめに

私が小学生5、6年生だった1977～78年頃、国鉄が「一枚のキップから」というキャンペーンを展開していました。今に語り継がれている「ディスカバー・ジャパン」と「いい日旅立ち」の間に挟まれて目立つことはあまりなく、テーマソングもさほどヒットしなかったようなのですが、ちょうど鉄道旅行に関心を持ち始め、一人旅を試みるようになった私の心に、この「一枚のキップから」という言葉は深く刻みこまれました。お小遣いを貯めて、初めて自分で買った、あこがれの列車のきっぷを手にした時のことは、はっきりと覚えています。

鉄道旅行は、きっぷを買うところから始まります。隣りの駅まで買い物に行くにしても、遠く見知らぬ土地へ初めての旅に行くにしても、1枚のきっぷが導いてくれるのです。

この本では、あまりに日常的な存在である「きっぷ」が、どういう仕組みの下で発売され、どういう規則に基づいて運用されているのかを、初心者向けに基礎の基礎から解説してます。

鉄道は規則づくめの世界といわれますが、きっぷもまた同じで、詳細で複雑なルールが定められています。そして、そのルールは極めて論理的かつ体系的に構築されているのです。その体系を知ることができたら、規則の意味を知ることができたら、何気なく買ったきっぷも、興味深い存在に変わるのではないでしょうか。そして、いわれるがままに運賃・料金を支払っていたきっぷに対し、面白さを感じるのではないでしょうか。

さらに、旅する自分がみずから、きっぷのルールを知ることができれば、プランニングや旅行そのものがより楽しくなるはずです。出発する駅から目的地の駅までの運賃がどのように計算されているのか。乗車する特急の料金にはどういう意味があるのか。それがわかれば、鉄道旅行が「誰かに導かれ、教えられてするもの」から「自分で道を切り開いて進むもの」に変わるとでもいいましょうか。

ルールに精通するようになれば、ルールと向き合って、ルールに則った上で、安くお得に旅ができるようになります。実際に旅に出なくても、時刻表をめくって机上旅行をするのもまた、楽しくなるでしょう。時には思わぬ発見があるかもしれません。単純な「節約術」に留まらず、論理の構造を探り、論理に立ち向かう、知的な遊びです。

また、知識が深まれば、旅先での行動にも自由が増すでしょう。次々に現れる状況にどう対処すればいいのか。知識を用いれば、難しさは和らぐはずです。それが自分の気まぐれ心であっても、突然のトラブルであっても同じです。

この本を著すにあたり、中学生の時に初めて手にした、種村直樹さんの『鉄道旅行術』（日本交通公社刊）と『汽車旅相談室』（実業之日本社刊）のシリーズは、深く意識せざるを得ませんでした。これらの本は、何も知らなかった幼い私の、まさに蒙《もう》をひらいてくれました。これらの本がなければ、私は鉄道旅行に出かけることもなく、今の職業に就いていることもなかったでしょう。種村さんには、いくら感謝しても感謝しきれない、ご恩があります。

おこがましいことではありますが、この「きっぷのルール」も、鉄道の旅へ出かける今の若い世代の、背中を押す本になることを期待しています。私が初めて一人で乗った長距離列車は、山陽新幹線の「ひかり」でした。あれから四十数年。携帯電話やインターネット、ICカード乗車券などが登場し、世の中も鉄道も大きく変わりました。私もチケットレスで頻繁に「のぞみ」に乗るようになりました。時代が変われば、旅の手引きも変わらなければいけません。

けれども、きっぷを手にして旅立つあの感動は、いつの時代であっても、変わらないはずです。

2024年3月・平穏な旅立ちを願って

【三訂版の発行にあたって】

前回の改訂版刊行より約4年が経過し、新幹線の開業などを機にきっぷのルールにも変化が生じました。改訂に当たっては2024年3月16日ダイヤ改正時点の情報を盛り込んでおります。

鉄道ライター・土屋武之

CONTENTS

第2章

きっぷのルール「乗車券編」

第3章

きっぷのルール「指定券編」

第4章

お得に、賢く列車に乗る方法

第6章

旅先の楽しみと旅のヒント

本書をお読みになる方へ

※本書に記載した運賃、料金、制度等は、2024年3月現在のものです。また、掲載しているきっぷの写真など現行とは異なる運賃・料金のものがあります。本書刊行後、運賃・料金や制度の改定がある可能性がありますので、最新の情報をお確かめの上、ご利用ください。
※本書ではJR各社のルールを基本として解説しています。私鉄各社のルールもほぼこれに準じたものですが、異なる場合も多々あります。個別の事例は挙げていませんので、ご留意ください。

鉄道旅行では、これだけ旅客営業規則が適用されている

「きっぷのルール」と旅の楽しみ、フル活用の旅・2024！

日ごろ、深く考えずに鉄道で旅をしていても、きっぷを買って列車に乗っている以上、必ず何かの「きっぷのルール」が下敷きとなって、乗車券などが発売されているはずだ。では、どこにどのような規則が適用されているのか。ルールを活用した長い旅に出て、実際に体験してみおうというのが、この記事の主旨だ。途中では、鉄道旅行の楽しみも味わってみたい。

いきなり？乗車券類変更

取材に出かけるにあたっては、やはりプランニングが肝要だ。適用されるルールができるだけ多くなるよう工夫した。近年、改正されたルールも少なくなく、変化もわかるようスケジュールに組み込んでいる。実施したプランは20ページの通り。他の仕事も合わせてこなしつつ、2023年12月9～12日に出かけた。乗車券は連絡運輸（2-07）を利用すべく、東京都区内から福岡市地下鉄経由筑前前原までの片道で購入している。

当初は8日夜の「サンライズ出雲」（6-04）で出かける心づもりをしていたが、コロナ禍後の観光需要復活もあって混雑するだろうとの予想（4-13）は当たり、インターネット予約「e-5489」（1-05）で繰り返しチャレンジしても、な

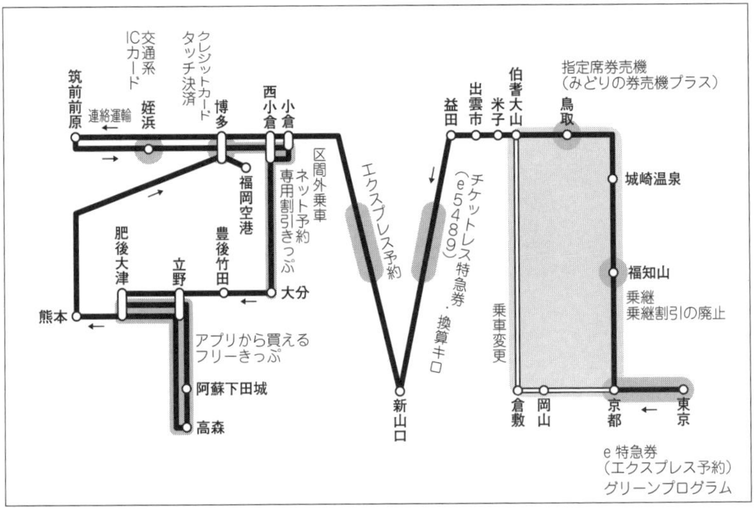

かなか寝台券が確保できない。ノビノビ座席は一応、押さえたが、個人的に年末の繁忙期でもあり8日の夜に旅立つことも難しくなってきて、やむなく予定変更。それに伴い、当初は伯備線経由で先に購入していた乗車券も、京都から山陰本線に入るルートに乗車券類変更（5-01）し、特急券も変更した。変更後の運賃は1万5410円。この値段の計算方法は（2-07）をご参照願いたい。

なお、最初の予約をJR西日本のe5489で行ったのは、「サンライズ出雲」の寝台券はJR東日本の「えきねっと」などでは予約できないからだ。受け取り可能駅には注意（1-05）しなければならない。

福知山で特急乗り継ぎ

出発は12月9日土曜日、東京6時09分発の「のぞみ283号」とした。京都までの乗車なので、博多行きではなく、新大阪行きのこの列車をチョイス。e特急券利用とし、エクスプレス予約（1-05）の「グリーンプログラム」のポイントが溜まっていたので、グリーン料金なしでグリーン車に〝アップグレード〟した。このサービスの2024年6月末終了が予告されるなど、2023年にはエクスプレス予

「のぞみ」で出発。

城崎温泉からは
普通列車で。

約にはさまざまな変更があったので、お名残乗車でもあった。「のぞみ」の車内販売（6-06）もなくなったが、グリーン車にはアテンダントがコーヒーやアイスクリームなどを席まで届けてくれるサービスが残る。

8時21分に京都着。8時38分発の特急「はしだて1号」に乗り換える。以前ならここで、新幹線と在来線の乗継割引について解説するところだが、これも2024年3月15日限りで全廃されてしまった。ただ、同じ乗り継ぎでも、福知山における京都発着の「きのさき」「はしだて」と新大阪発着の「こうのとり」を乗り継ぐ場合の特急料金通算（3-05）は健在。JR西日本の在来線特急列車も全車指定席化が進んでおり（3-03）、「はしだて」「こうのとり」も同様だ。JR東日本にある座席未指定券（3-03）は、こちらでは発売されていない。

福知山では9時54分着・9時55分発と、時刻表上ではわずか1分しか接続時間がないが、問題なく乗り換え完了。10時58分に城崎温泉に着く。土曜日の午前中の列車だけに、どちらも温泉客で盛況だった。こちらは城崎温泉駅で駅弁の（6-06）「かに寿司」を買い、11時56分発の普通に乗り継ぎ。13時57分に鳥取に着いて、仕事の都合上、この日はここまでとした。城崎温泉で入りそこねた天然温泉の外湯（6-11）には、鳥取温泉で入ることができた。

翌朝は、鳥取7時04分発の特急「スーパーまつかぜ1号」で出雲市へ。日曜日なのでビジネス客はいないだろうと、鳥取駅の指定席券売機「みどりの券売機プラス」（1-06）で、オペレーターに手間

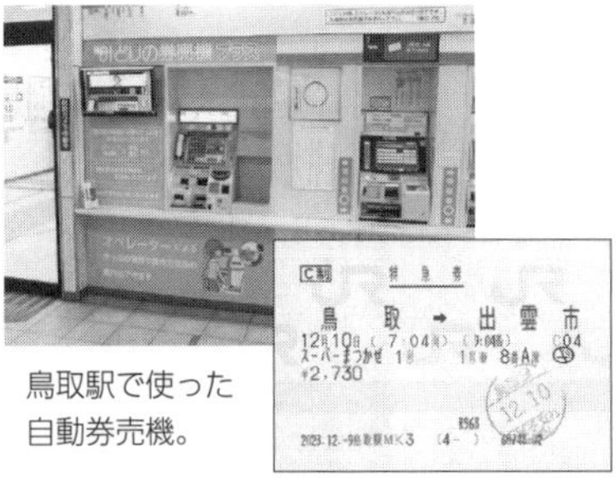

鳥取駅で使った
自動券売機。

もかけず特急券を購入。すんなり座れている。

チケットレス特急券は便利

12月10日日曜日は、応援している木次線のイベントに顔を出した後、出雲市泊。翌11日月曜日早朝から旅を再開する。まず、6時49分発の特急「スーパーおき1号」に乗った。この列車では、e5489のチケットレス特急券（1-

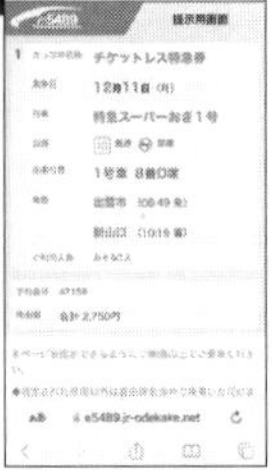

「スーパーおき」は
チケットレスで乗車。

07）を試す。予約画面上でチケットレスを選択し、席が確保できれば表示される画面をスマートフォンで表示できるようにしておけば、紙のきっぷを受け取らずともよい。

この列車は益田から山口線に入り新山口へ向かう。益田まではずっと「幹線」を通ってきたが、山口線は「地方交通線」で、双方をまたがって乗る場合は換算キロ（2-02）を使い、運賃を計算することになる。

3時間半の振子式気動車の旅を終えて、新山口10時19分着。接続は10時34分発の「のぞみ3号」になる。この列車は一昨日乗った「のぞみ283号」のすぐ後を走っており、「はしだて1号」にも接続しているから、東京から京都まで乗ってみるのも、また一興だったなと思い返す。

博多まで30分ちょっとなので、自由席で十分だが、ここで「Yahoo!路線情報」とエクスプレス予約の連携を試してみる。特に難しいものでもなく、Yahoo!で新幹線の時刻を検索すると、提示された列車の予約ができる、エクスプレス予約へのリンクが張られているのだ（1-05）。自由席なのでど

Yahoo!との連携で特急券購入。

の列車にでも乗れるが、ここはリンクをたどって、最終的にエクスプレス予約の画面で自由席のe特急券を予約。紙のきっぷへは、新山口駅の乗換改札口付近の券売機で難なく引き換えられた。

この日、新大阪～新神戸間で高架橋への大型車接触事故があり、後続の「のぞみ9号」などが40分延といった情報が流れていた。運がよかったことに、「のぞみ3号」は事故前に現場を通過しており、博多へは定刻11時09分着。

ネット予約専用の激安きっぷ

JR筑肥線の筑前前原、唐津方面へは、いったん博多駅のJRの改札口を出て、相互直通運転を行っている福岡市地下鉄空港線乗り場へ行かねばならない。連絡乗車券が発売されている以上、当然なのだが、どちらの自動改札機もすんなり通れる。

連絡乗車券で筑前前原へ。

博多11時27分発は地下鉄の電車で、ちょっと違和感を抱きつつJRのきっぷで乗り、12時08分筑前前原着。12時29分発で折り返す。この時、いつも使っている交通系ICカード「Suica」（1-08）で改札機を通ってみた。JR九州は「SUGOCA」エリアだが、交通系ICカード全国相互利用サービス（1-08）が2013年に始まって、もう10年になる。

いったん姪浜で降り、280円がチャージから引き落とされたのを確認して、次はクレジットカード

タッチ決済が使える自動改札機。

のタッチ決済（1-10）を試す。これは、一般の商店からはじまり最近は公共交通機関にもどんどん広まっている、手持ちのクレジットカードを自動改札機の端末にかざせば、それだけで決済が完了するサービスだ。福岡市地下鉄では、2023年3月27日の七隈線博多延伸開業の日から全線で利用可能になった。姪浜～博多間の運賃300円は後日、クレジットカード会社から請求が来る。

さて、博多までで終わってしまったのでは物足りないので、博多～大分～熊本～博多と一周する片道乗車券（1-03）を別途購入して、旅を続けるつもりでいた。

ところが事前にJR九州ネット予約で博多～大分間の「ソニック」の特急券を購入しようとしたら、「九州ネット早特」という、ネット予約専用の割引きっぷ（4-

激安のきっぷで「ソニック」に乗車。

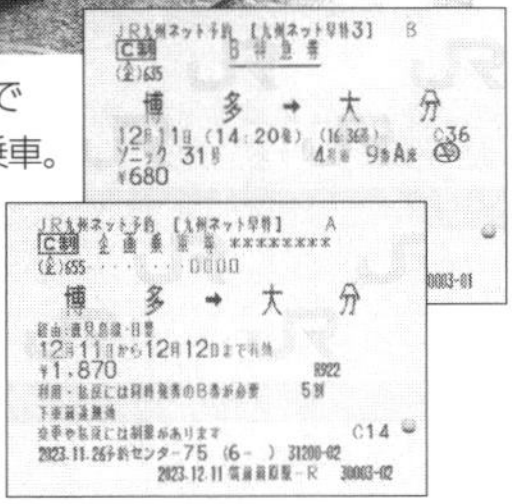

06）を見つけた。通常だと博多～大分間の運賃3740円、指定席特急料金2730円、合計6470円のところが2550円と、特急料金より安いという、思わず見直したくなる割引で、喜んで予約した。紙のきっぷの発券が必要なので、筑前前原駅の指定席券売機を操作。ついでに大分～熊本～博多間の片道乗車券も買っておく。

博多14時20分発の特急「ソニック31号」は青い883系の運用。折返し運転となる小倉では、小倉～西小倉間の区間外乗車（2-05）も経験する。

大分に16時36分に着き、16時41分発の豊後竹田行きに乗り換えると席が埋まっており、運転台

自分と同名の宿に泊まる。

の後ろに立つ。豊後竹田18時01分着。途中下車する（2-09）。冬の日も暮れたのでここで1泊するが、竹田市内に「ホテルつちや」という宿があるのを楽天トラベル（6-07）で見つけ、予約しておいた。料理自慢の宿で、朝夕2食付けてゆったり過ごした。

スマートフォン画面で乗車

最終日12日火曜日はあいにくの雨。南阿蘇鉄道の乗り歩きを楽しむこととして、スマートフォンアプリ「my route」から「みなみあそ旅のレールバス」を1900円で購入した。南阿蘇鉄道や周辺のバスが1日乗り放題になる。こうしたアプリから買えるフリーきっぷ類（4-06）は、いつの間にか増えた。

宿の向かいが竹田郵便局だったので、9時の開局を待って旅行貯金（6-13）を果たし、駅へ向かう。券売機で自由席特急券を買ってから9時14分発の「九州横断特急2号」に乗る。立野のスイッチバックを楽しみ、10時48分に肥後大津で下車。ここにコインロッカーがあることは、JR九州の公式サイト（6-02）で確認済みだった。南阿蘇鉄道の列車まで時間があり、JR豊肥本線の立野～肥後大津間がみなみあそ旅のレールバスの自由乗降区間に入っているので、荷物を預けて身軽になる作戦を立てたのだった。

みなみあそ旅のレールバスのよ

「九州横断特急」で肥後大津へ。

バスも駆使して南阿蘇鉄道を楽しむ。

うなスマートフォンチケットは、利用開始すると有効期間を動画とカウントダウンで教えてくれる。これを改札口などで係員に提示すればOKで、チェックする方もわかりやすい。

立野に戻ると列車より先、12時25分に高森行きの南阿蘇ゆるっとバスが出る。南阿蘇鉄道が熊本地震で不通になっていた期間には、何度も世話になったコミュニティバスだ。これで阿蘇下田城駅まで先回り。駅の観察時間に充てる。もちろん、みなみあそ旅のレールバスで乗れる。

かつて阿蘇下田城駅舎内には温泉施設があった（6-11）が、やはり閉鎖中なのを確認した。12時55分には高森行きがやってきて、以後、高森、中松、阿蘇白川と日暮れまで乗り降り。肥後大津に戻って荷物を取り出した。一回ずつ運賃を払っていたら2140円になっていたので、元は取れている。

最後は「つばめ」で。

熊本まで混雑する通学列車に揺られ、18時20分熊本発の九州新幹線「つばめ330号」自由席で締めとする。

東京までは、福岡空港21時05分発の羽田行きスターフライヤー54便で戻る。博多駅から福岡空港までは、福岡市地下鉄で5分たらず。直通の寝台特急が何本も走っていた時代ではなくなっているし、飛行機やフェリーなども組み合わせるのが上手なやり方だ。早期購入割引「STAR7 C」で1万4780円と安くついた。

きっぷのルール・フル活用旅

	利用列車・ポイント	時刻	活用するルール・ポイント	関連項目
12月9日（土）	のぞみ283号	東京6:09→京都8:21	エクスプレス予約、JR各社のポイントサービス、車内販売	1-05、6-06
	はしだて1号	京都8:38→福知山9:54	全車指定席、乗車券類変更	3-03、3-05、5-01
	こうのとり1号	福知山9:55 →城崎温泉10:58	在来線特急券の特例	
	531D	城崎温泉11:56 →鳥取13:57	駅弁	6-06
	鳥取温泉		日帰り温泉	6-11
	ホテルα-1鳥取（泊）			
12月10日（日）	スーパーまつかぜ1号	鳥取7:04→出雲市9:04	指定席券売機	1-06
	グリーンホテルモーリス出雲（泊）			
12月11日（月）	スーパーおき1号	出雲市6:49 →新山口10:19	チケットレス特急券、幹線と地方交通線	1-07、2-02
	のぞみ3号	新山口10:34 →博多11:09	インターネット予約	1-05
	475C	博多11:27 →筑前前原12:08	連絡運輸	2-07
	478C	筑前前原12:29 →姪浜12:51	交通系ICカード	1-08
	福岡市地下鉄70列車	姪浜13:15→博多13:34	クレジットカードのタッチ決済	1-10
	ソニック31号	博多14:20→大分16:36	インターネット予約の割引きっぷ、区間外乗車	2-05、4-06
	4444D	大分16:42 →豊後竹田18:01	途中下車	2-09
	ホテルつちや（泊）		楽天トラベル	6-07
12月12日（火）	竹田郵便局		旅行貯金	6-13
	九州横断特急2号	豊後竹田9:14 →肥後大津10:48	鉄道会社の公式サイト、コインロッカー	6-02
	425D	肥後大津11:49 →立野12:03	スマートフォンチケット	4-06
	南阿蘇ゆるっとバス	立野駅前12:25 →下田駅前12:42		
	南阿蘇鉄道11列車	阿蘇下田城12:55 →立野13:16	駅内温泉	6-11
	南阿蘇鉄道14列車	立野14:27→中松14:39		
	南阿蘇鉄道15列車	中松15:29 →阿蘇白川15:34		
	南阿蘇鉄道16列車	阿蘇白川16:46 →立野17:09		
	436D	立野17:13 →肥後大津17:28		
	1486M	肥後大津17:32 →熊本18:06		
	つばめ330号	熊本18:20→博多19:09		
	福岡市地下鉄126列車	博多19:29 →福岡空港19:34		
	SFJ54便	福岡空港21:05 →羽田空港22:40		

第1章

「きっぷ」についての基礎知識

「きっぷ」を買うことが旅の第一歩。
けれど、きっぷには乗車券、特急券など
さまざまな種類があります。
JRのきっぷは、いったいどういう仕組みに
なっているのでしょうか?

「きっぷ」とは、何か?

輸送サービスを受けることができるという証明

そもそも「**きっぷ**」とは何なのでしょうか？

きっぷ（切符）を買って、所持していなければ列車に乗ることができないという社会的な常識は、誰もが持っていることでしょう。鉄道を利用するための何らかの証明であることは、漠然と理解されていると思います。

きっぷを買うということは、やや小難しくいうと、鉄道会社と利用者が輸送サービスについての「契約」を結んだということになります。鉄道会社が示した条件について納得すれば、**所定の金額を支払い、見返りとしてA駅からB駅まで、人あるいは貨物、荷物を運ぶというサービスを受けることができる**のです。

鉄道による輸送の根本となる法律は「**鉄道営業法**」（巻末資料参照）です。ちょうど1900（明治33）年に施行されたという、漢字とカタカナが混じった古めかしい条文の法律ですが、改正を繰り返しつつ、現在でも活きています。

これの第十五条には、旅客は運賃を支払い、乗車券を受けなければ乗車できないとあります。**運賃を先に払い、乗車券を買うことが鉄道を利用する上での原則**であることを定めた条文です。

また、この法律に基づいて定められた「**鉄道運輸規程**（1942年公布の鉄道省令）」（巻末資料参照）では、第十二条で、**乗車券には通用区間、通用期間、運賃額、発行の日付を記載することを要する**とされています。この「通用区間、通用期間、運賃額」などが、鉄道会社と利用者との契約内容になります。

いろいろな「きっぷ」

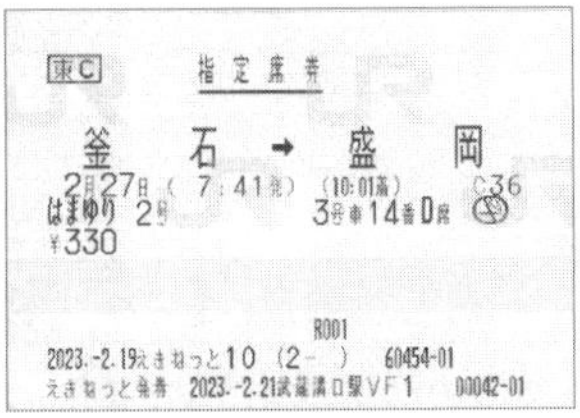

指定された座席が使える指定席券。

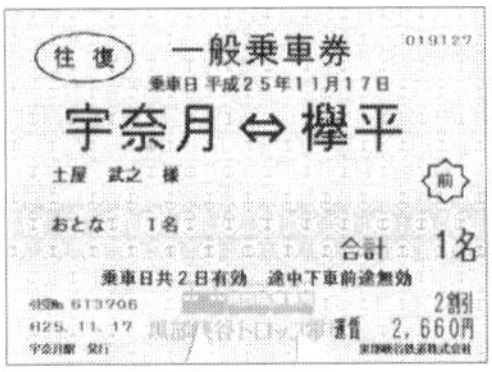

黒部峡谷鉄道の乗車券。表示は法令に則るもの。

券面にはサービス内容を表示。

※「きっぷ」ではない

領収書はお金を受け取った証拠でしかありません。

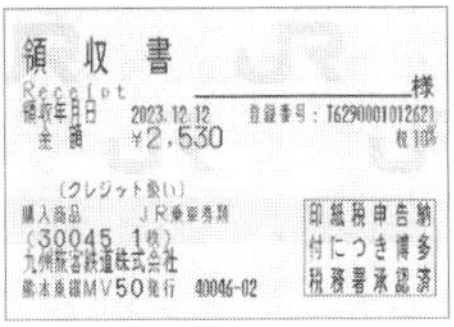

特急券などでは、それに加えて、乗車できる列車や利用できる座席の位置なども記載されます。それらが記されたきっぷを持っていれば、記載内容に基づいたサービスを鉄道会社から受けられるという仕組みなのです。

例示した乗車券を見ると、「三石→西日本会社線590円区間」といった通用区間。「発売当日限り有効」という通用期間。「590円」という運賃額。「2023.11.9」という発行の日付が明示されています。法律で定められている以上、様式は違っても、これらは乗車券には必ず記載されています。

私はこの乗車券を自動券売機で購入しただけですが、これを持っていると、2023年11月9日中であれば、三石駅から、JR西日本の路線の運賃590円の区間（例えば東岡山駅まで）に1回乗車できるという「契約」がJR西日本との間で結ばれたということになります。このきっぷが契約の証明で、改札口で係員に示す、あるいはその代わりとして自動改札機に通すと、輸送サービスが開始されます。

もう一つ、例として示した乗車券は、JR線とは対照的な観光路線「黒部峡谷鉄道」のものですが、この鉄道も国土交通省により認可された鉄道である以上、乗車券の記載事項が鉄道営業法や鉄道運輸規程に則っているのは当然で、定められた項目が券面に明記されています。乗車券の仕様はさまざまですが、表示内容は統一されているのです。

反対にいえば、**法令に則ったきっぷでないものは、きっぷではありません**。

以前、東海道新幹線に乗った時、客室出入口上部のLED式の車内案内装置に「領収書などはきっぷではありません」という、お知らせが流れたのを何回か見かけました。想像するに、きっぷを紛失したけれど、きっぷを買った時にもらった鉄道会社発行の領収書は手元にある。だからお金は確実に払っている。新幹線に乗せろ…という論理の客が、かなりの数いたのでしょう。

でもこれは、述べてきた通り、法律的に通用しないことです。領収書はお金を受け取った証明に過ぎず、鉄道会社が提供する輸送サービスは証明できません。

鉄道営業法第十五条で旅客は「営業上別段ノ定《さだめ》アル場合ノ外《ほか》」、運賃を先に支払わなければならないとあります。しかし最近、増えているのが、この「**営業上、別の定めがある場合**」です。

例えば、「Suica」などのICカード乗車券を利用すると、運賃は下車した駅で一括してカードから差し引かれます。「パスネット」などのプリペイドカード乗車券が広く使われていた頃には、乗車時、自動改札機にカードを通すと、初乗り運賃がまず自動的に差し引かれ、下車時には乗車区間の運賃と初乗り運賃の差額がさらに差し引かれるという、少々面倒なことを行っていた鉄道会社もありましたが、これは鉄道営業法における「運賃先払いの原則」を遵守した結果でした。

ローカル線のワンマン列車で無人駅からきっぷを買わずに整理券を取って乗車し、下車駅で運賃箱に運賃を入れるといったケースも、ここのところ一般的になりました。これらの「運賃後払い」は法令上、あくまで特例として処理されています。

また、ローカル私鉄によくある100円券を22枚つづりにして2000円で販売するといった「金額式の回数券」も、厳密には現金の代わりに使える金券。法令に定められた乗車券ではありません。

鉄道に乗るのに必要なきっぷ

乗車券・特急券・グリーン券など、きっぷの種類はさまざま

JR各社には、特急、快速、普通とさまざまな種類の列車が走っており、普通車の他に、グリーン車、寝台、指定席といった設備がある場合もあります。

まず、すべての列車について、乗車する時に必要なのが、1-01で説明した「**乗車券**」です。これに例外はありません。そして、乗車券を購入するために支払う必要があるのが「**運賃**」です。運賃という言葉は、乗車券の価格に対してしか使いません。

「毎日の通勤で使っているのは乗車券じゃない、定期券だぞ」と思う方もいるでしょうが、定期券の正式名称は定期乗車券。乗車券の一種です。旅行の時に便利な青春18きっぷといった割引きっぷなども、乗車券の一種です。意識していなくても、列車に乗る時は必ず、乗車区間に応じた運賃を支払い、各種の乗車券を買っていることになります。

乗車券は、列車へ最初に乗る駅から最後に降りる駅までの区間を買えばよく、途中で列車を乗り継いでも乗り継がなくても、どんな列車を利用しようとも関係はありません。現在、東京駅から大阪駅までの運賃は8910円ですが、東海道新幹線でも、普通列車でのんびり東海道本線をたどっても、同額です。

以前、東京都内のある駅の「みどりの窓口」で若い人が、「名古屋までの新幹線のきっぷ」と「名古屋から春日井までのきっぷ」という頼み方をし、「東京都区内から春日井ゆき」の乗車券を発券されて、けげんな顔をした場面を見かけました。新幹線と他のJR線

JRの列車に乗るために必要なきっぷ

すべての基本

スピード料金

	普通 (快速などを含む)	急行	特急
★基本的に必要	乗車券	乗車券 +急行券	乗車券 +特急券
普通車(指定席)	+指定席券	+指定席券	(特急券)
グリーン車	+普通列車用 グリーン券	+特急・急行用 グリーン券	+特急・急行用 グリーン券
寝台車	+寝台券	+寝台券	+寝台券

手数料

設備使用料金

は別と考えていたようです。

「東京都区内から名古屋市内ゆき」「名古屋から春日井ゆき」のような2枚の乗車券をつないで使っても、区間が途切れていなければ構いませんが、えてして運賃が高くつきます。

JRの**普通列車**は乗車券だけを買えば乗ることができます。普通であっても停車駅が少ない列車が走る路線もあり、**快速**・**新快速**・**特別快速**などと呼ばれています。これらも普通列車の一種ですから、自由席ならば乗車券だけで乗れるのです。

一方で、乗車券以外のきっぷを買わなければ乗れない列車や設備もあります。その場合の、きっぷの価格が「**料金**」です。特急料金、寝台料金といった呼び方で使われます。

JR各社では、運賃以外の別料金が必要な列車として、**特急**、**急行**が運転されています。現在、毎日運転されている定期急行列車はなくなり、首都圏などで細々と臨時急行が走るだけですが、特急は在来線の主力として全国を走っています。**新幹線**は特殊な路線で、すべての列車が特急です。

一般に速度が普通列車よりも速い、こうした列車に乗るには、「**急行料金**」を支払って、「**急行券**」を乗車券の他に買う必要があります。所要時間が短いことに対する「**スピード料金**」です。

特急には特急券じゃないの？と思われましょうが、特急の正式名称は「特別急行」。今や完全に主客転倒していますが、新幹線の「のぞみ」や「はやぶさ」であっても急行の一種なのです。だから、特急券（これも正式には特別急行券）も急行券の一種として、JRの旅客営業規則でも急行券に含めて定められています。

特別な設備を利用する場合は、また別な料金を支払って、別なきっぷを買う必要があります。いわば「**設備使用料金**」です。

一般的なのが「グリーン車」に乗車する時に必要な「**グリーン券**」。グリーン券、グリーン料金は通称で、正式には特別車両券、特別車両料金です。特急・急行のグリーン車と、普通列車のグリーン車とでは料金が違います。

夜行列車は本当に数少なくなりましたが、夜行の寝台車に乗る場合は「**寝台券**」が必要です。これはA寝台、B寝台といった寝台の種類によって値段が違い、特急でも、今はなくなりましたが急行や普通列車の寝台でも、種類が同じなら寝台料金は同じです。

「**座席指定券**」は、指定席と設定されている車両に乗る場合に必要で、座席を指定してもらうための一種の**手数料**です。ただし、特急の普通車、グリーン車、寝台車は、列車や座席を指定することが原則ですから、座席指定券は不要です。これは主に快速や普通列車の普通車指定席を利用する時に必要となるきっぷです。

この他、特殊なものとして、乗車券の他に、「**乗車整理券**」が必要な列車もあります。これは東海地区などで運転されている、特急用車両を使い全員着席をうたった通勤列車、「ホームライナー」に必要なきっぷ。この列車は会社によって乗車する号車が指定されていたり、全車が完全に指定席であったりします。

なお、乗車券・急行券・特別車両券・寝台券・座席指定券をまとめて「**乗車券類**」とも呼びます。

また、乗車日や乗車する列車、座席の位置を指定して発売する急行券（指定席急行券）・特別車両券（指定席特別車両券）・寝台券・座席指定券をまとめて「**指定券**」とも呼びます。

乗車券にはどんな種類がある?

普通乗車券は片道・往復・連続の3種類。定期券も仲間

鉄道に乗るために必ず購入しなければならない乗車券には、いくつかの種類があります。

まず、基本となるのが「**普通乗車券**」です。他に「**定期乗車券**」「**回数乗車券**」「**団体乗車券**」があります。

普通乗車券は、**片道乗車券、往復乗車券、連続乗車券**の3種類にわかれます。

片道乗車券はいちばん基本的な「○○から××ゆき」(例えば「松本から甲府ゆき」)という、きっぷです。

大都市近郊などによくある「東京から150円区間」という金額式のきっぷも片道乗車券です。これは、東京駅からの運賃が、例えば150円の駅が数多くあるがゆえ、発行するきっぷの種類を少なく(簡略化)するための便宜的な表記です。

片道乗車券の大鉄則は、同じ駅を二度通らない「一筆書き」ルートに対して発行されるということ。逆にいえば、同じ駅を二度通らないルートならば、乗車距離に関係なく片道乗車券として購入することができます。例えば、P182からのルポで登場した「東京都区内から大宮ゆき」の乗車券は、ぐるり一周するルート(東北本線・高崎線・上越線・信越本線・羽越本線・奥羽本線・東北新幹線経由)なので片道乗車券にすることができ、ルートがぶつかる駅の、大宮までとなるのです。

往復乗車券は、出発駅と到着駅を同じルートで往復する場合に購入できます。さらにそのルートは、往路・復路とも片道乗車券として成り立つルートでなければならず、

乗車券の種類

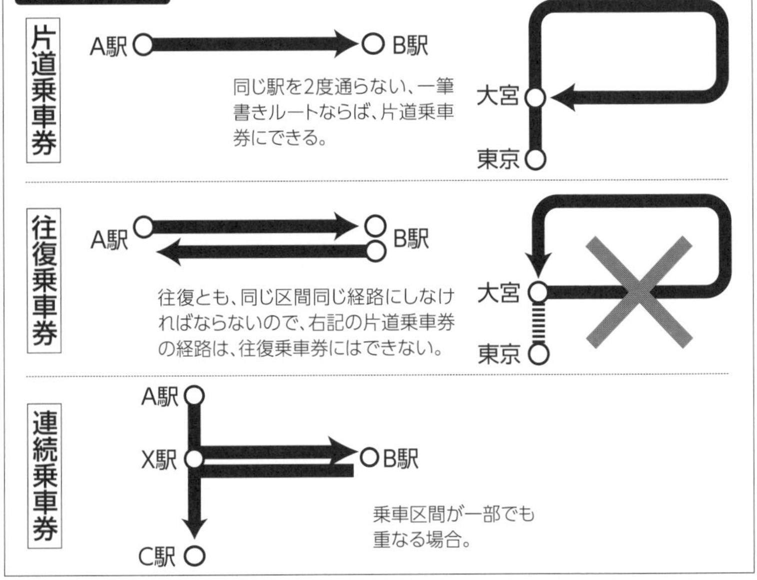

かつ往路・復路とも同じでなければなりません。ただし、後述する特例によって複数のルートが選べる場合は、往路・復路に**乗車するルート**が別々であってもかまいません。

こうしたきまりによって、例えば前述の「東京都区内から大宮ゆき」の片道乗車券のルートは、往復乗車券にはできません。なぜなら、「大宮から東京都区内ゆき」の復路は、ぐるりと反時計回りの逆ルートをたどったとしても、高崎線を通り大宮まで来た時点でルートがぶつかってしまい、片道乗車券として成立しないからです。仮に大宮の隣りの土呂《とろ》を往路の到着駅とすれば、ルートが往路・復路とも成立し、「東京都区内から土呂ゆき」の往復乗車券は購入することができます。

連続乗車券は、片道乗車券を2枚組み合わせたものと考えればよく、乗車するルートが一部、重なる場合に発券され、2枚が1組として扱われます。ただし、1枚目のきっぷ（連続1）の到着駅と2枚目のきっぷ（連続2）の出発駅は同じでなければなりません。

例えば、松江～姫路～高知と旅行する場合、「松江から姫路ゆき」「姫路から高知ゆき」をそれぞれ片道乗車券として購入することもできますが、この場合、岡山～姫路間のルートが重なっていますので、2枚を連続乗車券として購入することができます。**連続乗車券の効用は、2枚のきっぷの有効日数を足したものが、全体の有効日数となること**です。(4-02参照)

定期乗車券は通称「定期券」。回数乗車券は通称「回数券」。通勤通学などの際に使われる、おなじみの乗車券で、普通乗車券を利用するより割安になっています。しかし割引きっぷではなく、規則できちんと定められた乗車券の一種です。

定期乗車券には、通勤定期券、通学定期券などの種類があります。1カ月、3カ月、6カ月などの単位で、100km以内の区間で乗車区間・乗車経路を指定して発売されます。ただし、住宅難から通勤距離が延びる傾向にあることや、新幹線による通勤も考えられる時代となったことから、100kmを超える区間であっても定期券が発売されることもあります。

定期券には氏名が記され、その本人しか使うことができません。JRの駅で、お使いの人でしょう、「本社と支社を行き来する社員用(もちろん複数で使い回し)」として通勤定期券を買おうとした人に出くわし唖然とした経験がありますが、もちろん規則違反で、そういう使い方をすると定期券は無効として回収されるきまりです。どうやら、そうした目的で何回も定期券を買い続けていたようなのですが……。もちろん断られていました。

回数乗車券(普通回数券)は営業キロが200km以内の区間で発売され、11枚つづりで乗車券10枚分の値段。3カ月間有効というのが基本です。ただし、現在ではJR各社をはじめ多くの鉄道会社では、一部の学校向け以外の普通回数券は発売を終了しており、過去のものになりつつあります。

団体乗車券は団体旅行の際に発行されるもので、8人以上が同じ行程で旅行する場合、普通運賃が割引になります。合宿や社員旅行の時などに、お目にかかったことがあるかもしれません。

きっぷはどこで買える?

駅の窓口や券売機が基本だがチケットレスが急速に普及

きっぷは、どこで買うのでしょうか？　「常識だろう？」といわれそうですが、基本は今も昔も変わらず駅の窓口です。

国鉄時代には、東京や大阪といった大きな駅では乗車券の売り場と指定券の売り場が別々になっていました。そして、コンピューターによる指定券の発売を行う窓口の愛称が、「**みどりの窓口**」だったのです。国鉄が指定券予約・発券システム「マルス（MARS）」を導入したのは、1960（昭和35）年のことで、最初は東海道本線を走る「こだま」など4本の特急だけが対象でした。

現在では乗車券と指定券の窓口は統合され、ほとんどの場合、どちらもコンピューターによる発券となりました。「みどりの窓口」では、長距離の乗車券や指定券のみならず、各種割引きっぷや定期券、イベント券などの発売も行っています。係員がいて応対してもらえる窓口、イコール「みどりの窓口」という位置づけです。JR東海のように、取り扱うきっぷの内容は同じですが「みどりの窓口」という名称を使うのをやめて、「JR全線きっぷうりば」を基本としている会社もあります。

「みどりの窓口」では原則、指定券なら全国どの列車、どの区間でも購入できます。例えば、札幌駅で博多～鹿児島中央間の九州新幹線「さくら」の特急券を申し込んでも、何の問題もなく発売してもらえます。

乗車券は、基本的にその駅発着のもののみ購入できますが、指定券と同時になら全国どの区間でも買えるきまりです。例えば、先の

「さくら」の特急券と同時になら、札幌駅で博多〜鹿児島中央間の乗車券も買えます。また、無人駅から出発する場合は、近隣の有人駅の窓口で、該当する無人駅からの乗車券が購入できるようになっています。

また、駅の「みどりの窓口」と同様、**主な旅行代理店でもJRの乗車券・指定券が購入できます**。この場合は店の所在地や、出発・到着駅にかかわらず、全国どの区間の乗車券・指定券でも発売してもらえます。

「みどりの窓口」がある駅は、時刻表の索引地図などで調べることができます。ただし、たとえ駅員がいる駅（有人駅）であっても最近は「みどりの窓口」がなく、近距離の乗車券しか扱っていないところも多くなりました。また、首都圏の小さな駅などでは、「みどりの窓口」をなくし、その代わりに、指定券が買える自動券売機を置く駅も増えています。

近年では大都市圏に限らず、全国各地、かなりのローカル駅であっても、近距離の乗車券は自動券売機で発売することが当たり前となりました。中には片道乗車券だけではなく、往復乗車券、各種割引きっぷが購入できたり、特急が停車する主要駅では自由席特急券も購入できる機種も広く一般的に見られます。

大手私鉄や地下鉄では、乗車券は自動券売機での購入に限り、定期券売場にのみ、係員を配置した窓口を設けている例がよくあります。定期券だけではなく、自動券売機では発券できない記念きっぷや一日乗車券のような割引きっぷの類を、手作業で対応できる定期券売場で発売していることも多いです。

「みどりの窓口」の営業時間は、特急券を買わなければ乗れない新幹線の停車駅を除いて、始発から最終列車までとはなかなかいかず、早朝や深夜は開いている時間帯が限られる場合がほとんどです。自分がよく使う駅の営業時間は把握しておけば、いざという時、あわてずに済みます。

最近では、自動券売機の普及（1-06参照）で係員のいる窓口の営業時間は短くなる傾向にありますので、注意が必要でしょう。長距離きっぷや指定券は、早めに用意しておくに限ります。

ますます電子化が進むきっぷの予約

インターネットでの予約は当たり前 きっぷの受け取りの有無に違い

ここ数年の傾向として、JR東日本を中心として「みどりの窓口」の廃止が進んでいます。将来的な人口減少時代、つまりは働き手不足を睨んで、省力化が進められているのです。おかげで、残っている「みどりの窓口」の列が長くなり、待ち時間が増える傾向が見られます。年末年始や旧盆など、特に混雑する時期の前は長蛇の列ができがちで、できれば避けたいところです。

その代わりに導入が進んでいるのが、パソコンやスマートフォンから列車の席が予約・購入できる「インターネット予約」。そして駅で各種の乗車券や特急券、割引きっぷなどが購入できる「指定券自動券売機」(1-06参照)です。

今やインターネットサイトで予約してクレジットカードで決済。駅の指定券自動券売機で紙のきっぷに引き換えて乗車することが当たり前になりました。私自身も「みどりの窓口」に立ち寄る機会は激減。紙のきっぷの変更(5-01)、払い戻し(5-03)の時ぐらいになってしまいました。

インターネット予約はJRの旅客会社ごとの独自展開です。JR東日本の「えきねっと」、JR西日本の「e5489」、東海道・山陽・九州新幹線の「エクスプレス予約」、JR九州の「JR九州インターネット列車予約」があります。JR北海道の列車はJR東日本の「えきねっと」、JR東海の在来線特急とJR四国の列車は「e5489」で予約が可能になっており、丸ごと他社のシステムに託している感じです。つまり、これらのインターネット予約システムは、自社線内の列車

JR東日本のえきねっと

「えきねっと」の予約画面。乗車券だけの購入もできる。

ばかりではなく、隣接する他社の列車の席の予約も可能になっているのです。

ただし、予約できる範囲はシステムによって微妙に異なっているので、注意が必要です。例えば2022年に開業した武雄温泉〜長崎間の西九州新幹線の特急券は「えきねっと」と「e5489」「JR九州インターネット列車予約」で予約できますが、「エクスプレス予約」では予約できません。博多〜鹿児島中央間の九州新幹線の特急券なら「エクスプレス予約」でも予約できるといった具合です。

予約可能範囲以上に気をつけなければいけないのが、きっぷの受け取り可能駅です。今のところ、予約しただけでそのまま乗車できるチケットレスサービスが利用できる列車以上に、事前にインターネット予約で購入した乗車券・特急券を駅の窓口・指定券自動券売機で紙のきっぷに引き換えなければならないケースが多く見られます。それぞれシステムを稼働させている会社の窓口、指定券自動券売機なら間違いなく受け取れますが、問題は他社のシステムで予約した乗車券や特急券。

例えば寝台特急「サンライズ瀬戸・出雲」(6-04) の寝台券は、「e5489」でなら、インターネット予約が可能です。そのため日本のどこに住んでいても、極端な話、地球上どこでもインターネットにさえ接続できれば予約できます。ただ、今のところこの列車にはチケットレスでは乗車できません。紙のきっぷへの引き換えが必要ですが、「e5489」で予約したきっぷはJR西日本・JR四国以外では、JR東日本の北陸新幹線の各駅と、東京都内の主要駅、あるいはJR九州の「みどりの窓口」などでしか引き換えできません。東京や出雲市、高松から乗るのなら問題はありませんが、それ以外の駅だと窓口や指定券自動券売機に表示されている「e5489」のマークを目印に判断する必要があります。

インターネット予約の基本的なしくみは各社ともほとんど同じ。まず、会員登録をして、使うクレジットカードやカード番号などを入力しておく必要があります。このクレジットカードは、決済の他に、きっぷの受け取りに必要になる場合があります。

一般的な乗車券・特急券の購入だけではなく、インターネット予約限定の割引きっぷが発売されることも多くあります。巻頭ルポで紹介した「九州ネット早特」などが代表例。「エクスプレス予約」も、それ自体に窓口での直接発売より安い特急料金が適用されている他、やはり早期に購入すれば割引になる各種の「EX早特」などが設定されています。まず利用日が確定すれば、インターネット予約サイトを訪れて、割安なきっぷが発売されていないかどうか、探してみるのもいいでしょう。

また、インターネット予約の特長として、予約した列車の発車時刻までなら、変更が何回でも無料でできることも挙げられます。紙のきっぷだと、変更は1回限り(5-01)ですので、このサービスは便利です。

ただし、例えば「えきねっと」の場合、JR東日本、JR北海道および北陸新幹線のエリアで利用区間が完結する予約は、東武鉄道や伊豆急行などの会社線へ直通する予約も含み、「えきねっと特典」が適用されて変更が自由ですが、それ以外の、他社にまたがる予約などは、紙のきっぷと同じく変更は1回限りになります。「e5489」では山陽・九州・北陸新幹線、JR西日本・JR四国・JR九州・JR東日本エリアで完結する特急と一

インターネットサイトの便利な機能

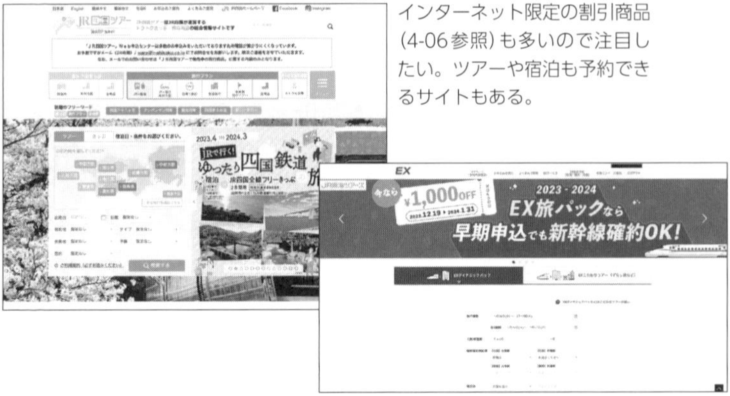

インターネット限定の割引商品(4-06参照)も多いので注目したい。ツアーや宿泊も予約できるサイトもある。

部快速列車を通常のきっぷで予約した場合、「特典あり」のきっぷとなり何回でも変更可能です。ただし、それ以外のきっぷの「e5489」上での変更は、同一区間、同一乗継駅への、1回限りになるなど条件に制約があります。この場合は、一度、紙のきっぷに引き換えれば、規則通り、全国のどの列車にも変更が可能（5-01）になります。

実際に利用するにあたっては、自分が住んでいるところを営業エリアとしているJR旅客会社のサイトについて詳しく知っておけば、まず不便は感じないでしょう。私は神奈川県在住ですが、JR東日本の「えきねっと」と「エクスプレス予約」をもっぱら利用しています。毎月のように全国の各地へ取材に出かけますが、この二つのサイトだけで、ほとんど事足りています。

万能のように思えるインターネット予約ですが、対応できないきっぷもあるので、注意が必要です。代表的なのが学割（1-13）や「ジパング倶楽部」（4-11）、通学定期券の新規購入のように紙の証明書を窓口に出して購入するきっぷ。「話せる指定席券売機」（JR東日本）や「みどりの券売機プラス」（JR西日本）のようにオペレーターと対面できっぷが購入できる自動券売機を利用しなければなりません。

指定券自動券売機を活用しよう!

今の自動券売機は「万能」
機械で買えないきっぷはほとんどない?

「みどりの窓口」に代わって設置が進んでいる、指定券(1-03参照)も買える自動券売機は、会社によって「指定席券売機(JR東日本)」、「みどりの券売機(JR西日本)」などと呼び名が変わり、多少、機能が異なる場合もあります。けれども、基本的には特急券などの指定券、乗車券(長距離に限りません)、各種の割引きっぷなどを自分自身の操作で購入することができます。現金での購入はもちろん、クレジットカードも利用できます。

それだけではなく、定期券の発売や、指定席を利用できる購入済みの割引きっぷ(特急回数券など)の座席指定やインターネットで予約したきっぷ(1-05参照)の受け取りなどもできます。証明書が必要な新規の通学定期券や、「大人の休日倶楽部」(4-11参照)など会員割引となるきっぷが買える機種もあります。

東海道新幹線の駅には、「エクスプレス予約」で予約したきっぷの受取専用券売機も置かれています。これなどは、発車時刻まで余裕がない時などは便利に使わせてもらっています。

今や、設置されている駅に関連するきっぷで、**買えないきっぷはほとんどない**といってもよいほどの万能ぶりです。しかも、廃止が進む「みどりの窓口」の代わりとして、長い時間稼働している駅も多くあります。領収書も発行してくれるので、ビジネスマンに人気があるようです。

しかしながら、なんとなく操作に不安があるのか、係員と相談しながらきっぷを買いたい人が多い

いろいろな自動券売機

JR東日本の指定席券売機。

東海道新幹線の駅にたくさん置かれている、エクスプレス予約のきっぷ専用受取券売機。

のか。そもそもどういうきっぷを買えばいいのかわからないのか。こうした指定券の券売機は、どこの駅でも**概して空いている**のも事実。長蛇の列に並ぶ必要もなく**スピーディにきっぷが買える**ので、私などは重宝しています。

JR側でも人手がかからない券売機の利用を早く普及させたいのでしょう。わざわざ指定券自動券売機前に係員を配置して、手取り足取り操作方法を教えていたりします。ある程度、自分の旅に際して買うべききっぷがわかっているのなら、思い切ってチャレンジしてみてはいかがでしょうか。

なお、設置されている場所によって、他社の特急券などが購入できない場合もあります。しかし「やってみないとわからない」と思いますので、まずは触ってみることです。

また、最初に指定席、自由席の購入を選んで入ると、「○○方面」のように、特定の系統の列車がまとまって選択できる画面へと移ります。例えば「中央本線方面・あずさ・かいじ・富士回遊など」といった具合です。乗車したい列車がその中にあれば、選択すればいいのですが、他社の列車などでは表示されない場合もあります。その場合は「乗換案内から購入」「時刻表検索から購入」といったところから進めば大丈夫。乗車駅、降車駅、乗車日などを選択してゆくと、候補となる列車が表示されます。

割引乗車券（お得なきっぷ）の場合、そのきっぷが使える範囲外にある指定券自動券売機では、買えないことがあります。遠隔地のフリーきっぷなどが該当しますので、一覧に表示されなかったら、現地購入へ切り替えるか、「みどりの窓口」へ。

最近、よく発売される「特定地域内が乗り放題で、特急の指定席が○回まで使える」といった割引きっぷの指定券発行もできます。その際は、料金表示部分が「＊＊＊」と無表示になっている、無料の指定席券が発券されます。

旅に出る時のみならず、日常的な定期券の購入にも使えます。通勤定期券なら証明書は不要ですので、新規、継続とも画面表示にしたがって進めていけば大丈夫。磁気定期券の他、Suicaなどの交通系ICカードに載せた定期券も発行可能ですし、磁気定期券からICカード定期券への切り替えもできます。インターネット予約した定期券の受け取りもできます。

ただ、通学定期券の新規購入だけは、通学証明書が必要ですので、一般の指定席自動券売機では発売できません。「ジパング倶楽部」も同様ですが、P36でも説明したように紙の証明書がきっぷの購入に必要な場合は、これまでは「みどりの窓口」へ行く必要がありました。けれども、窓口の閉鎖が相次いだことにより、登場したのが、いわゆる、オペレーター対話型の自動券売機なのです。「話せる指定席券売機」（JR東日本）や「みどりの券売機プラス」（JR西日本）には、カメラが取り付けられており、遠隔地にいるオペレーターが画像を通して証明書類を確認し、きっぷを発券します。ただし混雑すると、待ち時間が長くなることもあります。目安は自動券売機に表示されますが、こうしたきっぷを購入する時には、時間的な余裕も必要でしょう。

指定券自動券売機でも「みどりの窓口」でも同じですが、乗車間際にきっぷを手にしようと思っていると、混雑に巻き込まれて、予定していた列車の発車時刻に遅れそうになります。チケットレスサービスが使える場合は極力、チケ

指定券自動券売機で購入したきっぷ

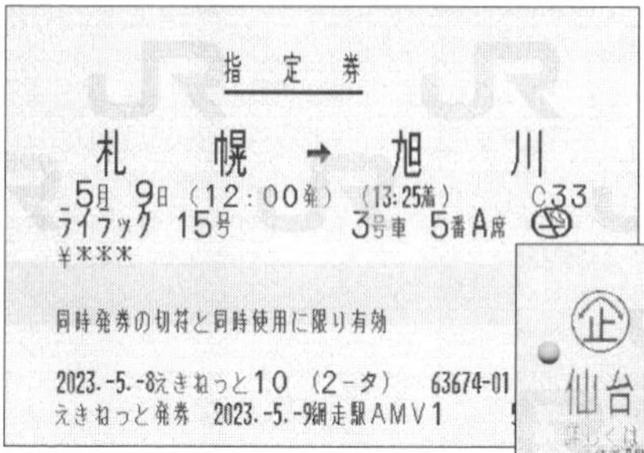

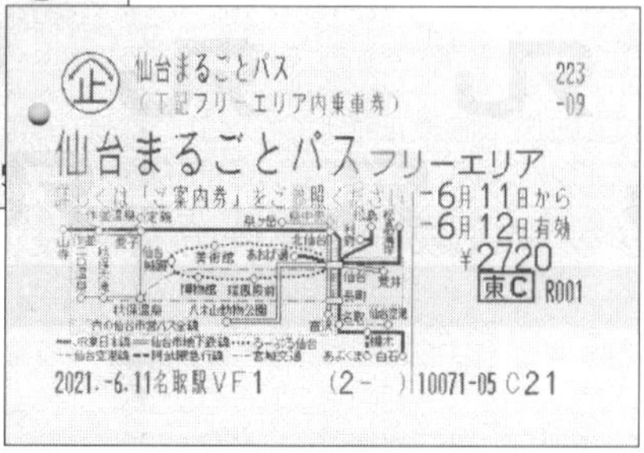

「ライラック」の指定券は割引きっぷと同時に使うために発券した。「仙台まるごとパス」も自動券売機で購入。

ットレスにした方が無難です。

私が出会ったひどいケースでは、2022年の西九州新幹線開業日の前日。ある駅で、翌日の新幹線のきっぷを求める客と、連休前日でもあったので、当日の在来線「かもめ」に乗る客が錯綜し、窓口、自動券売機とも長蛇の列になってしまったことがありました。すると、私のすぐ前に並んでいた若者が不安げに、もう発車数分前になっている「かもめ」をインターネット予約してあるのだけれど、きっぷの引き換えが間に合いそうにない。どうしたらいいかと、私に相談してきました。やむを得ないので「ネットでの予約ができているスマホの画面を改札で見せて、そのまま乗るしかない」とアドバイスしました。すぐに飲み込んで、改札口へ向かって戻ってこなかったところを見ると、駅員も混乱している事態は把握しており、無事に乗れたようです。

JR九州のインターネット予約は、紙のきっぷへの引き換えを必須にしているので、この事態が起こりました。その後、チケットレスサービスの導入も発表されましたが、どこの会社でもこういうことはあるので、極力、早めに、比較的空いている指定席自動券売機を使って、きっぷを受け取っておくに越したことはありません。

チケットレスサービスとは

インターネット予約から、きっぷの受け取りなしに列車に乗れる

一部のインターネット予約の特徴として、「チケットレスサービス」が受けられるということがあります。文字通り、予約した後、紙のきっぷを駅で受け取ることなく列車に乗れるというサービスです。「きっぷを手にすることなく列車に乗れる」という広い意味では、SuicaなどICカード乗車券を使っての乗車もチケットレスとなりますが、ここではJRの指定券のチケットレスサービスについて紹介します。

チケットレスサービスでは、インターネット経由で列車・座席が予約され、クレジットカードで決済・購入されたという情報が、鉄道会社と利用者の間で共有されています。これにて輸送サービスの契約は完了です。

乗車には必ず特急券が必要な新幹線では、携帯電話、スマートフォンといった、利用者が持っている、登録済みの携帯情報端末などの固有情報が、自動改札機にタッチして通過しようとした際、鉄道会社のサーバーに蓄積された、日時・区間・列車といった予約済みの情報と照合されます。そして、その端末の所持者が、予約された列車に乗車することができる、正当な利用者であるということを確認する仕組みです。

在来線や私鉄の特急を対象にしているものでは、仕組みはもう少し簡単。予約・購入が完了した情報が携帯情報端末にメールなどで送られ、それに記載されている指定された座席に座ればそれでOKです。改札は特に必要なく、ICカード乗車券で乗っても構いません。この場合も車掌が端末を持っ

ており、どの座席が特急券発売済みであるかを把握していますので、車内改札も省略。空席という情報なのに座っている人がいる場合のみ、声をかけて「きっぷ拝見」となります。

JR各社が実施しているチケットレスサービスで代表的なものとしては、新幹線に乗れるJR東日本の「**新幹線eチケット**」と、JR東海の「**EX-IC**」「**スマートEX**」などが挙げられます。

「新幹線eチケット」は、2020年2月に始まったJR東日本の新しいサービス。それまでの「モバイルSuica特急券」を「えきねっと」に統合した形です。

「えきねっと」会員であれば、あらかじめ「Suica」など手持ちの交通系ICカード（全国相互利用できる10種類のカードのどれか）を登録しておけば、それで準備はOK。新幹線の予約は「えきねっと」から行い、駅の改札口では、登録したICカードを自動改札機にタッチすれば乗車できるという、シンプルなサービスです。座席番号などは、事前に送られる予約内容確認メールで確認できます。また、改札口内に設置される「座席票発行機」を操作することでも、確認可能です。

ICカードの登録は最大6枚まで可能で、家族やグループで同時にチケットレスサービスを利用することもできます。割引額は大きくなく、指定席の場合のみ、所定の運賃＋特急料金から200円引き。各種の「トクだ値」などの割引商品も、「新幹線eチケットサービス」専用になりました。その他の利用条件は「えきねっと」に準じます（1-05参照）。

一方の「EX-IC」は「エクスプレス予約」のサービスの一つ。会員に送られてくる専用のICカード（EX-ICカード）、または登録済みの「モバイルSuica」利用可能な携帯情報端末を使って、改札口を通ります。「スマートEX」は手持ちのクレジットカードと交通系ICカードを登録して使います。

「エクスプレス予約」「スマートEX」がJR東日本のサービスと異なる点は、利用する際は、自動改札機にICカード・端末をタッチすると、「EXご利用票（座席のご案内）」という小さな紙が機械から出てきて、乗車の時はそれを見て、指定された座席を確認でき

チケットレスサービスのいろいろ

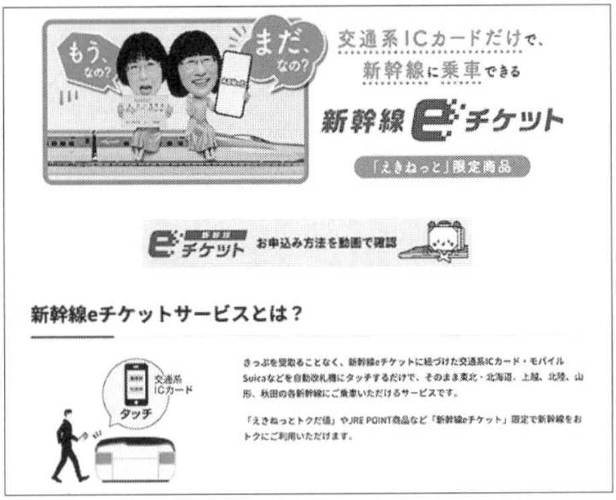

新幹線のeチケットサービスの案内(上)とEXご利用票。

ることなどがあります。

この「EXご利用票」には、「このご利用票はきっぷではありません」と明記されています。車掌に求められた際には、これを提示することになりますが、改札口を通ることはできません。あくまでこれは、例えていうなら「メモ書き」にすぎないのです。

なお、チケットレスサービスではありませんが、エクスプレス予約では、ICカードを利用せずとも特急券だけを予約し、EX-ICカードなどを使って乗車前に「e特急券」を駅で受け取ってから乗るという方法を取ることもできます。どちらを利用するかは、予約時に選択できます。

「新幹線eチケット」は、新幹線の停車駅相互間で乗車券と特急券がセットになった新幹線専用商品。ただ、乗降駅周辺の路線は、Suicaの利用エリアであれば、チャージを使ってスムーズに乗車できます。

「エクスプレス予約」も同じく新幹線専用。「EX-IC」の場合は、乗車券＋特急券での発売で、新幹線駅の相互間でしか利用できないのは同じです。しかし、「e特急券」を利用すれば、例えば東京都区内～和歌山間の乗車券を別に購入し、東京～新大阪間の「e特急券」と組み合わせて使うということもできます。

交通系ICカードを活用しよう

Suica、ICOCA、PASMOなど、全国的に広く普及していて相互に使える便利なカード

大都市圏の鉄道では、自動改札機に「ピッ」とタッチするだけで乗車、降車ができ、乗車券として利用できる「交通系ICカード」が広く使われており、首都圏の利用可能な会社での普及率は、90％以上ともいわれています。運賃先払いで乗車券を購入してから列車に乗るという従来の原則とは逆に、下車する時にカード内に貯めておかれた金額から利用区間の運賃を差し引く方式が主流となっています。

交通系ICカードの愛称は、JR東日本の「Suica」、JR西日本の「ICOCA」、関東の私鉄・地下鉄・バスの「PASMO」など、発行する会社によって違いますが、基本的な仕組みや使い方はほとんど同じ。薄い定期券サイズのカードにICチップが埋め込まれており、これにチャージした金額や乗降駅などの利用履歴がすべて記憶されます。

交通系ICカード「PASMO」。

カードは駅の窓口や自動券売機などで購入できます。発売価格のうち500円は「デポジット（保証金）」で、運賃に充当することはできません。これは、ICカードは利用者への貸与という形を取っているからで、安易な使い捨てを防ぐ役割を担っています。カードが不要になって返却すれば、この500円は返金されます。

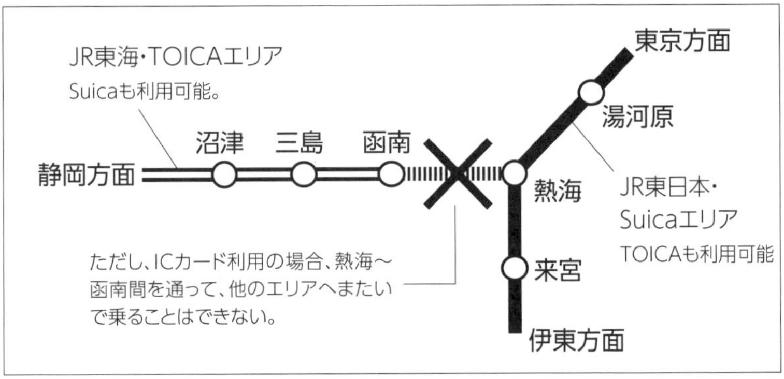

デポジットを除いた分は、あらかじめ「チャージ（積み立て）」されているものとして、運賃に充当することができます。チャージ額が少なくなってくれば、駅の自動券売機や自動精算機などで現金をチャージすることで、繰り返し何度でもカードを使えます。

2014年4月1日の消費税率改訂時に、JR東日本や関東の私鉄各社などは消費税分を運賃に転嫁するにあたり、ICカード乗車券利用の場合に限って1円単位の運賃を導入しました。紙のきっぷを購入する場合の運賃は、自動券売機の改修が困難という理由から10円単位のままで、額に差が生じています。JR東日本の場合、きっぷで150円の区間（営業キロ1～3km）をICカードで乗ると、幹線は147円。山手線内は146円と複雑なことになりました。

「Suica」など一部のICカードでは、氏名・生年月日・性別などを登録することができ、紛失しても、この登録情報をもとに再発行が可能です。この場合、カードには氏名が表示され、記名された本人以外は使えません。

ICカードに定期券をのせることもできます。チャージもでき、定期券の区間外でも使えます。区間内から乗り越す場合でも、自動的にチャージ金額から乗り越し区間分の運賃が差し引かれます。

これがいちばん肝心な原則かもしれませんが、各ICカードには「利用可能なエリア」が定められており、このエリア内の駅の相互間でしか使えません。JRと地下鉄が相互直通運転を行っている区間、例えばJR常磐線（Suicaエリア）と東京メトロ千代田線（PASMOエリア）などを除いて、他のICカードの利用エリアへまたがっての利用もできないのです。また、利用エリア内の駅から乗り、エリア外の駅まで行ってしまった場合は、乗車駅から降車駅までの運賃を改めて支払い、カードの方は証明をもらってエリア内の駅で乗車記録を取り消してもらわねばなりません。

例えば、東京駅からSuicaで乗ると、上越線水上駅まではICカードが使えますが、越後湯沢まで乗り通してしまうと、そのままでは下車できません。東京～越後湯沢間の運賃3410円を、現金で支払わなければいけないのです。

2013年3月23日からは全国の交通系ICカードの相互利用が始まっており、他のカードのエリアでもほぼ変わりなく利用できるようになりました。現在、相互利用できるのはKitaca（JR北海道）、Suica、PASMO、TOICA（JR東海）、manaca（名鉄など）、ICOCA、PiTaPa（関西の私鉄・地下鉄・バスなど）、SUGOCA（JR九州）、nimoca（西鉄など）、はやかけん（福岡市営地下鉄）の10種類。例えば、Suicaを持っていれば、JR西日本の大阪～京都間などを、地元のICカードと同じように乗車できます。

ただこの場合も、利用エリアを越えたり、他のエリアへまたがっての利用はできません。Suicaは首都圏、仙台、新潟など6エリアで使えますが、たとえ在来線経由でも東京～仙台間をSuicaで乗車することはできません。

Suicaの首都圏エリア（熱海まで）と、TOICAのエリア（函南まで）は隣接していますが、例えば東京から沼津まで、ICカードで乗車することはできません。熱海や沼津、三島駅あたりへ行くと、この旨の注意を大書したポスターが貼られており、知らずにエリアをまたいでしまう「誤乗」が絶えないことがうかがえます。

一度、旅行シーズン真っ直中の沼津駅で、駅員さんが通路に机を出して、東京方面からSuicaなどのICカードで乗ってきてしまった人々の精算業務に追われているのを見ました。

Suicaなどの交通系ICカードの

機能をそのまま、対応する「おサイフケータイ」が利用可能なスマートフォンやApple Watchなどでも使えるようにしたのが「モバイルSuica」「モバイルPASMO」「モバイルICOCA」などです。カード式ICカードと同様に鉄道、バスなどへの乗車やコンビニエンスストアなどでの少額決済に使えますし、もちろん定期券も載せられます。

スマートフォンにはモバイルSuicaアプリなど、専用アプリをダウンロードして使います。カード式Suicaと違って、手持ちのスマートフォンを使うため、デポジットは不要。もっとも便利なところは、駅の自動券売機などでしかできなかったチャージが、インターネット経由のオンラインでもできるようになったことでしょう。この場合の決済は、登録したクレジットカードなどで行います。カードを挿入せず、リーダーに直接置くタイプの端末（駅の自動券売機の一部や、コンビニエンスストアのレジ、バスの運賃箱など）では、従来通り、現金でもチャージも可能です。利用履歴は自動券売機ではなく、アプリ上から参照して確認する方式です。

モバイルSuicaのスマートフォン画面。割引きっぷとして「都区内パス」が載せられている。

モバイルSuicaでは、首都圏の普通列車のグリーン券や、割引きっぷの一部は直接、アプリ経由で購入でき、こちらも駅の自動券売機に立ち寄る必要がなくなりました。割引きっぷは定期券と同様に、モバイルSuicaの画面に表示され、有効区間内ならタッチだけで利用できます。「新幹線eチケット」や「タッチGo！新幹線」（交通系ICカードのチャージ残額でJR東日本の新幹線の自由席が利用できるサービス）も、カード式のSuicaと同様に利用可能です。

機種変更をする場合も、そのまま新しい携帯に残額などを移すことができますので、ご安心を。旧端末のデータをいったんサーバに保管し、新端末で呼び出して使います。

クレジットカードを使うには?

きっぷはクレジットカードで買える
変更や払い戻しなどもルール通り

欧米では、クレジットカードの利用は日常的な買い物のレベルまで常識となっています。日本でも、最近はそれにどんどん近づいており、スーパーやコンビニエンスストアーでも気軽にクレジットカードを使う人が増えてきました。

国鉄の「みどりの窓口」でクレジットカードが利用できるようになったのは1985年に「JNRカード」が発行されてから。1987年に民営化されJRとなってからは徐々に普及し、今では「みどりの窓口」や指定券自動券売機でも使えるのが当然となっています。もちろん、旅行代理店の窓口できっぷを買う時にも利用できます。

使い方は、一般の商店で買い物をする時と特に変わりはありません。**基本的にサインや暗証番号が必要**となるのも、同じです。指定券の自動券売機（1-06参照）でも、暗証番号を入力することで利用できます。

購入後は「クレジットカードご利用票」が渡されますので、保管しておくこと。ただし、これは領収書と同じくきっぷには当たらないので、きっぷ代わりに使うことはできません（1-01参照）。

クレジットカードで購入したきっぷには「C制」といった記号が印字、またはスタンプで押され、現金で購入したきっぷと区別されます。しかし、実際に列車に乗る際の違いはありません。特に意識する必要はないでしょう。

ただ、多少違いが出てくるのが、変更・払い戻しの際です。以前は、購入した会社の窓口でしか変更・払い戻しができないということがありましたが、現在では現金で購入したのきっぷとまったく同様に変更や払い戻し（5-01、5-03参照）ができますので、ご安心を。その際、いったん全額をカード利用口座に戻して、改めて変更後のきっぷの値段、あるいは手数料分を改めて銀行口座から引き落とすという手順が取られます。変更後のきっぷには、やはり「乗変」の文字が入ります。

なお、**旅行代理店で購入したきっぷ**は、購入時に注意があるはずですが、**基本的に購入した店舗でしか払い戻しできません**ので注意してください。変更・払い戻しが必要となった場合には、駅できっぷを使用しなかった旨の証明をしてもらい、改めて必要なきっぷを購入することになります。

「ビューカード（JR東日本）」「EXPRESS CARD（JR東海）」など、JR各社が発行しているクレジットカードもあり、「エクスプレス予約（1-05参照）」ができるなどのサービス、特典もついていますが、発行会社のエリアでしか使えないということではありません。クレジットカード機能がついていれば、全世界で使えます。

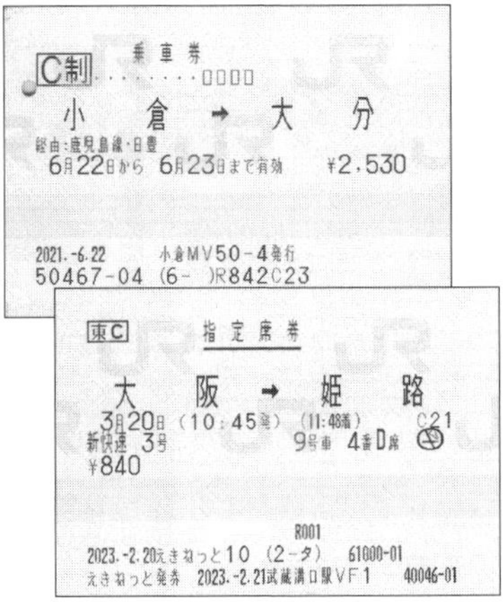

クレジットカードで購入したきっぷの例。一般的には「C制」、JR各社のカードを利用した場合は「東C」のような個別の記号が入る。

例えば、JR東日本の「みどりの窓口」で、JR西日本のJ-WESTカードを利用してもいいのです。提携している国際ブランドのカード（VISA、マスターカードなど）として使えます。

なお、第三セクター鉄道などへ移管されたJR指定券の発売窓口では、クレジットカードが使えない場合もありますので、注意が必要です。私鉄の窓口でも、大手を中心にクレジットカードが使える会社も多くありますが、特急券や定期券など買えるきっぷが制限されることもあります。

普及が進むタッチ決済

自分のクレジットカードをタッチ
自動的に決済され電車に乗れる

購入して使う交通系ICカードから、さらにもう一歩進んで、すでに自分の手元にあるクレジットカードをそのまま使って、鉄道やバスに乗れるサービスがここ数年、急速に導入されています。「タッチ決済」と呼ばれているもので、やり方は簡単。自動改札機に設置されている専用端末にカードをタッチするだけ。降車駅では自動的に運賃が計算され、ふだんクレジットカードを使った時と同じく、後日、まとめて請求され、銀行口座から引き落とされます。

これを利用するには、自分名義のクレジットカードに「タッチ決済」が可能な旨のマークがついていることが必要です。公共交通機関より先に町中の商店などで普及が始まり、端末への差し込みや暗証番号の入力などが不要なためどんどん広まっています。

日本国内で真っ先に実証実験という形で導入したのが、南海電気鉄道。2021年4月3日から期間限定でしたが、特に問題はなかったようで、そのままサービスを継続し、2023年度より全駅への導入が進んでいます。その後、JR九州、福岡市地下鉄、西日本鉄道と九州地区で広まり、首都圏でも江ノ島電鉄を皮切りに東急電鉄が導入を進めるなどしています。東京メトロなど、他の鉄道会社へも広まる動きもあります。

これが便利なところは、特別なカードなどは必要なく、ふだん使いのクレジットカードがそのまま使えること。利用額の管理も、その他の買い物と一緒に行えます。海外からの旅行者にとっては、いちいち交通系ICカードを購入せずとも、すぐ鉄道を利用できることになります。私も「タッチ決済」自体を初めて体験したのがロンドンでした。

さらに進めて福岡市地下鉄では、タッチ決済で乗車した運賃の合計が1日で640円を超えた場合、請求額は640円とするサービスを2023年に始めました。なぜ640円なのかというと、地下鉄の1日乗車券の値段が640円なのです。つまり、1日乗車券を事前に購入せずとも、同じサービスを受けられる。もし、1日で640円に達しなかった場合でも損にはならないというものです。

なお、各社で利用できるクレジットカードのブランドは、現在では大手はほぼ網羅するようになっていますが、一部のブランドが使えないケースもこれまでありましたので、注意が必要でしょう。

クレジットカードのタッチ決済の他、南海電気鉄道や東急電鉄、JR東日本などは、QRコードを使った乗車システムの導入を進めており、こちらも近い将来、一般的になるでしょう。紙の乗車券はますます「遠い日の思い出」になりそうです。

JR九州のタッチ決済対応端末。自動改札機につけられている駅と、係員がいる通路に設けられている駅があります。

首都圏で真っ先に導入したのが江ノ電。海外からの観光客を意識したサービスです。

福岡市地下鉄が始めた1日乗車券と同額で請求打ち切りのサービス。今後、このような扱いが広まることを期待したいです。

きっぷはいつから買える?

指定券は1カ月前の同じ日の10時から買うことができる

まず普通乗車券。これは**発売当日から有効開始となるものを発売することが基本**です。ただし、指定券と同時に購入した普通乗車券は、券面に○月○日から有効と表示され、指定券と同じ日に使えるようにしてくれます。この場合は、**指定券と同じく1カ月前から購入できます**。

ただし現在では、乗車券だけを購入する場合でも、インターネット予約や自動券売機の普及もあって、あまり問題なく使用開始日の1カ月前から買えるようになっています。これは規則上、年末年始などの混雑時は、駅長の裁量の範囲内として乗車券の前売りが特例で可能となっていたのが、鉄道側、利用者側ともにメリットがあるため、そのまま定着したものと思われます。

席の指定を伴わない自由席特急券、特定特急券、急行券、自由席グリーン券も普通乗車券と同じ扱いで、規則上は発売当日から有効開始となるものを発売することが基本となっていました。しかし今では「えきねっと」(1-09参照)などを使って、1カ月前から購入できます。

一方の**指定券は、乗車日の1カ月前の10時から発売が開始される**ことが、よく知られています。この場合の「1カ月前」とは、前の月の同じ日という意味です。例えば、7月10日乗車分の特急券を1カ月前に買いたい場合は、6月10日の10時に駅の「みどりの窓口」へ行けばよいのです。

ただし、JR東日本の指定席券売機では1カ月前の発売開始が10時10分からであるなど、**自動券**

売機による指定券発売開始の時刻が、「みどりの窓口」より遅いケースがあります。

最近では、まれなケースとなりましたが、夜行列車が0時を過ぎて発車する駅から乗車する場合。例えば、高松発東京行特急「サンライズ瀬戸」に0時33分発の大阪から乗車するケースでは、列車に乗る駅を発車する日ではなく、あくまで列車が始発駅を発車する日の1カ月前が発売日です。7月10日21時26分に高松を発車する特急「サンライズ瀬戸」に、日付が変わった7月11日に大阪から乗る場合の指定券の発売日は、6月11日ではなく6月10日です。

1カ月前に対応する日がない場合、発売開始日は次のようになります。3月29～31日（うるう年は3月30・31日）は3月1日。5月31日は5月1日。7月31日は7月1日。10月31日 は10月1日。12月31日は12月1日。すなわち、同じ月の1日になります。春休み中になる3月の末や、帰省シーズンの大晦日の指定券が、他の乗車日と同じ日と同時に発売され、窓口が混雑することになりますが、やむを得ません。

以前は一部の駅で、年末年始などの混雑期には、1カ月前の10時より前に、指定券の申し込みを受け付けていましたが、インターネット予約の普及で、このような扱いも見られなくなりました。

これに代わって、**多くのインターネット予約サイトにおいては、1カ月以上前から事前申し込みが可能**になっています。「えきねっと」では、パソコン、スマートフォンから発売開始日のさらに1週間前（同じ曜日）の14時より発売開始日の9時54分まで、事前申し込みが可能です。ただ、実際にコンピュータにアクセスして指定券を手配するのは、1カ月前の10時になりますので、必ず確保できるとは限りません。

また、「エクスプレス予約」などでは、事前申し込みができることは同じでも、受付日時などが異なる場合もあります。利用の際には確認が必要です。

しかし、発売開始日の10時に駅にいる必要がないというメリットは大きなものあります。乗車日は休日でも1カ月前は平日で、会社や学校へ行かなければならない、ということも多いでしょう。

何歳からがおとな?

年齢によるが、実際は小学生か中学生かで区分

私が幼稚園児だった時の話。親戚に連れられて奈良へ遊びに行った帰りに、当時の国鉄奈良駅で改札口を通ろうとしたら「きっぷは？」と呼び止められました。まだ5歳でしたが身体が大きく（今も身長180cmあります）、小学生と間違われたのでした。

年齢による運賃・料金の区分は「おとな（大人）」「こども（小児）」「幼児」「乳児」があります。

乳児は１歳未満の赤ちゃんで、いかなる場合でも運賃・料金は無料です。**幼児は１歳以上～６歳未満**。大人または小児1人に同伴された場合、2人までは無料になります。3人目からは、小児の運賃・料金が必要になります。親戚の大人に連れられた5歳の男の子は、乗車券などを買わずに列車に乗れたのです。

この場合の「同伴」とは、大人・小児1人あたり幼児2人まで運賃・料金不要ということ。仮にお母さんが小学生と幼児3人を連れて旅をする場合でも、大人であるお母さんが幼児2人、小児である小学生が幼児1人を同伴しているという解釈でよく、幼児は3人とも無料です。

乳児、幼児が指定席、グリーン車、寝台を1人で使う場合、あるいは、あまりないケースかもしれませんが、幼児が1人で列車に乗る場合は小児と同じ扱いになり、小児運賃・料金が必要になります。膝の上に抱いていれば運賃・料金はかからないのですが、幼稚園児でも小学校入学直前ともなると身体も大きくなり、席を必要とする場合も多くなるでしょう。

小児は、6歳以上～12歳未満と

おとなとこども

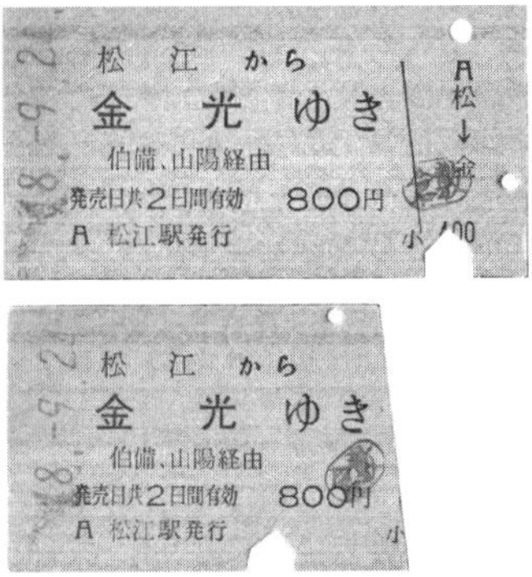

かつて主流だった硬券では、右端を切り落として「小児用」としていました。

いう設定になっていますが、誕生日を境として変わる訳ではありません。一般的には「小学生＝こども、小児」という認識で大丈夫です。子供が小学生という身分となるのは4月1日と決まっています。つまり3月31日までは小学生ではありませんので、誕生日が来て6歳になっても、小学生になるまでは幼児扱いのままです。

小児の運賃、特急・急行料金、指定席料金は大人の半額です。5円単位の端数が出る場合は切り捨てて10円単位にします。例えば運賃190円区間の小児運賃は190円÷2＝95円ですから、5円を切り捨てて90円です。なお「端数は切り捨てが基本」というきまりは、学割など割引運賃・料金を計算する時にも適用されます。

一方、グリーン料金、寝台料金は、設備を一つ使うことには変わりがないということか、大人も小児も同額です。ただ、一つの寝台を大人と小児、または小児2人で使う場合は、寝台券は1枚でよいというきまりがあります。乗車整理料金も、大人、小児とも同じ額になっています。

大人は12歳以上ですが、これも中学生以上と考えて間違いありません。幼児から小児になる時と同じく4月1日が境目で、12歳の誕生日を迎えても、もちろん卒業式の後でも、3月31日までは小学生として小児扱いになります。

きっぷは購入した時点での運賃・料金が適用され、購入後にきっぷの使用者に適用される運賃・料金が変わっても、差額を支払う必要はありません。運賃の値上げ前に、定期券売り場が混雑するのはこのためです。それゆえ3月31日までに有効期間が始まる小児の運賃・料金で購入したきっぷは、有効期間内であれば、4月1日を過ぎ中学生となっても使えます。

1-13 学割とは?

学生ならではの割引
鉄道旅行に活用したい

小学校から中学校へ進級すると、いきなり鉄道などの公共交通機関の運賃・料金が倍になってびっくりするわけですが、「学生割引（学割）」という強い味方があります。JRから指定を受けた中学・高校・大学・専修・各種学校の学生・生徒で、利用区間の片道の営業キロが101km以上ある場合、運賃が20%引になるという制度です。連絡運輸、通過連絡運輸が適用される区間でも、運賃が割引になる場合があります。鉄道旅行好きの大人で学生のころに、この制度のお世話になった人も多いはずです。

もともとは、苦学生などと呼ばれた遠方から働きに来ると同時に定時制高校などで学ぶ若者や、下宿して大学へ通う学生が、年末年始などに郷里へ帰省するための制度であったともいわれますが、今では特に利用目的は限定されません。なお、学割はかつての国鉄を管轄していた運輸省（現在の国土交通省）ではなく、学校を管轄している文部省（現在の文部科学省）が管轄する施策です。

学割で乗車券を購入する場合は、学校が発行する「学生・生徒旅客運賃割引証（学割証）」を窓口に提出する必要があります。学生証など学割証の内容と矛盾していないことを示す身分証明書も提示しなければいけません。そのため、一般的な指定券自動券売機やインターネット予約では、学生割引乗車券を買うことはできません。ただし、オペレーター対話型の指定券自動券売機では、カメラを通して学割証や学生証を見せることで、学割の乗車券を購入できます。

学割証は、学校によって1年あたりの発行枚数が決められており、発行の際の手続きにも違いがあるようです。これはJRが定めたものではなく、文部科学省や各学校の方針に基づくものですので、事前に確かめておきましょう。

学割のきっぷ

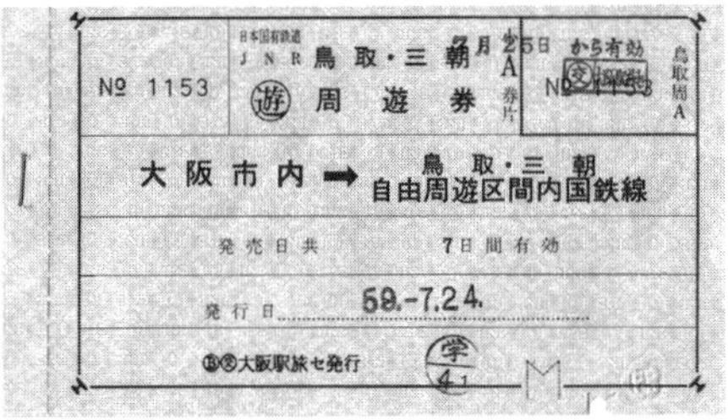

かつて鉄道旅行で重宝したミニ周遊券（いまはありません）。「学41」のスタンプで学割適用を示しています。

先に述べたように、割引率は20％ですが、往復割引（4-01参照）とは重複して適用できます。例えば、東京都区内～広島市内の往復割引乗車券は、片道1万1880円の1割引の1万690円×2で、2万1380円です。これを学割で購入すればさらに20％安くなり、往復でも1万7100円になります。

ただし、割り引かれるのは普通乗車券だけです。特急券などには適用されません。かつて存在した「周遊券」には学割運賃の設定がありました。しかし、最近の割引きっぷでは、販売戦略として中・高校生を割安に設定しているものはありますが、学割証が必要な学割の設定があるものは見受けられなくなりました。

これは学生割引が旅客営業規則に定められた割引であるのに対し、現在の割引きっぷは通達で設定されているだけという事情にもよっています。

JRだけではなく、私鉄でも近畿日本鉄道や東武鉄道などには学生割引の制度があります。学割の乗車券を購入する際の条件、割引率や、学割証などはJRと共通になっています。また、長距離フェリーにも学割運賃を設定している会社があります。

飛行機にも、若者向けの格安な運賃設定を行っているところが少なくありません。対象年齢や条件は会社によって少し違いがありますが、おおむね中学生から20代半ばの若い人が対象です。事前に公式サイトで調べておくといいでしょう。

「きっぷ」が発売される根拠は?

鉄道営業法など、法律、政令、規則によって定められている

前項で「きっぷ」とは何かを解説しましたが、その根拠となる法令などについて、もう少し詳しく説明しましょう。

まずは法律で、鉄道の営業に関しては「鉄道営業法」が定められています。第一章が「鉄道の設備及運送」、第二章が「鉄道係員」、第三章が「旅客及公衆」となっていて、鉄道において鉄道会社と利用者が守るべき基本的な事項が定められており、違反した場合の罰則もあります。

きっぷに関連した条文としては第十五条（1-01参照）の他に、旅行開始前に旅行を中止した時に運賃の払い戻しを請求できるとした第十六条。天災などの場合、鉄道会社との「契約」が解除できるが、鉄道会社はすでに運送した割合に応じて運賃を請求できるとした第十七条。改札口や車内改札など、鉄道係員に請求された時はいつでも乗車券を提示しなければならないとした第十八条。不正乗車を行った時の罰則を定めた第二十九条などがあります。

この法律が施行された1900（明治33）年頃は、まだ私設鉄道が日本の鉄道網の中核を担っており、現在の東北本線、山陽本線、鹿児島本線などは私鉄でした。しかし鉄道国有化が唱えられ、実現へ向けて動き出していた時期でもあり、全国の鉄道に対する共通の営業上のきまりの必要性もまた、認められていたのでした。

法律は基本的な事柄を定めているだけですので、実際に運用されるきまりとして、細かく定められたものがあります。鉄道営業法第二条で「本法其ノ他特別ノ法令ニ

規程スルモノノ外鉄道運送ニ関スル特別ノ事項ハ鉄道運輸規程ノ定ムル所ニ依ル」「鉄道運輸規程ハ国土交通省令ヲ以テ之ヲ定ム」となっている通り、国土交通省（公布当時は鉄道省）の政令による、「鉄道運輸規程」がそれです。

この規程は、旅客運送、荷物運送、貨物運送に関して、日本の鉄道が守るべき取り決めをまとめたもので、先述のように乗車券へ記載すべき事項（第十二条）や、小児無賃の定め（第十条）。駅には時刻表や運賃表を掲げることを義務づけ（第八条）、定刻より早く出発することを禁じる（第二十二条）などしています。

馴染みがあるのは、危険物などの車内への持ち込みを禁じる物品を列挙した第二十三条でしょう。この条文では、酒類は「引火しやすい物」として、実は持ち込み禁止。左党にとっては一大事ですが、旅行中に使用する少量のものを除くとされていますので、ご安心を。また、死体を列車内へ持ち込むことも禁止です。突っ込むのは野暮ですが、ある有名な映画で描かれた老駅員の亡骸を列車で運ぶシーンは、鉄道運輸規程に違反していることになります。

法律や政令は国が定めた基本方針にすぎず、これだけでは各鉄道会社の日常の営業には対応できません。複雑な路線網や列車体系を持つ会社では、なおさら。さらに「こういう場合にはこう対応する」といった取り決めを作っておかないと、利用者全員に対して不公平になります。

全国ネットワークを持っていた国鉄では、鉄道営業法および鉄道運輸規程に基づいて「**旅客営業規則**」「**貨物営業規則**」を定め、利用者に対して「こういう条件で契約して、輸送サービスを行います」と公示していました。いわゆる「約款《やっかん》」です。

これらの営業規則は、JR各社がほぼ内容を踏襲して受け継ぎ、事情に合わせた細かい改訂を繰り返しつつ、現在まで使われています。またJR以外の私鉄や公営の各社局なども、おおむね国鉄の営業規則に準拠した営業規則をそれぞれ定めています。

営業規則に対して、鉄道係員が行うべき取り扱いを定めた規則もあります。国鉄では旅客に関して「**旅客営業取扱基準規程**」を社内

旅客営業規則・旅客営業取扱基準規程

かつて市販されていた「旅客営業規則」。

現在は公式サイト上で旅客営業規則などを公開する会社も多い。

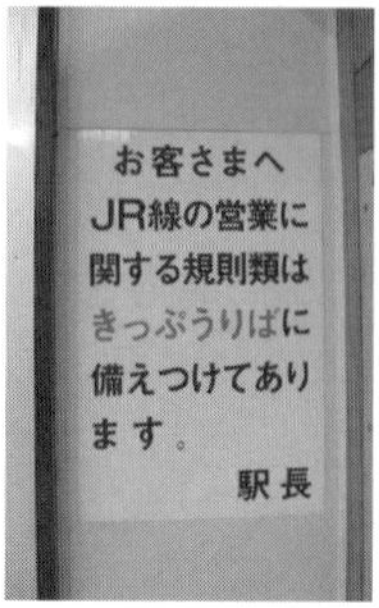

鉄道の営業にかかわる規則は駅でも公開。

通達として定め、これもJRへ引き継がれました。

旅客営業規則と旅客営業取扱基準規程は一対となるもので、これらをJR各社ごとにまとめた書籍も、以前は一般に販売されていました。旅客営業規則は利用者に対して示す約款ですので、当然、公表する義務があります。旅客営業取扱基準規程は社内の規程なので公表する義務はないのですが、利用者の利害に係わる項目も多いので、ひとまとめにされていたのです。残念ながら最近は発行されていませんが、国語辞典のような分厚い本でした。

市販の時刻表などでは、これらの規則、規程の一部を利用者に分かりやすいよう、巻末などにある営業案内のページで、かみ砕いて紹介しています。JR東日本やJR東海など、自社のサイトで旅客営業規則を公開している会社も多いので、興味がある向きはご一読をお勧めします。

また、JR、私鉄その他を問わず、有人駅には営業規則が必ず備え付けられていますので、参照したければ遠慮なく請求して構いません。「営業に関する規則類は事務室にありますので、（ご覧になりたければ）係員までお申し付けください」などと掲示してある会社もあります。

Opinion 1 活用したいスマホアプリ
～これからはスマートフォンなしでは旅できない？

●きっぷの世界にもスマートフォンが進出

巻頭のルポで使った「みなみあそ旅のレールバス」のような、スマートフォン画面にきっぷを表示させて使用するスマートフォンチケットと呼ぶべききっぷが、ここ数年で当然のように使われるようになりました。最初は路面電車やバスなどの1日乗車券から広まりましたが、もっと広いエリアで利用できるものも登場しています。毎月のように新顔が現れますので、旅行の時には事前にチェックしておきたいものです。

しこくるり。

ただ、画面写真を掲載したJR四国の「四国満喫きっぷ」のように、発売場所がJR四国のサイトではなく、別のサイトである場合もあります。このきっぷは「四国をぐるっと楽しむ旅アプリ」と称し、四国ツーリズム創造機構が企画・運営するスマートフォンアプリ、「しこくるり」で発売されています。

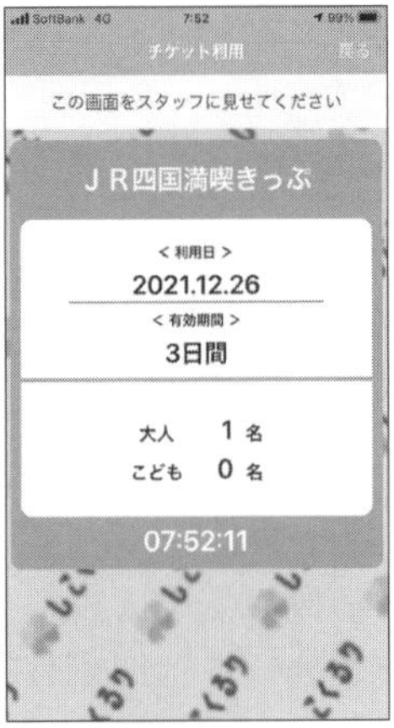

JR四国満喫きっぷ。

こうしたアプリからきっぷを購入するメリットは、何より、いつでもどこででも買えること。インターネット予約全般にいえますが、昔、現地に着いてから1日乗車券の発売場所を探し、現金で購入していた頃と比べて、格段に便利になりました。自宅からでも、往路の交通機関の中でも、ホテルの部屋でも。窓口が閉まっている深夜でも、一歩も動かずに購入できるのですから。昭和世代の私は隔世の感を覚えます。

●乗るべき列車はどこ？公式アプリの使い勝手

JR各社や大手私鉄、地下鉄などは、各社自前のアプリを開発しており、無料でダウンロードが可能です。基本的な時刻表や運賃の検索、遅延情報、リンク先などでの特急券などの予約などは、どのアプリも同じような機能を持っています。ふだん、よく利用する鉄道のアプリを入れておくと便利で、私の場合だとJR東日本、東急電鉄、東京メトロのアプリを使っています。すぐ検索できるよう、特定の駅や区間を登録しておく機能が使えればなお便利で、最寄り駅から自宅最寄りバス停までのバスの時刻検索には重宝しています。

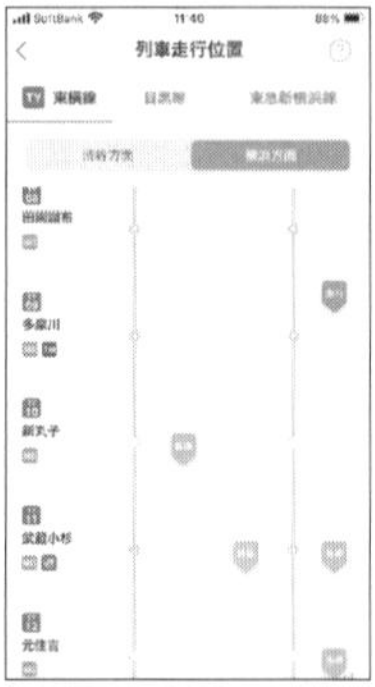

東急線アプリ列車位置情報。

アプリが威力を発揮するのは、ダイヤが乱れた時です。まず間違いなく情報はいちばん早いですし、列車の走行位置を示すページもあって、「あと何分ぐらい待てば、急行が来る」といったことがすぐわかります。もっとも、スマートフォンを操作してアプリを開くより、駅の案内放送や掲示板の方が状況がわかりやすい場合も多々ありますし、これはそれぞれ、自分に合ったやり方をすればいいと思います。

大都市圏で、いろいろな会社の路線が入り乱れて走っているエリアでは、Yahoo!やGoogleの乗り継ぎ検索の方が便利な場合も多いのですが、首都圏の各社（JR東日本、大手私鉄すべて、都営地下鉄など）のアプリは相互連携しており、列車の走行位置や時刻表のページ同士がスムーズに移行できます。例えば渋谷まで東急で行くとして、列車走行位置の渋谷の部分をタッチするとJR東日本などのアプリを開くことができ、JR山手線の列車走行位置が把握できます。

読者の皆さんにとっては、列車の走行写真を撮影する際、お目当ての列車が今、どこにいるかがすぐわかる方が重要かもしれませんね。西武線アプリのように、走ってくる列車の形式がわかるようになっているものもあります。

コラム

MaaSって何？

最近、旅関係で「MaaS（マース）」という言葉を聞くようになりました。「Mobility as a Service」の頭文字を取ったもの。公共交通機関全体を一つのサービスとして捉え、会社の境界を越えて結びつけようという考え方です。CO2排出量削減などを目的に、自家用車利用からの転換を図るために生まれました。今では公共交通機関だけではなく、シェアサイクル、カーシェアリングなども対象に含まれています。

単なる考え方に留まらず、特定の地域（多くは観光地）の交通機関、宿泊施設、レジャー・飲食施設などの情報を、同じプラットフォーム。具体的にはスマートフォン上で提供し、検索、予約、支払いなどができるようにしたアプリによる統合サービスも「MaaS」とも呼ばれています。JR東日本の「JR東日本アプリ」、JR西日本の「WESTER」などが、鉄道会社主導で生まれた「MaaS」です。

具体的にどう使えるのかといえば、交通機関の時刻検索と予約、宿泊施設の検索と予約、そして飲食店の検索と予約といったところ。特定の地域内だけを旅する時は便利かもしれませんが、スマートフォン利用が前提だと、中高年にはハードルが高いものになっているようです。

GoogleやYahoo!の方が便利？

もしMaaSを使わず旅をするならば。プランニングは時刻表や各会社の公式サイト。交通機関の予約は「えきねっと」などのインターネット予約システム。宿は「楽天トラベル」など。飲食店はグルメサイトや独自サイトから予約できるところも多くありますので、不便はなさそうです。そして検索もGoogleやYahoo!などの検索サイトを使うことが多いでしょう。現地の情報提供はMaaSの方がすぐれているかもしれませんが、Googleの情報量は、それこそワールドワイドで他を圧倒しています。

　MaaSがどこまで使えるものかといわれれば、私はまだ懐疑的。「みなみあそ旅のレールバス」が買えるから、MaaSアプリ「my route」をダウンロードするとの順番になりがちです。スマートフォン世代の若者はどう感じているのでしょうか。

　GoogleやYahoo!ならば、検索の結果、各々の公式サイトのURLにリンクされるわけですから、旅の上級者ならこうしたポータルサイトの方が使いやすそうです。近年ではGoogle MapsやYahoo!路線検索で経路・交通機関の検索をすると、Googleでは検索結果がJR東日本の列車であれば「えきねっと」の該当列車の予約ページに直接飛ぶ。Yahoo!では「エクスプレス予約」の、やはり検索結果で表示された列車の予約ページに直接飛ぶといったことも可能です。

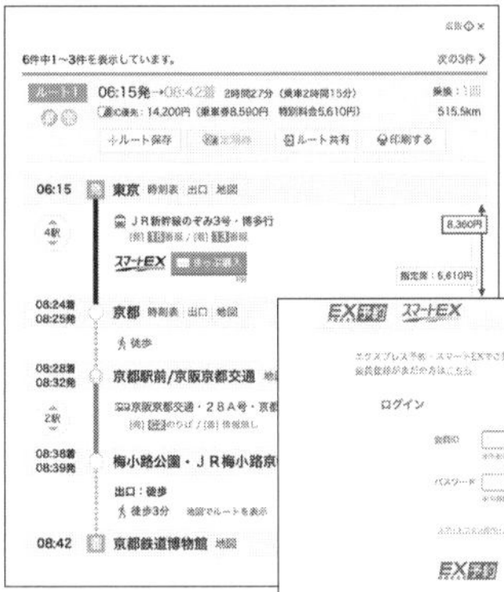

Yahoo!路線情報の検索結果。

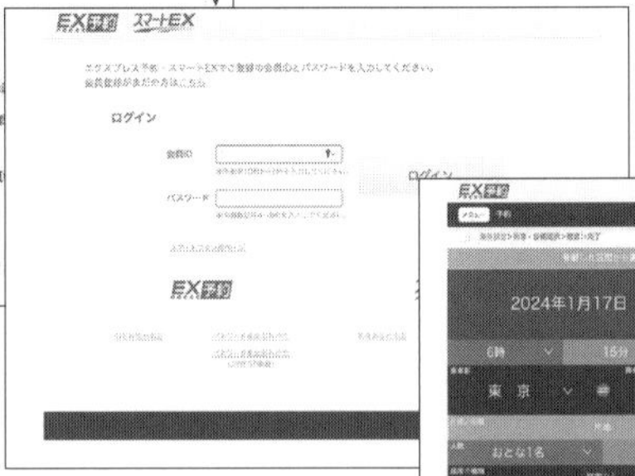

EX予約ログイン画面に飛ぶ。

そのままEX予約で予約可能。

第2章

きっぷのルール
「乗車券編」

鉄道に乗る時の基本中の基本が、
運賃を払って買う乗車券。
運賃計算のルールには、
いろいろな特例もあります。

運賃計算の基本

——乗車券のルール①

乗車駅から下車駅までの「営業キロ」を算出し運賃表に当てはめる

鉄道で旅行をする時に必ず支払わなければならない運賃の額は、乗車する区間の経路通りに計算された「**営業キロ**」に応じています。市販の時刻表を開くと、各路線のページのいちばん始め、駅名が縦にずらりと並んでいる隣りに「営業キロ」という欄があり、基準として0.0kmが示されている駅からの距離が添えられています。例えば東海道本線は東京駅が0.0kmで、以下、新橋1.9km、品川6.8km……となっています。このキロ数は基本的に、駅と駅との間の実際の距離に基づいています。

このキロ数から、乗車する区間の営業キロが計算できます。例えば横浜から熱海までの営業キロは、104.6km－28.8km＝75.8km。これを時刻表では巻末の営業案内（JR時刻表ではピンク色の紙に印刷されていることから、「**ピンクのページ**」などと呼ばれます）にある運賃表と照らし合わせれば、運賃がわかります。**算出された営業キロの1km未満は切り上げる**きまりなので、76kmの運賃を調べればよいのです。

後に詳しく解説しますが、JRの運賃表は路線の種類に応じていくつかあります。横浜～熱海間は、日本を代表する大動脈である東海道本線でJR東日本の区間ですから、本州3社（東日本・東海・西日本）の「幹線」の運賃表を参照します。

運賃は1kmごとではなく、ある程度の幅をもった区分ごとに決まっています。76kmの場合は、71～80kmに該当しますので、紙のきっぷの場合は1340円。Suicaが使える区間ですのでICカ

JRの営業キロは会社に関係なく通算できる

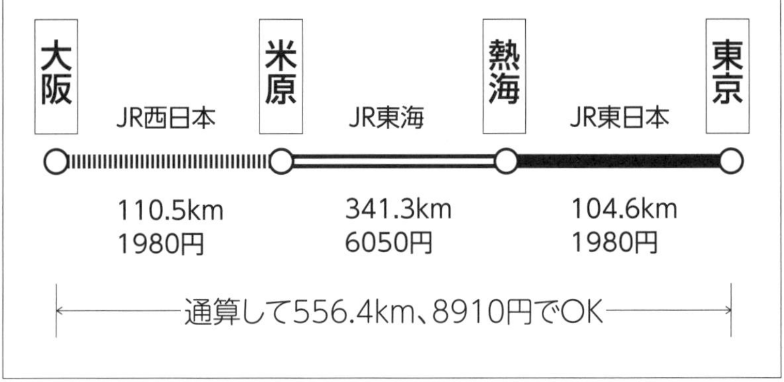

ード乗車券だと1342円です。

いくつかの路線をまたがって利用する場合は、各区間の営業キロを合計します。横浜から東海道本線で熱海へ行き、熱海で伊東線に乗り継いで伊東まで行く場合は、横浜〜伊東間の乗車券を買えばよく、75.8kmに熱海〜伊東間の営業キロ16.9kmを足して92.7km。端数を切り上げて93kmに対応する1690円（ICカード乗車券では1694円）が運賃となります。

今は鉄道会社の公式インターネットサイトが普及しており、検索すれば簡単に運賃がわかる時代です。ただ、単純なルートなら問題はありませんが、P182からのルポで登場した「東京都区内から大宮ゆき」の乗車券のような複雑なルートだと、一般向けサイトでは検索できない場合もあります。もちろん、JRのコンピューター予約・発券システム「MARS（マルス）」を操作すれば、乗車券が成立するルートである限り、きちんと計算され発券されますが、一般の利用者が事前に運賃を知ろうとすれば、今でも時刻表と電卓のお世話にならなければなりません。

P182の「東京都区内から大宮ゆき」の運賃を計算してみましょう。新幹線と在来線が並行している場合は基本的に営業キロは同じ（2-06参照）なので、東京〜長岡間は上越新幹線のページから270.6kmとすぐわかります。以下、長岡〜新津間は信越本線のページから48.1km。新津〜秋田間は羽越本線のページから271.7km。秋田〜新青森間は奥羽本線のページから181.9km。そして新青森〜大宮間は東北新幹線のページから683.4kmとわかります。

すべて合計すると1455.7km。切り上げて1456kmに対応する運賃は、経由ルートがすべて「幹線」であるため、1441〜1480kmの区分となり、ルポ当時は1万5540円。消費税率10％へ引き上げられた現在は1万6280円です。

そして、JRの運賃・料金を計算する際には、もう一つ原則があります。

国鉄が分割されてJR各社が発足した時、全国で1社だった頃のサービスを崩さないという前提から、**JRの異なる会社間をまたがって乗る場合であっても、運賃は通算する**というきまりが設けられました。例えば東京から大阪まで東海道本線経由で旅行する場合。東京〜熱海はJR東日本、熱海〜米原はJR東海、米原〜大阪はJR西日本の路線ですが、運賃を計算する時は熱海や米原で切る必要はなく、東京〜大阪間の営業キロ556.4kmに対応する8910円となります。

東京から上越、羽越本線などを経由して秋田方面へ向かうと、JR東日本の路線だけを通って羽後本荘の次の駅、羽後岩谷までの営業キロが554.7kmと、3社にまたがる東海道本線経由の東京〜大阪間とほぼ同じになります。しかし会社にかかわりなく運賃は同じ8910円です。

日本では「鉄道会社が別ならば、運賃も別計算」というのが常識。たとえ列車が直通運転している場合でも、一般的には接続駅を境に改めて初乗り運賃が必要になります。ところが、この常識に当てはまらないのがJRの旅客各社なのです。

仮に、会社ごとに切って計算しなければならないとすれば、東京〜熱海間104.6km・1980円＋熱海〜米原間341.3km・6050円＋米原〜大阪間110.5km・1980円の合計1万10円と1100円も高くついてしまいます。「分割」によって利用者が不利益を被らないよう、また、同じ乗車距離なのに、会社をまたがって乗るか乗らないかによって、運賃が違うという不公平を避けるために取り入れられた運賃計算方法なのです。

「幹線」と「地方交通線」
——乗車券のルール②

路線や会社によって、適用される運賃が異なる

手元にある1970年代の時刻表を見ると、掲載されている当時の国鉄の運賃表は1種類だけ。営業キロが同じであれば、かつては東京の都心でも九州や北海道のローカル線でも運賃は同じでした。ひるがえって、今の時刻表を見ると、何種類もの運賃表が掲載されています。どのようになっているのでしょうか。

まず、大きく分けて「**幹線**」と「**地方交通線**」があります。これは国鉄末期の「国鉄再建法」により分類され、地方交通線に指定された路線には割高な運賃を適用するようになって以来、現在まで受け継がれているものです。

幹線のみを利用する場合は幹線の運賃表に、地方交通線のみを利用する場合は地方交通線の運賃表に、算出した営業キロを当てはめれば運賃がわかります。営業キロの刻み方などが異なり、やはり相対的に地方交通線の方が高めです。

前項では「原則」として、JRの運賃は利用する会社にかかわらず、乗車駅から下車駅まで営業キロを通算すると紹介しましたが、それは幹線と地方交通線の間でも同じです。

まず、本州3社で幹線と地方交通線をまたがって利用する場合。地方交通線に指定された路線の時刻表のページを見ると、営業キロの隣りに「**換算キロ**」という欄があり、示されているキロ数は、営業キロの1.1倍になっています。

この場合の運賃は、幹線の営業キロと地方交通線の換算キロを使って全区間の「**運賃計算キロ**（営業キロと換算キロを合算したもの）」**を算出し、「幹線の運賃表を**

幹線の営業キロと地方交通線の換算キロを通算する

適用」するのです。

例えば松本から身延までの運賃は、松本～甲府間の営業キロ101.3kmに富士～身延間の換算キロ49.4kmを加えて計150.7km。端数を切り上げた151kmを幹線の運賃表に当てはめ、2640円ということになります。

ただ利用する駅の間の営業キロが10kmまでの場合は換算キロは使わず営業キロで計算し、かつ幹線ではなく地方交通線の運賃表を適用するという例外があります。

一方、本州3社と、JR北海道、JR四国、JR九州のいわゆる「三島会社」も、運賃が異なります。分割民営化後、三島会社は消費税率の改訂時以外にも運賃の値上げが認められたため、本州3社とは別の高めの運賃になったのです。

まずJR北海道の運賃は幹線と地方交通線の区別があり、運賃の計算方法は本州3社と同じ。運賃表がそれぞれ設定されています。時刻表の地方交通線の欄にも「換算キロ」の欄があります。

JR四国、JR九州の運賃表は1種類で、地方交通線には「**擬制キロ**」というものが導入されています。これも基本となる営業キロを1.1倍したものですが、地方交通線だけを利用する場合でも、この擬制キロを用いて運賃表と照らし合わせます。幹線と地方交通線をまたがって利用する際は、幹線の営業キロと地方交通線の擬制キロを足して運賃計算キロを算出し、運賃表を参照すればよいのです。

また、本州3社と三島会社の路線をまたがって利用する場合は、まず利用する全区間の運賃計算キロをルール通りに営業キロ、換算キロ、擬制キロから計算します。この運賃計算キロを本州3社の幹

「三島会社」にまたがる場合の運賃計算方法

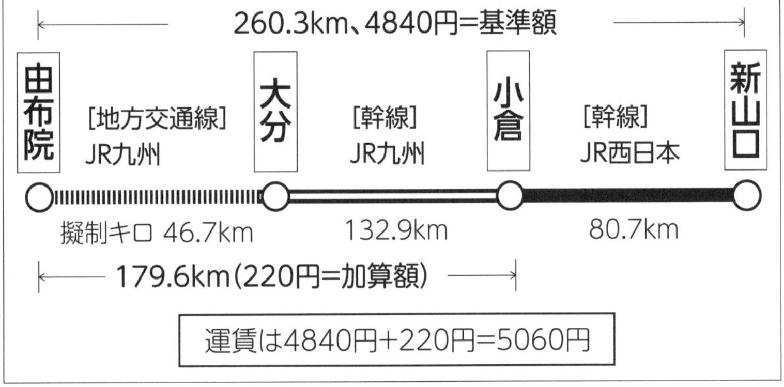

線の運賃表に当てはめ、「基準額」を算出します。さらに、三島会社内だけの運賃計算キロを別に算出します。これを「**加算額表**」に当てはめて加算額を算出し、先の基準額に加えれば、利用区間の運賃がわかるという次第です。

例として、JR西日本の新山口駅からJR九州の由布院駅までの運賃を計算してみましょう。新山口～小倉間はJR西日本の山陽新幹線（幹線）で営業キロ80.7km。小倉～大分間はJR九州の日豊本線（幹線）で営業キロ132.9km。大分から由布院までの久大本線は地方交通線ですので、擬制キロの46.7kmを使用します。合計した運賃計算キロは260.3km。基準額は4840円です。JR九州内だけの運賃計算キロは179.6km。この距離に対応する加算額は220円となり、4840 + 220 = 5060円が新山口～由布院間の運賃です。

他方、やや割安な運賃が適用される「**電車特定区間**」というエリアも、東京（首都圏）と大阪（京阪神間）にあります。競争相手となる交通機関が多いために設定されたもので、東京と大阪の間にも、運賃額の違いがあります。

山手線内、大阪環状線内のみに乗車する場合は、さらに安い運賃が適用されます。**これらの運賃は、エリア内の駅の相互間を利用する場合にのみ適用される**もので、区間や路線を限定して適用される「特定運賃」と同じ性格のものなのです。

「都区内、特定市内発着」

運賃計算の特例1――――乗車券のルール③

大都市圏発着の乗車券の特別ルールで中心駅から計算する

これまで紹介してきた乗車券の例の中に、「東京都区内から」とか「名古屋市内ゆき」といったものが出てきました。これは運賃を計算する際には代表的な特例の一つで、**「特定都区市内」に発着する場合**の運賃計算方法です。

大都市圏の駅はいずれも利用者が多く、原則通りに各駅発着の乗車券を発売していると、運賃計算や機械などの設定、乗車券発行の手間などがかさむ一方になります。そこで省力化のため、全国の11の都区市内では、中心駅と定められた駅から営業キロ201km以上の区間では「○○市内から・ゆき」として、中心駅からの運賃を適用し、エリア内のどの駅でも乗車・下車ができるようにしたのです。ただし、**都区市内の駅では途中下車はできません。**

特定都区市内と定められたエリアと中心駅は以下の通りです。駅ホームの駅名標や、乗車券の券面には「略号」が白抜き文字で添えられます。

札幌市内（中心駅・札幌、略号「札」）。仙台市内（仙台、「仙」）。東京23区内＝東京都区内（東京、「区」）。横浜市内（横浜、「浜」）。名古屋市内（名古屋、「名」）。京都市内（京都、「京」）。大阪市内（大阪、「阪」）。神戸市内（神戸、「神」）。広島市内（広島、「広」）。北九州市内（小倉、「九」）。福岡市内（博多、「福」）。

「東京都区内・○○市内」と定められた駅は、おおむね行政上の東京23区内や各市内にある駅と一致していますが、一部例外となっている駅もあります。例えば「横浜市内」には、川崎・尻手・八丁畷・川崎新町・小田栄と川崎市内にある鶴見線内の各駅が含まれています。これは南武線矢向駅の住所が横浜市鶴見区であるためで、矢向だけを横浜市内に含めると、横浜駅との間には川崎市内の各駅が位置しており、「離れ小島」になってしまうからです。

さて、特定都区市内発着の乗車券について、注意しなければならない点が二つあります。

一つは、**乗車券の発駅または着駅が含まれる特定都区市内にのみ、かかわるルール**であること。「東京都区内から東海道新幹線経由大阪市内ゆき」の乗車券を持ち、京都でいったん新幹線を降りて山陰本線（嵯峨野線）に乗り換え、二条で下車した場合。京都〜二条間の運賃を別途、支払わなければなりません。二条は京都市内に含まれる駅ですが、この乗車券の発駅・着駅に京都市内はかかわっていないので、経路通りにしか乗車できません。

もう一つが「**各中心駅から営業キロ201km以上となる各駅**」と**の間で適用されるルール**であること。実際の乗車駅から201km以上ではありません。

東京から中央本線を利用して松本方面へ向かう場合、「東京都区内発」となるのは上諏訪以遠となります。東京都区内〜上諏訪間の運賃は3740円です。この乗車券を持っていれば、蒲田からでも北千住からでも、都区内に含まれる駅なら、どこから乗っても問題ありません。

ところが、例えば西荻窪から上諏訪へ行く場合。都区内の駅ですので西荻窪〜上諏訪間の運賃も東京駅から計算されて3740円となりますが、実は西荻窪〜上諏訪間の営業キロは181.3kmしかなく、仮に原則通りに計算すると、3410円で済んでしまうのです。損になりますが、ルール上は仕方がありません。

特定都区市内のミニチュア版として、「**東京山手線内発・着**（略称は「山」）」の運賃計算方法もあります。これは東京駅からの営業キロが100km以上200kmまでの駅と、山手線内の各駅（中央本線御茶ノ水〜千駄ヶ谷間の各駅も含む）との間で適用されるもの。運賃は都区内発と同じく東京駅からの計算になります。

東京都区内・東京山手線内の範囲

「東京都区内」となる駅
いちばん外に示した駅より内側の駅がすべて含まれます。

「東京山手線内」の駅
太線内の駅が該当します。

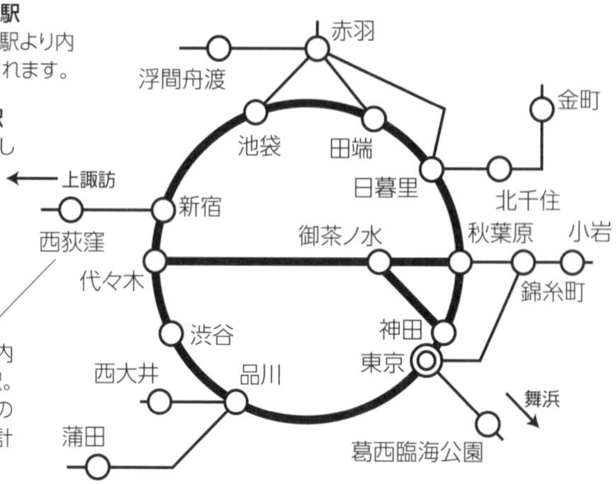

西荻窪は東京都区内のいちばん外側の駅。上諏訪以遠の駅への運賃も東京駅から計算されます。

都区内、特定市内においては「エリア全体が一つの大きな駅」ととらえると、理解しやすいです。

例えば、4-02で実物を紹介した連続乗車券において、連続1は東京都区内から東京都区内ゆきで、連続2は連続乗車券の原則（1-04参照）からすれば、連続1の着駅が発駅とならなければなりません。けれども東京～小山間の営業キロは80.6kmなので、実際に旅行を始める渋谷からとなっています。渋谷は東京都区内という「大きな駅」に含まれていますので、これで成立するのです。

なお、都区内、特定市内の駅を出発しエリア外に出てから、再び出発地の都区内、特定市内を通過する場合。あるいは逆パターンで都区内、特定市内が着駅となる場合は、この制度を適用せず、乗車区間通りの発駅・着駅の乗車券を発売できる特例があります。

「山」「区」が表示された駅名標。

「大都市近郊区間」

運賃計算の特例2――乗車券のルール④

乗車経路にかかわらず、最短経路で運賃を計算するエリア

例えば東京から池袋までJRで行く場合。山手線の内回り電車に乗れば25分ほどで着きます。ただ、中央快速線に乗り新宿で埼京線に乗り換えても、所要時間は25分ほどです。どちらを選ぶかは人それぞれでしょう。運賃はどちらも210円です。きっぷを買う時も山手線経由か中央線経由かは尋ねられません。いちいち尋ねられたとしても、面倒です。

これは**大都市の「近郊区間」**内の駅に相互発着する特例に該当するケースです。近郊区間は東京、仙台、新潟、大阪、福岡の五つのエリアで設定されています。この区間内のみを普通乗車券（ICカード乗車券を含む）、回数乗車券で利用する場合、片道乗車券として成立する「一筆書き」ルートである限り、乗車経路は自由。運賃は乗車駅と下車駅との間の最短距離で計算するという、ルールがあるのです。路線の数が多く、複数の経路が選べるケースがあちこちにあるため、乗車券発行の手間を省くために設けられた制度です。

東京～池袋間の場合は、山手線田端経由が最短（12.3km）で、山手線内の運賃が適用されて210円となっています。

なお、**近郊区間内のみを通る乗車券は、距離や運賃にかかわらず途中下車はできません**。有効日数も1日限り。これは上野～いわき、新宿～松本といった区間でも同じです。

「近郊区間を飛び出さず、途中で改札口も出ずに、一筆書きルートで乗る限り、乗車経路は自由」という制度を活かした遊びが、いわゆる「**大回り乗車**」「**150円旅**

東京近郊区間

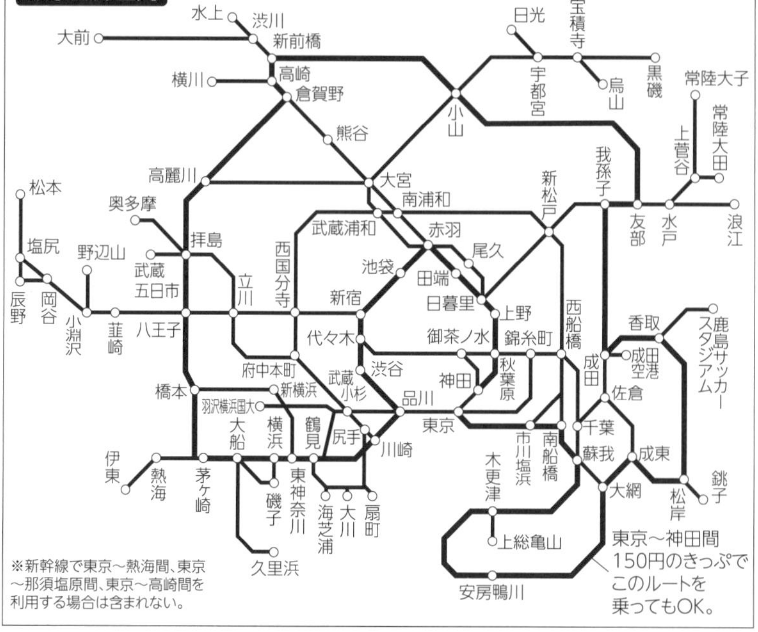

行」というものです。東京～池袋間を、例えば東海道本線～横浜線～八高線～川越線～埼京線経由で旅行しても、同じ駅を二度通っていないので問題ありません。突き詰めると、「東京からの最低運賃（150円）で、どれだけ長い距離、列車に乗れるか？」というパズルのような問題になり、最長ルートを求めたり、実際にそのルートを乗車する鉄道ファンもいます。

なお近年、この近郊区間は拡大傾向にあります。SuicaなどのICカード乗車券の普及とエリア拡大によるものです。現在、JR東日本では、Suicaが使えるJRの路線の大半は近郊区間に含まれています。仙台や新潟の近郊区間は、Suicaの導入時に設定されました。

これは、運賃を下車時に引き落とすというICカード乗車券の性質上、そもそも事前の乗車経路の指定が不可能であることから、いわば近郊区間に関するルールを逆手に取って、Suica利用可能エリア＝近郊区間としたものです。

「特定区間」「選択乗車」「都区内の通過」「区間外乗車」

運賃計算の特例3――乗車券のルール⑤

乗車券に指定された経路以外に乗れる「特例」の数々

2-01で述べたように、運賃計算の元となる営業キロ、運賃計算キロは実際に乗る経路通りに計算することが原則です。しかし、原則があれば例外もあるのが世の常。2-04で紹介した近郊区間など、最たるものかもしれません。

JRの路線には、両者の需要がほぼ等しかったり、列車の運転の都合などにより、同じ区間であっても、同等に利用できる経路が複数ある場合があります。

このうち、全国で九つの区間は**「特定区間」**に指定され、運賃の他、特急・急行料金、グリーン料金も、実際の乗車経路にかかわらず、**必ず短い方の経路で計算すること**とされています。

特定区間では自動的に運賃計算が行われるので、利用者は「どちらを経由するか」を申し出る必要はありません。そしてどちらの経路を通ってもよく、途中下車ができるきっぷであれば途中下車も自由にできます。

岩国～櫛ヶ浜間における山陽本線と岩徳線（地方交通線である岩徳線の方が短い）の特定区間などは山陽新幹線の運賃計算にも影響しており、新岩国～徳山間を通る場合は、新幹線なのに換算キロがかかわる運賃計算キロを使わねばなりません。短絡線として岩徳線が建設され、一時は今の岩徳線の方が山陽本線となって、急行などが経由していたという歴史がこの区間にはからんでいて、今に至っているのです。

利用者の便宜を図ったルールとしては、特定区間と似た「**選択乗車**」の制度もあります。これは、**指定された区間において、乗車券**

特定区間の一覧（★の経路で運賃を計算）

大沼～森	★函館本線（大沼公園経由）／函館本線（東森経由）
赤羽～大宮	★東北本線（浦和経由）／東北本線「埼京線」（戸田公園経由）
日暮里～赤羽	★東北本線「京浜東北線」（王子経由）／東北本線（尾久経由）
品川～鶴見	★東海道本線（川崎経由）／東海道本線「横須賀線」（新川崎経由）
東京～蘇我	★総武本線＋外房線／京葉線
山科～近江塩津	★湖西線／東海道本線＋北陸本線
大阪～天王寺	★大阪環状線（天満経由）／大阪環状線（福島経由）
三原～海田市	★山陽本線／呉線
岩国～櫛ヶ浜	★岩徳線／山陽本線

に記された経路＝運賃計算に使った経路以外の、別な経路も選んで列車に乗車できるもの。2024年3月現在、57の区間が指定されており、旅客営業規則に掲載されています。

　代表的なものは新幹線と並行する在来線にかかわるもので（2-06参照）、今では大半がそうした区間ですが、在来線だけが関係する区間もあります。例えば、相生～東岡山間には山陽本線経由と赤穂線経由の二つのルートがあり、運転本数などの利便性はどちらも似たようなものです。ここは選択乗車ができる区間の一つに指定されており、山陽本線経由の乗車券を持っていたとしても、仮に赤穂線の列車が先に来た場合などは、そのまま赤穂線経由を「選択」して「乗車」しても差し支えありません。乗車券の経路を変更する必要はなく、選んだ経路上での途中下車も可能です。

　選択乗車が特定区間と異なる点は、乗車券を購入する際は経路を指定しなければならないこと。必ず距離が短い方で運賃を計算してくれるわけではなく、距離が長い経路でも乗車券は買えます。

「選択乗車とは?

相生以遠（竜野方面）と東岡山以遠（高島方面）の各駅の相互間を旅行する場合、山陽本線上郡経由の乗車券で、播州赤穂経由の赤穂線に乗車することもできる。逆の場合も可。

特定区間を拡大したようなルールが東京都区内にあります。右の図の太線で示した区間を通過する場合、経路が重なったり同じ駅を二度通らない限り（つまり一筆書きルートである限り）、**乗車経路は自由で、運賃は最短経路で計算する**という制度です。

東京都区内を通過する場合

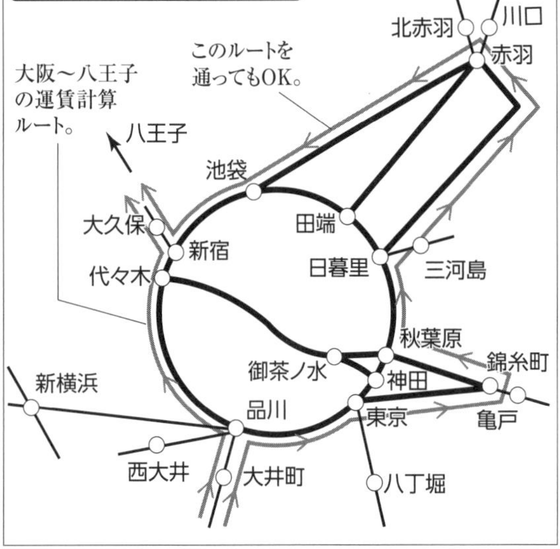

例えば、大阪市内から都区内を通り八王子まで行く場合。運賃を計算する経路は、営業キロが最短となる品川～新宿間で山手線を経由するルートになります。仮に大阪～東京～八王子と乗るとしたら、通常は営業キロ603.8kmで運賃9790円になるところを、この制度のおかげで597.3km、9460円で済みます。この乗車券で例えば東京駅に着いた後、錦糸町～秋葉原～赤羽～池袋～新宿と乗って八王子へ向かうこともでき、途中下車しても構いません。

この他、JRには「**区間外乗車**」といって、**経路として指定していない＝運賃を払っていない区間に乗れてしまう特例**も用意されています。まず分岐駅に、特急など片方の路線の列車が停まらないため。あるいは列車の運転の都合上などから、直近の停車駅まで乗車して折り返すことを認めたという区間があります。

例えば、敦賀から特急「サンダーバード」に乗って大津まで行く場合。湖西線と、大津駅がある東海道本線との分岐駅、山科に「サンダーバード」は停車しません。そこで便宜を図って、運賃は敦賀

～山科～大津で計算し、実際には山科と特急停車駅の京都との間の往復を無料で乗車することが認められているのです。ただし、京都で**途中下車はできません**。

あるいは博多～大分間の特急「ソニック」。この列車は小倉で折返し運転をする際、西小倉～小倉間を2回通りますが、当然、区間外乗車が可能になっています。

時刻表でも列挙されていますが、こうした特例が適用される区間が山科～京都間、西小倉～小倉間など短い区間ばかり、全国で46区間、具体的に指定されています。指定されていない区間では区間外乗車はできません。

また、分岐駅を通過する列車に対する特例に対し、運転系統上の都合などにより、乗車券の区間外に乗車できる特例もあります。適用区間は、下の表の10カ所。いずれも、列車によっては実際の分岐駅では乗り換えられないケースがあるため、設けられています。

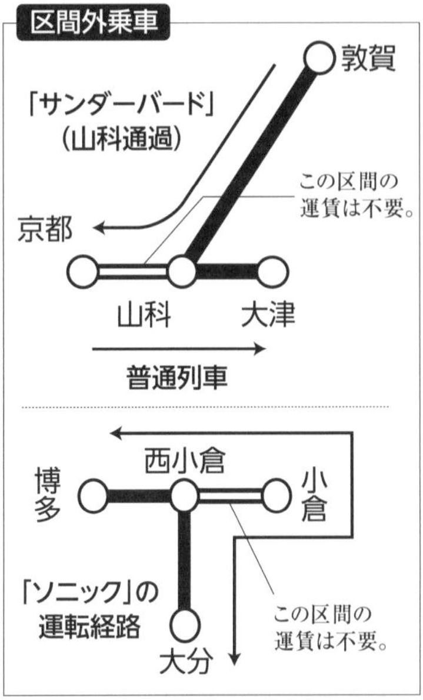

特定の分岐区間で区間外乗車が可能なルート

実際に乗車するルート	「区間外」とされる区間
松島・愛宕以遠～高城町以遠	塩釜～松島
西日暮里以遠～三河島以遠	日暮里～東京
日暮里・鶯谷・西日暮里以遠・三河島以遠～尾久間	日暮里・鶯谷～上野
西大井以遠～品川以遠	品川～大崎
鶴見・新子安・東神奈川・川崎以遠・国道以遠・大口以遠～新川崎・西大井・武蔵小杉以遠	鶴見・新子安・東神奈川～横浜
鶴見・新子安・東神奈川・川崎以遠・国道以遠・大口以遠～羽沢横浜国大	鶴見・新子安・東神奈川～横浜、鶴見～武蔵小杉
横浜以遠・新川崎～羽沢横浜国大	鶴見・新川崎～武蔵小杉
武蔵白石・浜川崎以遠～大川	武蔵白石～安善
今宮・芦原橋以遠～JR難波	今宮～新今宮
宇多津以遠～児島以遠	宇多津～坂出

新幹線と在来線の関係

——乗車券のルール⑥

新幹線は並行する在来線と「同じ路線」と見なすが、一部例外も

東海道新幹線開業は1964年のことでしたが、新幹線はもともと、在来線の輸送力増強のための「複々線」と位置づけられて建設された経緯があります。そのため、両者は同じ路線と見なされ、営業キロも新幹線が在来線に合わされました。例えば東京～新大阪間は、東海道新幹線でも東海道本線でも552.6kmです。おおむね新幹線の線路は在来線より駅間距離が短い（東京～新大阪間の路線延長は515.4km）のですが、ほとんどの新幹線駅が東海道本線に併設されたこともあって、「同じ路線」という考え方が採り入れられています。

その代わり、新幹線と並行する在来線との間は、自動的に「選択乗車」の関係となりました。東海道新幹線経由の東京都区内から大阪市内ゆきの乗車券を持っていて、全区間、東海道本線で旅行してもよいのです。

逆に新幹線と在来線は同じ路線であるがゆえ、例えば新大阪～京都間を新幹線に乗り、京都から東海道本線で西大路まで行くとしても「新大阪から京都経由西大路ゆき」の片道乗車券にはできません。

在来線と別路線扱いの区間一覧

東海道・山陽新幹線	品川～小田原／三島～静岡／名古屋～米原／新大阪～西明石／福山～三原／三原～広島／広島～徳山
九州新幹線	博多～久留米／筑後船小屋～熊本
東北新幹線	福島～仙台／仙台～一ノ関／一ノ関～北上／北上～盛岡
上越新幹線	熊谷～高崎／高崎～越後湯沢／長岡～新潟

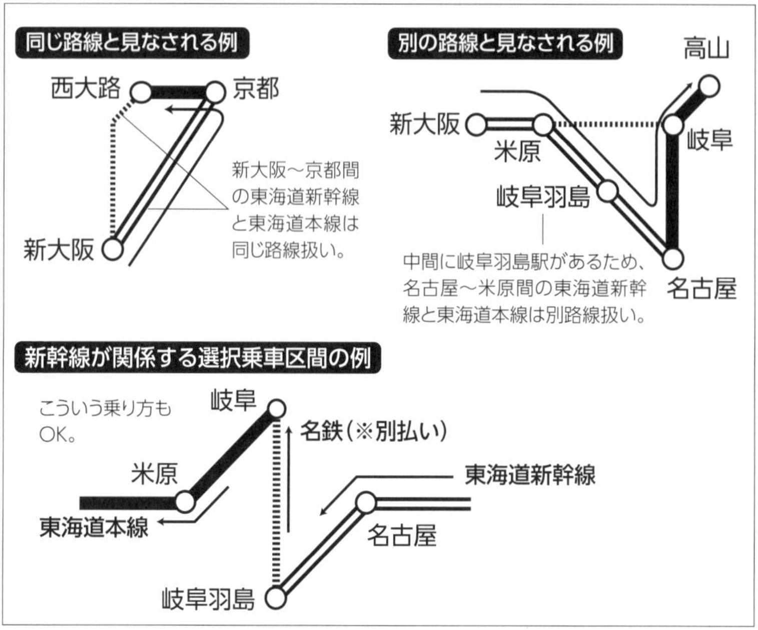

同じ路線を折り返す経路となり、新大阪〜京都間と京都〜西大路間の運賃がそれぞれ必要です。

一方、新横浜や岐阜羽島のように在来線から離れた場所に駅ができた例もありました。こうした駅は、在来線の対応する駅と営業キロが同一にされています。新横浜は横浜、岐阜羽島には岐阜が対応します。選択乗車区間も設定され、例えば東海道新幹線経由の乗車券で東京〜岐阜羽島（名鉄の別運賃が必要）岐阜〜米原のように乗車することもできます。

さらに、新横浜や岐阜羽島をはさむ東京（現在は品川）〜小田原間と名古屋〜米原間のような区間に限り、東海道本線とは「別の路線」と見なされるとされました。これにより、大阪市内〜名古屋〜岐阜経由高山といったルートが片道乗車券として発売できます。

こうした原則は、山陽新幹線以降、新しく開業した各新幹線にも受け継がれました。並行する在来線から離れた白石蔵王や上毛高原といった駅と、駅をはさむ区間には、「別路線扱い」と2-05で紹介した選択乗車区間が漏れなく設定されました。

ただ、1997年の長野新幹線開業の時に様子が変わりました。この時、並行する信越本線は横川～軽井沢間が廃止。軽井沢～篠ノ井間がしなの鉄道へ経営移管され、「新幹線は在来線の複々線化」という考え方が崩れたのです。それゆえ長野新幹線には、初めて新幹線独自の営業キロ（高崎～長野間117.4km）が設定されました。そ

東北新幹線白石蔵王駅。

東北本線白石駅。

博多に到着した「こだま」。新下関～博多間は新幹線と在来線では運賃が違います。

の後、同様に並行在来線が第三セクターへ移管された九州新幹線の新八代～川内間、東北新幹線の盛岡～新青森間などには、長野新幹線と同様、新幹線の独自の営業キロが設定されています。

さて、1カ所だけ、注意が必要な区間があります。JR西日本の山陽新幹線とJR九州の鹿児島本線が並走する新下関～博多間です。この区間は、両社で運賃が違います。例えば小倉～博多間は新幹線経由で1170円、在来線経由で1310円です。そのため、乗車券を買う時には経路を指定しなければなりません。「JR西日本を経由」と指定するのがお得です。片道新幹線・片道在来線経由、つまり往復で経路が異なっていても、往復乗車券が発売できるので、往復する場合も同様です。

「連絡運輸」とは?

――乗車券のルール⑦

JRと私鉄など、異なる会社間にまたがる乗車券を1枚で買える

新大阪で、東海道新幹線から特急「スーパーはくと」に乗り継いで鳥取へ……ごくふつうのルートのように思えますが、途中、この特急は上郡～智頭間で智頭急行の路線を通ります。JRではない、第三セクター鉄道です。

大半の人はそういうことは気にせず?「東京都区内から鳥取ゆき」といった乗車券を買って乗ることでしょう。経由には会社名も入っているはずですが、乗車券としては1枚です。

このようにJRと私鉄・第三セクター、あるいは私鉄同士、私鉄と地下鉄など、異なる会社間をまたがって乗車する時、乗車区間を通しにして乗車券、あるいは特急券などでも、会社ごとに分けずに1枚にまとめて発行してもらえるケースがあります。こうした制度を**「連絡運輸」**といいます。

連絡運輸の制度を適用して発売される乗車券を**「連絡乗車券」**とも呼びます。また「スーパーはくと」の運転ルートのように、中間に他の会社の路線をはさんで行う連絡運輸を**「通過連絡運輸」**といいます。

連絡運輸が適用される区間は、会社間の取り決めによって具体的に細かく定められています。例えば「スーパーはくと」の停車駅相互間や、東海道本線・伊東線と伊豆急行など、列車が直通運転している区間なら、まず問題ありません。また、駅に他社線の駅までの運賃表が掲げてあれば大丈夫です。

そうではない区間では駅の窓口で確認が必要です。JR東海のように、連絡運輸についての約款を定めた**「旅客連絡運輸規則」**をサ

連絡運輸（通過連絡）の運賃計算方法

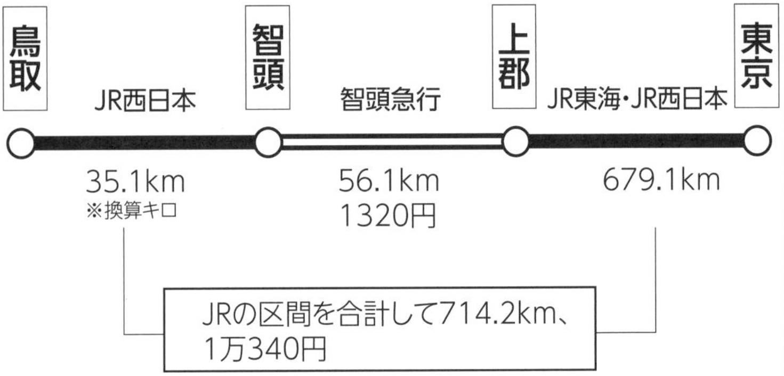

「スーパーはくと」利用の場合の、東京都区内～鳥取間の運賃は
1万340円+1320円=1万1660円。

イト上で公開している会社もあり、これの別表を見ると、連絡運輸を行う区間がわかります。最近はJRとローカル私鉄との間の連絡運輸が縮小される傾向にあるのは残念です。ローカル私鉄の一部では、JRでは比較的早くに消えてしまった連絡運輸の「硬券」が残っているところもあります。

連絡運輸が適用される場合の運賃は、基本的に各会社ごとに計算した額の合算です。ただし通過連絡運輸の場合は、前後の同じ会社の区間の営業キロを合計して算出された運賃と、他社の運賃の合算となります。また、近距離の場合は、初乗り運賃が2回かかって割高になるのを防ぐため、特例として割引運賃を適用しているケースも多く見られます。例えば、東京メトロと都営地下鉄の連絡乗車券は、双方の合計額から70円引きになっています。

連絡運輸のメリットは、利用者にとっては、乗り換え駅でいちいち乗車券を買い直さずに済むことです。特に大都市圏では、私鉄と地下鉄など相互直通運転を行っている区間では連絡運輸の制度が不可欠ともいえます。直通を行っていなくても、定期券で広く連絡運輸が行われており、1枚の定期券で複数の会社にまたがって乗れるのが当たり前になっています。

乗車券の有効期間

――乗車券のルール⑧

営業キロ200kmごとに、有効期間が1日ずつ延びてゆく

乗車券には「**有効期間**」があり、「○月×日から△日まで有効」「当日限り有効」といったように券面に表示されます。

1日限り有効となる例外のケースを除く、乗車券の有効期間の計算方法は簡単です。200kmを一区切りとして1日が加わっていくという法則性を持っているので、乗車券の全区間の「営業キロ」を200で割り、小数点以下の端数は切り上げて1を足せばいいのです。営業キロ101km以上、200kmまでの乗車券は2日間有効。1000kmまでの乗車券は6日間有効ということになります。東京都区内から大阪市内までは営業キロ556.4kmですので、556.4 ÷ 200 = 2.782。切り上げて3に1を足した4日間が有効期間です。どんなに長い距離の乗車券でも、同じように計算できます。

この場合、気をつけなければいけないのは、**有効期間計算を「営業キロ」に基づいて行う**こと。換算キロ、擬制キロがかかわる運賃計算キロではありません。運賃計算キロは名前の通り、あくまで「運賃の計算の際にのみ」使用するキロ数です。他にも特急料金を計算する際など、運賃計算以外はすべて営業キロが基本となります。

なお、**往復乗車券の有効日数は同じ区間の片道乗車券の2倍。連続乗車券は「連続1」「連続2」の2枚の券の各区間の有効日数を足したもの**となります。

例外的に、有効期間が1日限りとなる乗車券としては、まず営業キロが100kmまでの片道乗車券があります。

例えば、大阪から姫路経由播但

近郊区間に含まれるかどうかで、有効日数が違う!

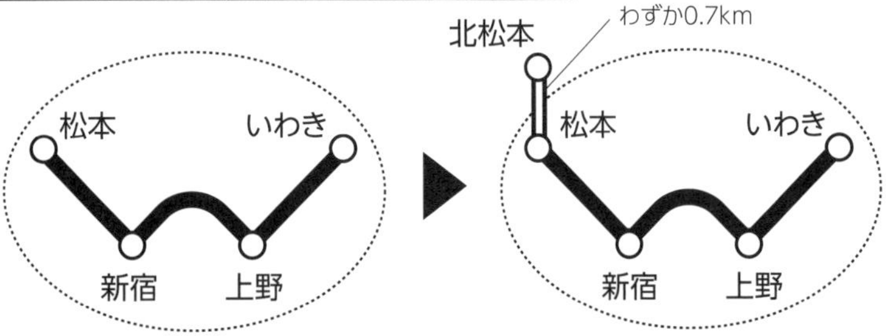

全区間が東京近郊区間に含まれるので、有効期間は営業キロにかかわらず1日限り。

ひと駅でも外せば、原則通り計算。このルートの乗車券は、4日間有効。

線の香呂駅までの乗車券は、運賃計算キロが大阪～姫路間87.9km＋姫路～香呂間換算キロ12.3km＝100.2kmですので、運賃は1980円となります。ところが、営業キロは87.9km＋11.2km＝99.1km。切り上げてちょうど100kmですので、有効期間は1日です。途中下車（2-09参照）がしたいなど有効期間を延ばしたければ、隣りの溝口まで買えばOK。運賃は1980円と同じですが、営業キロが101.1kmになり、2日間有効となります。

さらに東京、仙台、新潟、大阪、福岡の各**近郊区間内のみを通る乗車券は、営業キロにかかわらず有効期間1日です**。東京から池袋ゆきなどの短距離きっぷなら当然という感じですが、450.2kmも離れ、運賃が7480円もするいわき～松本間であっても、東京近郊区間に含まれていますので、1日しか有効期間はありません。

この場合でも、近郊区間をひと駅でも外せば有効期間が延び、途中下車ができるようになります。いわき～松本間の場合、松本の隣りの北松本までの乗車券を買うと、運賃は7480円と同じですが、松本～北松本間は近郊区間ではないので、4日間有効（営業キロ450.9km）と原則通り。途中下車も自由にできます。

また、新幹線は近郊区間に含まれていませんので、新幹線経由にすると有効期間は原則通りの計算になり、選択乗車の制度を活用することで在来線にも乗れます（2-06参照）。

途中下車

――乗車券のルール⑨

乗車券の区間内で改札口からいったん出ること

東京から名古屋へ行って、一仕事。そこからさらに広島の取引先へ……という場合。乗車券を新幹線の特急券と一緒に、「東京都区内から名古屋市内ゆき」「名古屋市内から広島市内ゆき」と分けて買ってしまってはもったいない。6380円＋8580円＝1万4960円もかかります。「東京都区内から広島市内ゆき」を買って名古屋で「**途中下車**」すれば、1万1880円で済むのです。途中下車は、便利で安上がりになる制度でもあります。

途中下車とは、乗車券に示された区間・経路上において、いったん改札口を出ることをいいます。改札口がない無人駅については、列車から降りると途中下車として扱われます。しかし、無人駅で乗り換える場合は、その限りではありません。その辺りは柔軟に扱われています。

途中下車は基本的に、後戻りしない限り、乗車券の有効期間内ならば何回でもできます。東海道本線をひと駅ずつ下車して……なんて旅も可能です。有人駅で途中下車すると駅名が入った途中下車印を押すきまりで、記念に集める人もいます。新幹線の自動改札機では乗り降りした駅名が自動的に印字されます。

ただし、以下の場合は途中下車できません。途中で改札口を出てしまうと乗車券は無効になり、残りの区間が使えなくなります。

まず、**営業キロ100kmまでの普通乗車券は途中下車できません**。つまり、2-08で紹介した大阪～香呂間の乗車券では、例えば姫路などで途中下車することはできませんが、大阪～溝口間の乗車券だと自由に途中下車ができます。

また、東京、仙台、新潟、大阪、福岡の各**近郊区間内のみを通る乗車券は、営業キロにかかわらず途中下車できません**。同じく2-08で紹介した、いわきから松本ゆきの乗車券などが該当します。よって、「**有効期間１日の乗車券は、途中下車できない**」と覚えておけば間違いありません。

他に、「特定都区市内」発着の乗車券では、発駅・着駅のある都区内、市内では途中下車できません。「東京山手線内」発着の乗車券でも、同様に山手線内では途中下車できません。

例えば、「東京都区内から東海道本線経由大阪市内ゆき」の乗車券だと、蒲田までの都区内駅（例えば品川や大井町など）では途中下車できませんが、川崎から先、大阪市内に入る直前の吹田までの各駅では自由に途中下車できます。東淀川から先の大阪市内の駅では、改札口を出ると乗車券は回収されます。

この乗車券で新宿から乗って、品川まで来たところで忘れ物に気付いた、なんてケースも、ままあるでしょう。そうした場合は新宿～品川間の運賃を別に支払えば、品川駅の改札口を出ることができ、乗車券はもう一度、都区内の駅から使えます。

例外としては、神戸市内発着の乗車券で東海道・山陽新幹線を利用する場合。当日中に在来線と新幹線を乗り継ぐのなら、新神戸と三ノ宮、元町、神戸、新長田の各駅では改札口を出ることができます。「のぞみ」で新神戸に着いた後、地下鉄で三ノ宮へ移動。JR神戸線の電車で須磨までといった乗り方が「神戸市内ゆき」の乗車券でできるのです。同様に、乗り継ぎの便を図って改札口を出入りできる例としては、大阪市内発着の乗車券における、大阪駅と北新地駅もあります。

なお、定期券は営業キロや近郊区間にかかわらず自由に途中下車できます。ところが、回数券は途中下車できません。また、「乗り放題タイプ」を除く割引きっぷには途中下車の制限があるもの（特に、往復の経路上）が多いので、確認が必要です。ICカード乗車券は制度上もシステム上も、一切、途中下車はできません。

入場券のルールと使い方

改札内へ入る時に必要
時間制限がある会社もある

日本の鉄道は明治の初め、改札口があるイギリスから運営のノウハウを学んだことから、他のヨーロッパの国とは違って、現在も改札口を通って列車に乗ることが基本になっています。無人駅はこの限りではありませんが、駅員がいる有人駅で、見送りや出迎えなどのために改札内に入る場合は、入場券が必要です。

入場料金は、その会社の**最低運賃と同額**が原則です。そのため本州のJR3社の各駅は150円が基本。大阪の電車特定区間内（2-02参照）の各駅では140円になります。JR北海道の各駅は200円。JR四国の各駅は190円。小倉、博多を除くJR九州の各駅は170円となります。

原則から外れるのは、入場料金が異なる会社が2社以上、共同使用している駅の場合。**いちばん安い会社の入場料金が適用されます。**JR九州の小倉、博多はJR西日本に合わせて、入場料金は150円です。例えば名鉄（名古屋鉄道）は最低運賃が170円なので、入場料金も170円ですが、豊橋駅はJR東海と構内を共用しているため、入場料金もJR東海に合わせて150円と安くなります。

入場券は発売当日限り有効で、改札口を出れば回収されてしまいますが、1カ月間有効の定期入場券もあり、一部の駅で発売されています。値段は4620円です。JR北海道の駅では5920円。東京の電車特定区間内の駅では4280円、大阪の電車特定区間内では4260円などとなります。

毎日のように定期的に駅の改札口内に入るとは、いったいどうい

入場券のいろいろ

金沢駅のものは北陸新幹線開業日に係員が手売りしていたもの。「みどりの窓口」などで発売される様式だ。自動券売機からは、渋谷駅のような入場券が主に出てくる。いずれも時間制限がある。新函館北斗駅のものは北海道新幹線開業記念の硬券。

う目的なのかと思いますが、踏切や陸橋を迂回するより、駅の一方の改札口から反対側の改札口へ通り抜けた方が早い通勤客などに、一定の需要があるようです。

定期入場券を除く入場券は、JR北海道、JR東日本、JR東海、JR西日本の全駅とJR九州の小倉、博多の両駅では、**発売時刻から2時間以内**という使用時間の制限があります。2時間を超えると、超えた時間に対して2時間ごとに入場料金が必要となります。夢中になって列車の撮影をしていると、2時間ぐらいすぐに経ってしまいそうですので注意してください。最近、あちこちの大都市圏の駅に誕生している改札口内のショッピング・グルメ街（6-04参照）を利用する時も同じことです。

また、訪問の記念として入場券を購入する人も多くいます。日付と駅名が入るので、旅の記録にもなります。硬い紙でできた「硬券」の入場券は、JR北海道や一部の私鉄などにだけ残る貴重品です。観光客向けとして、イラストが入った特別な入場券も一部の駅に用意されています。

なお、**入場券では列車内に立ち入ることはできません。**もし列車に乗っても、入場料金は運賃には充当できず、乗車全区間の運賃が請求されます。

2-11 《第2章 きっぷのルール「乗車券編」》

私鉄の乗車券の面白い制度

途中下車など、JRとは少々違う制度を持つ私鉄もある

私鉄、公営交通、第三セクターの鉄道各社は、鉄道営業法に基づき、基本的に国鉄～JR各社に準じた旅客営業規則をそれぞれ定めています。ただ、路線網がJRほど複雑ではないため、おおむね「簡略化」されています。その一方で、地域の実情に合わせたルールが採り入れられている場合もあります。

例えば、途中下車。営業キロが100kmを越える鉄道会社は限られますが、途中下車制度がある会社は、それなりにあります。

香川県の高松琴平電気鉄道では、栗林公園、琴電屋島など、途中下車ができる駅が指定されています。大手私鉄では珍しく西鉄には途中下車制度があり、営業キロ17km（370円）を越える乗車券では途中下車が自由になります。

ただしいずれも乗車券の着駅と運賃が同額になる駅で下車する場合や、ICカード乗車券利用の場合は途中下車不可です。

最近、JRでは近郊区間の拡大に伴って途中下車できる範囲が狭まっていますが、利用促進策の一つとして、途中下車可能駅を増やした例もあります。島根県の一畑電車では2011年に、雲州平田駅を新たに指定しました。

なお、JRとの連絡乗車券は、JR線だけの乗車券と同じように扱われ、全区間の営業キロが101km以上になる場合は、基本的にJR以外の路線でも途中下車できます。2-07の「東京都区内から鳥取ゆき」の智頭急行内が例です。

ただし、一部の私鉄では、連絡乗車券であっても路線内での途中

下車を認めていない場合もあります。また、JRの近郊区間に含まれる駅で接続している鉄道会社は近郊区間と同様に扱われ、全区間で途中下車不可、有効日数もJRに準じて1日限りとなります。

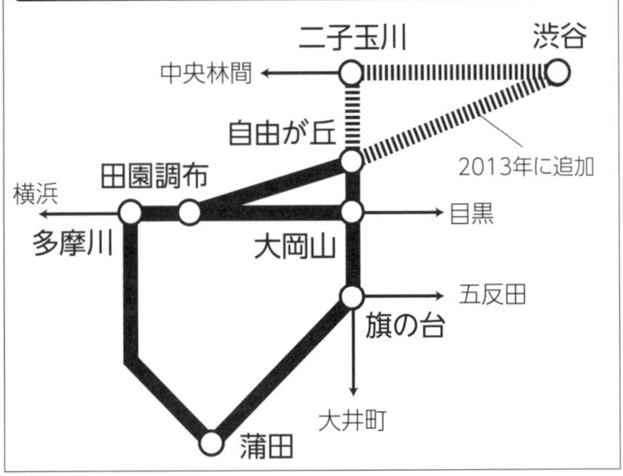

東急電鉄の、運賃を最短距離で計算する区間(太線)

「特定区間」に似た制度があるのが、東武伊勢崎線の館林～太田間（足利市経由・20.1km）です。この区間は小泉線も東小泉経由で結んでおり、そちらの方が距離も16.1kmと短いのですが、この区間を通過する場合の営業キロは特急「りょうもう」など直通列車も多い、伊勢崎線経由のものが適用されます。

大手私鉄ではICカード乗車券の普及もあって、乗車経路は指定しないことが基本。乗車券の有効期間も1日だけで、JRの近郊区間に似たルールです。

東急電鉄では別図の太線の区間が環状になっているため、区間内の駅に発着、またはこの区間を通過する場合、最短の営業キロで運賃を計算しますが、経路は自由です。渋谷は、2013年3月まで東横線の駅と田園都市線の駅が別々でしたが、東横線と東京メトロ副都心線の相互直通運転が始まり、両駅が改札口内でつながったため、渋谷・二子玉川・自由が丘を結ぶ区間が新たに加わりました。

一畑電車のお知らせ。

きっぷのルール
応用編①

146円でどこまで乗れる？

東京近郊区間大回り最長ルートは？

2-04で紹介した「大都市近郊区間では、運賃は最短距離で計算、途中の経路は自由」というルールを駆使し、現在、東京近郊区間内でいちばん安い運賃となる146円（電車特定区間のICカード乗車券利用）で、どれだけ長いひと筆書きルートができるか。多くのファンが挑戦し、ネット上で公開しています。

最長ルートは以下の通り。常磐線の普通列車に乗れば2.9km・4分ほどの距離を、1035.4kmも大回りします。しかし、北小金を始発で出発しても、房総半島をめぐっているあたりで終電となり、1日で制覇するのは不可能。可能性があるとすれば、大晦日から元旦にかけての終夜運行の時だけとなります。

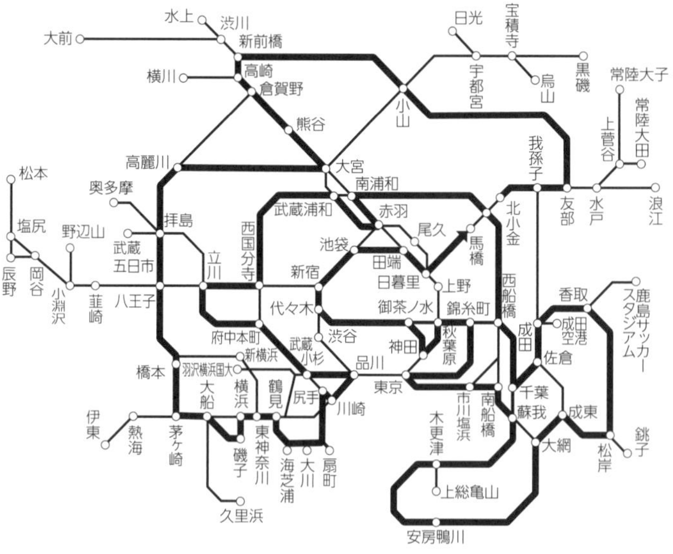

第3章

きっぷのルール「指定券編」

特急券などの指定券は
長距離旅行に必要なきっぷ。
繁忙期・閑散期や乗継割引など、
乗車券とはまた違ったきまりがあります。

料金計算の基本

――特急券のルール①

乗車区間の「営業キロ」に応じて料金が変わる

江戸時代には早駕籠《はやかご》といって、早く目的地へ着くためには割増料金を払わねばなりませんでした。現在のJRの特急、急行も同じ。追加料金が必要となっています。

特急券、急行券の値段は特急料金、急行料金といいます。特急、急行（以下、特に急行に言及する必要がなければ、特急券、特急料金、特急とします）に乗車する距離に応じて変わってきます。料金の区分は、基本的に50km、または100km刻みです。

料金を計算する際には「営業キロ」を使用します。運賃と同じく、JRの他の会社にまたがっても営業キロは通算。**地方交通線を走る特急も存在しますが、換算キロ、擬制キロは料金の計算には関係がありません。**

例えば、東海道本線（幹線）と高山本線（地方交通線）をまたがって走る特急「ひだ」で、名古屋から飛騨金山まで行く場合。運賃は、名古屋～岐阜間の営業キロ30.3km＋岐阜～飛騨金山間の換算キロ73.4km＝103.7kmに応じた1980円です。しかし特急料金は30.3km＋岐阜～飛騨金山間の営業キロ66.7km＝97.0kmに応じた、51～100kmの1730円となります。101～150kmの2390円ではありません。

新幹線の特急料金は各停車駅相互間の料金がすべて表示された「三角表」で公開されています。特急料金を知りたい時は、営業キロを計算せずとも、この表を見ればわかります。しかし、基本的な仕組みには変わりがなく、乗車区間が長くなれば、それに応じて料

特急料金は「営業キロ」で計算

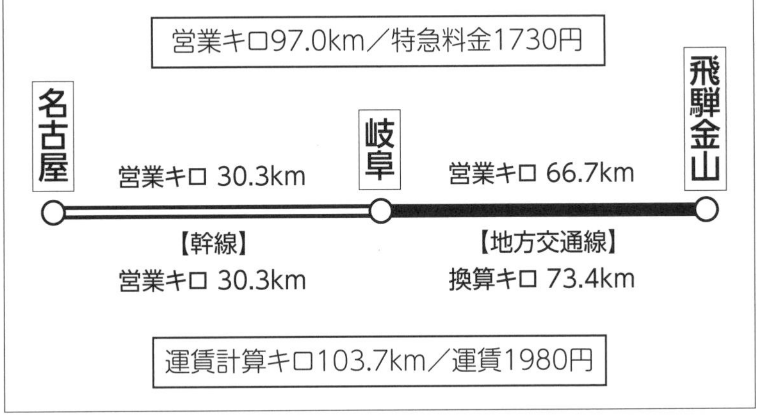

金も上がります。

特急券は、特例がある区間、列車（3-06参照）を除いて、**1本の列車に対して1枚が必要で、指定された区間、列車、座席にのみ有効です**。これはグリーン券や寝台券など他の指定券でも同じです。1枚の特急券で2本以上の特急に乗車できるケースでも、「改札口を出ないで乗り継ぐ場合」と条件がつきます。乗車券とは違って**特急券には途中下車という考え方はない**のです。

2-05で紹介した特定区間では、運賃と同じく特急料金も営業キロが短い方で計算します。例えば東北本線の日暮里～赤羽間では、特急「あかぎ」「草津」などが尾久駅を経由するルートで運転されていますが、もちろん特急料金は、王子経由で計算されます。

なお、列車を指定しない自由席特急券（3-03参照）であっても、特急が1本も停車しない駅を発着駅とする特急券は発券できません。2-05で紹介した「区間外乗車」の例では、山科に停車する特急は1本もありません（だから区間外乗車が認められる）ので、山科～京都間の運賃は必要なくとも、特急券は金沢から京都まで必要です。しかし「ソニック」の場合は、小倉で乗降しない限り、小倉～西小倉の営業キロは特急料金を計算する際には、算入しなくてもよいのです。

会社や季節によって違う特急料金

——特急券のルール②

A特急料金とB特急料金があり、さらにJR各社により料金が違う

特急料金もかつては全国一律でしたが、現在は在来線、新幹線とも数種類あります。

まず在来線の特急料金には、**A特急料金**と**B特急料金**があります。1980年代に急行の特急格上げが進められた際、九州や常磐線などでは急行が一気になくなったため、それに対する措置として、割安な特急料金が「B特急料金」として設定されたのが始まりです。現在では常磐線をはじめとする関東圏一円や、羽越本線などの東北方面、九州内の全線でB特急料金が適用されます。

このA特急料金（従来からの特急料金）、B特急料金も、会社によって差があります。まずA特急料金はB特急料金区間以外、およびA特急料金区間とB特急料金区間をまたがって利用する場合、「サフィール踊り子」「成田エクスプレス」を利用する場合に適用されますが、JR北海道内だけを利用する場合には、やや割安な値段になっています。

B特急料金も、JR東日本で適用される値段、JR九州で適用される値段と2種類あります。どれぐらいの違いがあるのかといえば、営業キロ100kmの区間で通常期に指定席を利用した場合、A特急料金とJR九州のB特急料金だと1730円、JR北海道のA特急料金は1680円、JR東日本のB特急料金は1480円です。それぞれ地域の事情に合わせて設定された値段ですが、少々複雑です。

新幹線の特急料金はJR東日本・JR北海道・JR西日本（北陸新幹線）とJR東海・JR西日本（山陽新幹線）、JR九州によって

A特急料金とB特急料金

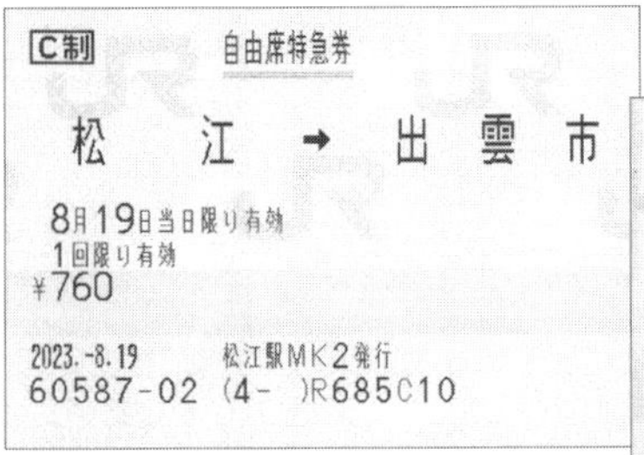

A特急料金適用の特急券。

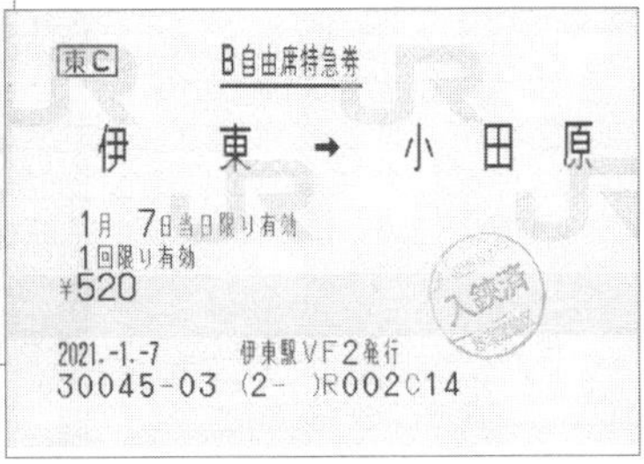

B特急料金の場合は券面にも表示。

違います。また、「のぞみ」「みずほ」「はやぶさ」を利用する場合は、他の列車と比べて割高な特急料金が適用されます。

東海道新幹線東京〜京都間の駅と九州新幹線の各駅との間を利用する場合の特急料金は、博多までの特急料金の合算となります。例えば、東京〜鹿児島中央間は、東京〜博多間の特急料金9730円（「のぞみ」利用）と博多〜鹿児島中央間の特急料金5030円の合計1万4760円です。山陽新幹線と九州新幹線を通して利用する際の特急料金も、博多までの料金の合算が基本ですが、割高にならないよう基本的に530円割り引かれています。これは区間により割引額が異なります。

P100の写真は、山陽新幹線と九州新幹線を通しで乗車した場合の自由席特急券の例です。自由席の場合は新大阪〜博多間の自由席特急料金4960円と、博多〜鹿児島中央間の自由席特急料金4500円の単純な合算になっています。乗継割引との扱いですが、「みずほ」「さくら」の自由席を乗り通した場合も額は同じです。

東北新幹線東京〜新青森間の駅と、北海道新幹線の各駅との間を利用する場合の特急料金も同様。新青森までの特急料金の合算が基本になります。しかしやはり割高にならないよう、その額から530円が割り引かれます。例えば、これもP100の写真のように、新函館北斗〜大宮間で「はやぶさ」を

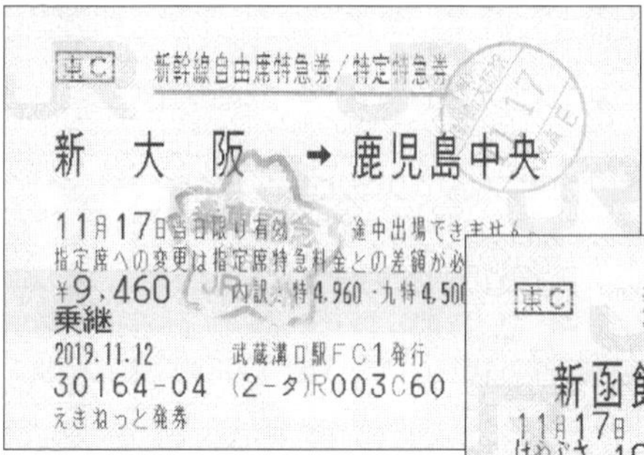

新大阪～鹿児島中央間の
自由席特急券。

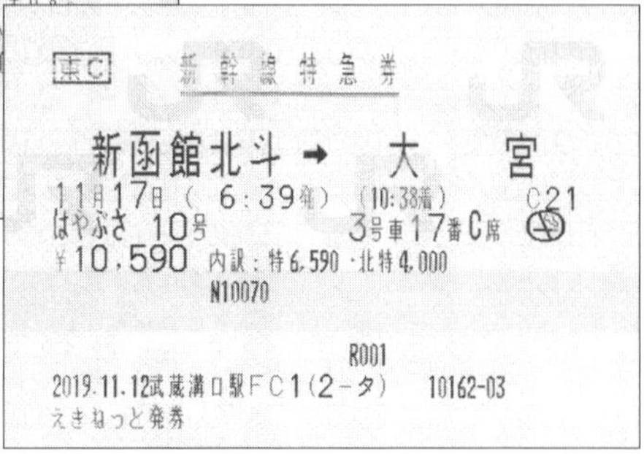

新函館北斗～大宮間の
特急券。

利用する際の特急料金は、新函館北斗～新青森間の4530円と、新青森～大宮間の6590円を足した1万11200円から530円を引いた、1万590円になります。券面の表示から、割引は北海道新幹線の特急料金から行われていることがわかります。

特急料金は利用する日によっても値段に差があります。このシーズン別特急料金には、「最繁忙期」「繁忙期」「通常期」「閑散期」と4段階あって、基本は通常期です。そして、年末年始や旧盆、ゴールデンウィークなどの期間中、利用が集中しやすい特定の日を最繁忙期として、通常期の特急料金の400円増し。それ以外の繁忙期は同じく200円増し。反対に閑散期の場合は、通常の特急料金から200円割り引かれます。ただし、自由席特急料金および自由席利用の場合の特定特急料金は通年、同額です。

ここでも、会社によって多少の違いがあります。まず、JR北海道内だけを走る在来線特急の特急料金には最繁忙期、繁忙期、閑散期の区別はなく、1年間すべての日が通常期になります。

また、JR東日本、北海道新幹線、北陸新幹線のグループと、JR東海、北陸新幹線を除くJR西日本、JR四国、JR九州のグループ、および複数の会社にまたがって走る在来線列車では、最繁忙期、繁忙期、閑散期が適用される日が違います。例えば2023～2024年の年末年始では、前者のグループが12月28日～1月6日までをすべて最繁忙期としたのに対し、後者のグループの最繁忙期は12月29、30日と1月3、4日のみ。それ以外の12月28、31日と1月2、5日は繁忙期。1月1日は通常期にしていました。

いずれにしろ、自ら運賃・料金の計算をする時は、繁忙期などがいつなのか、時刻表に掲載されているカレンダーなどを使って確認する必要があります。

東海道新幹線東京～京都間の駅と九州新幹線内の各駅との間を利用する場合のシーズン別特急料金は、東海道・山陽新幹線内の特急料金の変動、および九州新幹線内での特急料金の変動を合わせたものが適用されます。つまり、最繁忙期には、通常期の料金に対して400円＋400円＝800円の割り増し。同様に繁忙期には200円＋200円＝400円の割り増し。反対に閑散期には400円の割引となるのです。

一方、JR東日本内を走る特急

「踊り子」の特急料金は通年同額。

「ひたち」「ときわ」「あかぎ」「きぬがわ」「スペーシア日光」「あずさ」「かいじ」「富士回遊」「はちおうじ」「おうめ」「踊り子」「湘南」の特急料金には繁忙期も閑散期もなく、通年同額に設定されています。

このようにシーズン別特急料金は年々、複雑になっています。利用客には、できるだけ最繁忙期、繁忙期の日を避けて、他の日に回ってもらいたいがための施策ですが、400円や200円ぐらいでは混雑は続いており、まだまだ効果は薄いと考えられているようです。今後、上下の幅がよりいっそう広がるかもしれません。

3-03 《第3章 きっぷのルール「指定券編」》

全車指定席の列車が増えた

――特急券のルール③

特急料金は指定席が基本。自由席には自由席特急券

今でこそ「特急」と略されますが、かつては格調高く「特別急行」と呼ばれていただけに、国鉄を代表する列車であり、全車座席指定で席が確保されていることも重要なサービスの一つでした。単に「特急券」「特急料金」といえば指定席であることが前提なのは、ここにルーツがあります。

昭和40年代頃から特急も大衆化し、気軽に利用できる長距離列車に変貌しました。その過程で、座席を指定しない自由席が、一種の輸送力調整の意味もあって登場し「自由席特急券」が発売されるようになったのです。(3-02のきっぷの写真参照)。

初めて自由席を設けた特急列車は東海道新幹線の「こだま」です。1964(昭和39)年の年末年始の混雑に対応するため、まだコンピュータ予約が入っていなかった新幹線の座席指定の手間を省くために導入されました。以後、1972年には在来線に自由席連結を前提とした「エル特急」が登場。その後、自由席がある特急が一般的になりました。自由席特急券の基本的な制度は今も昔も変わりません。料金は通常の特急料金から530円引きで、安く設定されています。自由席特急券の有効日数は1日で、その日のうちなら、券面に表示された区間を走るすべての特急1列車に限り利用できます。

しかし、2002年に東北新幹線が八戸まで延伸開業した際、「はやて」「こまち」が全車指定席となり、風向きがまた変わりました。その後は「はやぶさ」「かがやき」などが全車指定席の列車として登場しています。

指定席と自由席の表示

東海道・山陽新幹線のN700A「のぞみ」の指定席表示。最近では、こうしたフルカラー式LEDによる案内も一般的になっている。

同じく、N700A「のぞみ」の自由席の表示。列車の愛称、号数、あるいは行き先の案内表示と一体になっているのが、現在の主流だ。

そして自由席へ特急券を持たずに乗る客に対応して車内改札を行い、料金を徴収する人手が次第に問題となってきたので、新幹線、在来線を問わず、JR東日本から全車指定席の特急が次第に復活する傾向となりました。2024年3月16日ダイヤ改正では、JR北海道の「北斗」「おおぞら」やJR東日本の房総方面への「しおさい」など、JR西日本の「サンダーバード」「やくも」などが全車指定席となり、自由席を設定している特急がさらに少なくなっています。背景としてはやはりインターネット予約が普及し、手軽に座席を指定できるようになった点が大きいと思われます。

全車指定席の列車には、座席を指定した特急券を事前に購入しないと乗車できないのが原則です。「はやぶさ」など、JR東日本の全車指定席の新幹線列車では、全車満席となった場合、座席がないことを承知し、立って乗ることを前提に「立席特急券」を発売することがあります。

また、JR東日本の在来線の全車指定席の特急では「座席未指定券」を購入すれば、座席を指定せずに乗車できます。空席を利用することになりますが料金は一般の特急料金と同じ。購入後に指定券自動券売機などで座席を指定することは可能で、乗車する列車は決まっていないが、あらかじめきっぷを買っておきたい時などに利用できます。

新幹線特急券の特例

――特急券のルール④

新幹線は列車の乗り継ぎが可能だがミニ新幹線の計算方法は特殊

乗車券にはさまざまな特例があるように、特急券にも特例が存在します。よく知られているところとしては、1本の特急につき特急券1枚が必要という原則から外れ、**新幹線では改札口を出ない限り、同じ方向の複数の列車を1枚の特急券で乗り継ぐことができます**。特急料金も乗車駅から下車駅までの通算で計算します。

ただし東京駅と、大宮駅での東北新幹線上り列車対上越・北陸新幹線下り列車および逆方向の乗り継ぎ、高崎駅での上越新幹線上り列車対北陸新幹線下り列車および逆方向の乗り継ぎには適用されません。

例えば、新富士から「こだま」に乗り、静岡で「ひかり」に乗り換えて新大阪まで行く場合の特急料金は、新富士から新大阪まで通しでよく、5150円となります。新富士から新大阪まで1本の「こだま」を乗り通しても同額です。

全区間自由席利用なら、新富士～新大阪間の自由席特急券（4620円）を買えば、後戻りしない限り、自由に列車を乗り継いで構いません。ただし一部区間でも指定席を利用する場合は、全区間に対する指定席の特急料金が必要になります。例えば新富士～静岡間はたった1駅なので自由席でよいが、静岡～新大阪は指定席を取りたいといった場合、特急料金は5150円です。

特急料金の額が異なる「のぞみ」「みずほ」または「はやぶさ」「こまち」と、「ひかり」「さくら」「こだま」「つばめ」または「はやて」「やまびこ」「なすの」を乗り継ぐ場合は、計算が複雑になるので注意が必要です。仮に「のぞみ」などをグループ「α」、「ひかり」などをグループ「β」として説明してみましょう。

まず東海道・山陽新幹線内あるいは山陽新幹線＋九州新幹線内、または東北・北海道新幹線内でαとβを乗り継ぐ場合は、乗車全区間のβの特急料金に、αの乗車区間におけるαとβの特急料金の差額を加えます。例えば、新大阪～博多間を「のぞみ」、博多～鹿児島中央間を「さくら」に乗る場合は、新大阪～鹿児島中央間のβの特急料金9990円に新大阪～博多間の$\alpha - \beta = 740$円を加えた1万730円です。「さくら」で指定席を利用しても自由席を利用しても特急料金は同額です。

αの自由席＋βの指定席乗り継ぎの場合は、乗車全区間に対するβの指定席の特急料金。αの自由席＋βの自由席の場合は、αもβも自由席特急料金は同額ですので、乗車区間の自由席特急料金でOKです。九州新幹線内でもαとβの特急料金は同じなので、差額の計算は必要ありません。

全区間で「新幹線」と名前がついていても、山形新幹線と秋田新幹線は新幹線と在来線を直通する列車という位置づけ。東北新幹線内と在来線区間内は、それぞれ他の列車と同じ扱いです。東京～福島間では「つばさ」と「やまびこ」などの特急料金は同額。東京～盛岡間では「こまち」と「はやぶさ」の特急料金は同じです。在来線を走る福島～新庄間、盛岡～秋田間の停車駅相互間のみを乗車する場合は、在来線のA特急料金より少し割安な料金が適用されます。

ちょっと複雑なのが、**新幹線と在来線を通して乗る場合**です。その際の特急料金も三角表で示されてはいますが、実は新幹線内の特急料金と在来線の特急料金を合算し、530円を引いた額になっています。「つばさ」や「こまち」が直通していますが、北海道新幹線や九州新幹線への直通列車に似た計算方法になっています。

例えば、東京～新庄間で見てみると、東京～福島間の新幹線特急料金は4270円、福島～新庄間の特急料金は101～150kmの2110円ですから、4270円＋2110円－530円＝5850円となって三角表と一致します。

また、制度の上では在来線特急券の特例ということになるのですが、山形新幹線では山形駅で新幹線の改札口を出ない限り、1枚の特急券で後続の「つばさ」に乗り継ぎができます。特急料金も通算になります。高畠などを通過する列車があるためで、グリーン料金にも同様の扱いがあります。

新幹線の特急券の特例としては、「隣りの駅（次の停車駅ではない）」までの特急料金が割安に押さえられていることもあります。列車や区間を限って適用する「特定特急料金」の一つで、新幹線の場合、自由席利用に限定されますが870〜1000円と、所定額より安くなっています。小倉〜博多間などは利用が多く、この1駅間だけ運転する「こだま」があるほどです。また、東京〜新横浜間のように、かつては隣り同士の駅だったがその後、中間に新しい駅ができた区間でも、この特定特急料金が維持されています。

特定特急料金は東北・北海道新幹線盛岡〜新函館北斗間、秋田新幹線盛岡〜秋田間、山形新幹線福島〜新庄間にも設定があります。これは性格が異なり、全車指定席の「はやぶさ」「はやて」「こまち」「つばさ」しか走っていないので自由席の代わりに設定されたもの。自由席特急券と同額で、空席があれば座って構いません。

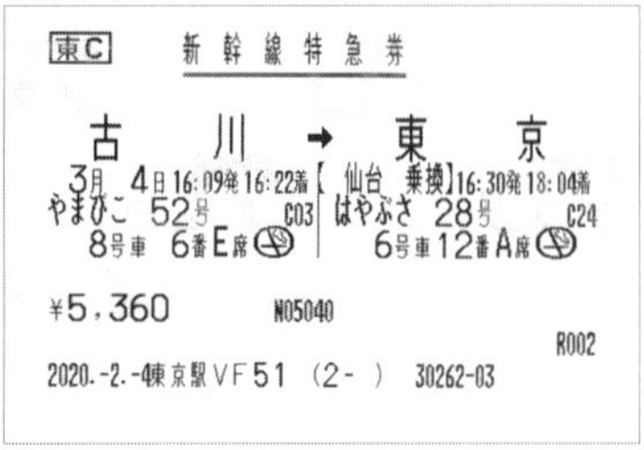

「やまびこ」と「はやぶさ」を乗り継ぐ場合の特急券の例。特急料金は「やまびこ」を乗り通す場合＋仙台〜東京間における「はやぶさ」との差額320円です。

在来線区間へ直通する山形新幹線「つばさ」。いわゆる「ミニ新幹線」の特急料金計算は、特殊な例となっています。

3-05 《第3章 きっぷのルール「指定券編」》

在来線特急券の特例

――特急券のルール⑤

「通過連絡運輸」や1枚の特急券で特急の乗り継ぎが可能

2-07で紹介した「連絡運輸」は、特急券にも適用される例があります。例えば、JRと私鉄、第三セクターを直通運転する特急「踊り子」や「ふじさん」「日光」「はしだて」「あしずり」などでは、各停車駅の相互間で特急券が1枚にまとめられて発券されます。特急料金は接続駅までの合算とするのが基本です。「踊り子」の指定席を東京～伊豆急下田で利用する場合は、東京～伊東間のB特急料金1580円に、伊豆急行線内の特急料金600円を加えた2180円となります。

第三セクター鉄道をはさんで、通過連絡運輸の制度が適用される区間もあります。「南紀」が通る伊勢鉄道、「スーパーはくと」「スーパーいなば」が通る智頭急行が該当します。いずれも本来、国鉄線として建設が進んでいた路線を、地元で引き受けた会社です。

これらの列車では、運賃の計算と同じく、前後のJRの区間の営業キロを通算して特急料金を算出し、それに第三セクター鉄道内の特急料金を加算します。特急「南紀」の名古屋～紀伊勝浦間の特急料金は、名古屋～河原田間44.1km＋津～紀伊勝浦間179.6km＝223.7kmに応じるA特急料金2950円に、伊勢鉄道（河原田～津間）内の特急料金320円を加えた3270円となります。

購入する場所やタイミングなどにより、値段が変わってくるという、珍しいタイプの特急料金も近年、JR東日本で設定されました。高崎線の全車指定席特急「スワローあかぎ」が運転を開始した際に導入されたもので、「事前料金」

2本の特急の特急料金が通算される例

と「車内料金」に分かれています。

事前料金は名称の通り、列車に乗車する前にえきねっとなどで特急券を購入した場合に適用される値段です。車内料金は、特急券を購入せずに列車に乗り込み、車内で車掌から特急券を買った場合に適用される値段。事前料金より260円割高になっています。車内での車掌による特急券の発売は大変手間や人手がかかることなので、できうる限り乗車前に特急券を購入してもらおうという主旨から、値段に差がつけられたものです。この制度は現在、常磐線の「ひたち」「ときわ」や中央東線の特急などにも広がりました。

一方、新幹線と同様、**改札口を出ないで２本の特急列車を乗り継ぐ場合、特急料金を通算できる区間もあります**（指定された駅での乗り継ぎに限ります）。従来は直通する特急が多かったのが分断されたため、または特急料金を通算可能として、直通列車と同じように利用できる列車を増やすため一種の割引サービスとして導入されている特例です。例としては、岡山～宇和島間で特急を利用する場合の、松山における特急「しおかぜ」と「宇和海」の乗り継ぎや、京都～城崎温泉間で特急を利用する場合の、福知山における特急「はしだて」と「こうのとり」の乗り継ぎ、博多～宮崎空港間で特急を利用する場合の、大分における特急「ソニック」と「にちりん」の乗り継ぎなどがあります。

この他、新幹線の隣りの駅間と同じく「**特定特急料金**」が適用される区間があります。他の交通機関への対抗など、設定の背景はさ

乗り継いでも１本の列車と見なす区間（新幹線以外）

乗り通す区間	乗り継ぎ駅	備考
札幌・稚内間	旭川駅	
札幌・網走間		
福島・新庄間	山形駅	
京都・城崎温泉間	福知山駅	京都・福知山間の特別急行列車の停車駅と新大阪・福知山間の特別急行列車の停車駅相互間を利用する場合を除く 「伊予灘ものがたり」を除く
新大阪・城崎温泉間		
岡山・宇和島間	宇多津駅、丸亀駅、多度津駅 または松山駅	岡山・宇多津間の特別急行列車の停車駅と高松・宇多津間の特別急行列車の停車駅相互間を利用する場合を除く
高松・宇和島間		
岡山・窪川間	宇多津駅、丸亀駅、多度津駅 または高知駅	「四国まんなか千年ものがたり」「志国土佐時代の夜明けのものがたり」を除く
高松・窪川間		
岡山・牟岐間	徳島駅	
徳島・高知間	阿波池田駅	
博多・宮崎空港間	大分駅	久大本線または豊肥本線を経由して運転する特別急行列車に乗車する場合を除く

まざまですが、割安な特急料金を適用して、利用促進を図ろうという主旨は共通しています。

これの例としては、「日光」などJR東日本～東武鉄道直通特急を新宿発着で東武線内までまたがって利用する場合、JR線内の特急料金を一律1050円としていることなどがあります。また、JR四国では自由席特急料金を25kmまでは450円に特定しています。

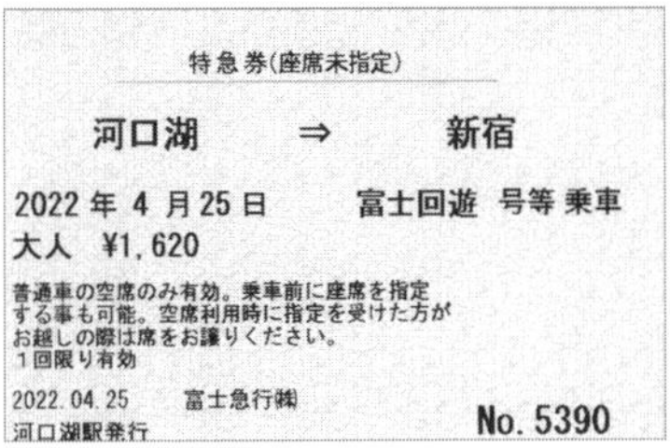

連絡運輸が適用された特急券の例。河口湖～大月間の富士急行線の特急料金600円と大月～新宿間の特急料金1020円の合算になっており、特急券もまとめて発売。

グリーン料金などは「設備使用料金」

——グリーン券などのルール①

特別な設備を使うために、加算される料金

1960（昭和35）年7月1日に改正されるまで、国鉄の旅客制度は1等車、2等車、3等車の3等級制となっていました。1等車は戦前、華族・士族や平民といった身分制度があった時代の名残で、もっぱら「上流階級」が利用するものという意識がありましたが、この改正で廃止。元2等車が1等車、3等車が2等車となりました。

さらに1969（昭和44）年5月10日には等級制度そのものが廃止。1等車がグリーン車、A寝台車、2等車が普通車、B寝台車に改められています。どこが違うのかといえば、まず運賃や、特急・急行料金、寝台料金などが1等、2等に分かれていたのが、この時に一本化されました。そして、グリーン車や寝台車は、「列車内における特別な設備」と見なされ、そのグレードに応じた追加料金を別に支払えば利用できるようになったのです。

それまでは特急の1等車に乗ろうと思えば、1等運賃＋1等特急料金が必要でした。1等運賃・料金は2等の倍額が基本で通行税（1989年に廃止）もかけられていました。それが運賃＋特急料金＋グリーン料金の組み合わせになり、全体的にかなり安くなりました。

こうした経緯などもあるがゆえ、グリーン料金（正式には特別車両料金）や寝台料金、コンパートメント料金は、今でも「設備使用料金」という考え方でくくられます。特別な料金を徴収するのにふさわしいよう、一般的には、グリーン車や寝台車などは、同等の列車に連結されている普通車より、すぐれた設備になっています。

グリーン車と普通車の違い

新幹線N700Aのグリーン車(左)と普通車(右)。

例えば、特急のグリーン車は座席の間隔や幅、シートの背ずりの高さやリクライニングの角度などが、普通車より大きく取られています。寝台車は「横になって休める」「シーツや枕、毛布なども用意されている」といった点が、普通車と比べて、大きなメリットであると見なされているのです。

座席指定料金は、自由席が主体である普通、快速、急行で、座席が保証された「指定席」を利用できる点がメリットです。こうした列車の指定席は、高めの料金を取る分、自由席よりグレードが高められている場合もあれば、そうではなく、座席自体は自由席と変わらない場合もあります。

前者の例は瀬戸大橋線の快速「マリンライナー」。高松側先頭車は2階建て車両で、1階が普通車指定席となっています。自由席が転換式クロスシートなのに対し、指定席はリクライニングシートになっており、座席指定料金が設備使用料金としての性格も持っているのです。

一方、名古屋～鳥羽間を走る「みえ」は快速列車ですが、新幹線との乗り継ぎ客や観光客に配慮して、指定席車が設けられています。しかし、座席そのものは自由席車と同じ転換式クロスシートです。これは後者の例で、座席指定料金は「みどりの窓口」などで座席を確保する手間に対する、「手数料」としての性格と考える方が自然でしょう。

料金計算の基本
――グリーン券などのルール②

グリーン料金は距離に応じる
その他は一律の料金

設備を使うという意味では、乗車する距離が1kmでも1000kmでも変わりがないといえばいえそうなのですが、グリーン料金だけは旧1等車の名残りでしょうか、特急料金と同じく、乗車する距離に応じて値段が変わります。これも特急料金と同じく、乗車区間の「営業キロ」で計算し、「100kmまで」という短区間の料金が設定されている他は、200km刻みで上がっていきます。

新幹線であっても在来線の特急であっても、グリーン料金は同じです。列車のスピードは関係ないのです。

JR東日本は新幹線と在来線が同額という点では、他社と同じなのですが、601km以上のグリーン料金自体が他社より安くなっています。ただ、「はやぶさ」などに連結されている「グランクラス」や、「サフィール踊り子」の「プレミアムグリーン車」の料金は、グリーン料金とは別の設定です。

JR九州では在来線特急の一部に「DXグリーン車」が設定されており、一般のグリーン料金より高い額が設定されています。

普通列車のグリーン料金も同じく距離に応じて値段が変わっていきますが、特急・急行より安くなっています。一部の快速列車などで指定席グリーン車が設定されている例がありますが、そのケースでもグリーン料金は自由席と同額。座席指定料金は不要です。

ただ、首都圏の普通・快速列車のグリーン料金は独特な体系になっています。距離による変化は50km、100kmを境とした3段階だけですが、紙のきっぷでグリー

グリーン券と寝台券

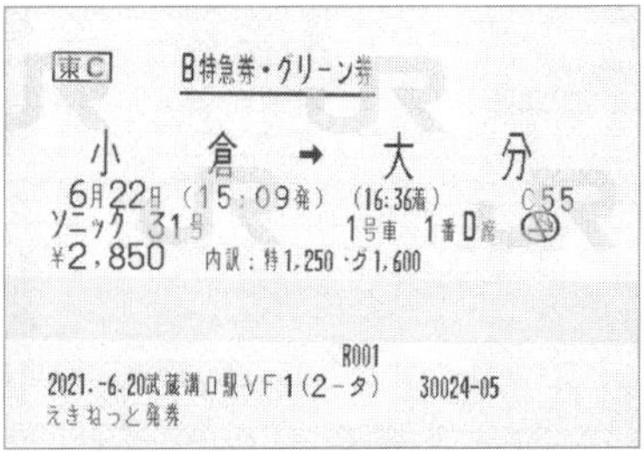

グリーン券の例。

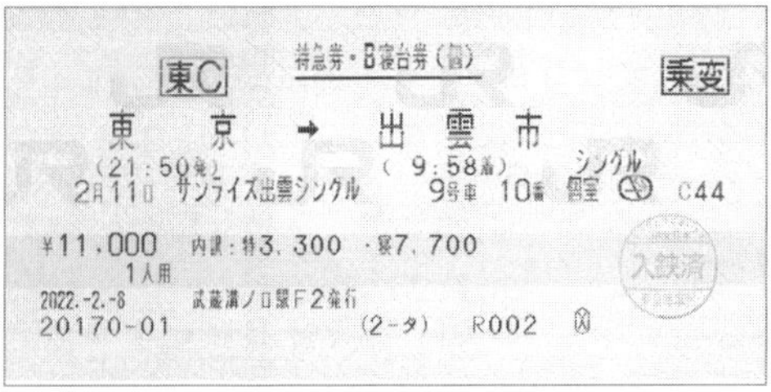

寝台券（個室B寝台「シングル」）の例。シングルは「ソロ」より広めで、割高な寝台料金になっています。

ン券を購入した場合と、Suica、モバイルSuicaでグリーン券を購入した場合の違いがあります。Suica、モバイルSuica利用の場合の方が260円、割引になっているのです。

なお、**グリーン券は原則、1本の列車に対して1枚が必要で、グリーン車を乗り継ぐ場合は、それぞれの列車に対してグリーン券を購入しなければなりません**。

グリーン料金以外の、寝台料金、乗車整理料金は、乗車距離にかかわらず同額が原則です。寝台料金はまず、A寝台料金とB寝台料金と2種類に分けられ、さらに設備のグレードによって数種類に分けられます。

現在では寝台車は「サンライズ瀬戸・出雲」の個室寝台車だけになりました。2人用B個室「サンライズツイン」など2人以上で利用する個室寝台車の料金は、1室あたりで計算されます。例えば2人でサンライズツインを利用する場合、乗車区間に応じた運賃＋特急料金×2人分に、サンライズツインの寝台料金（1万5400円）を加えればOKです。

「通勤ライナー」と総称される列車も特急への格上げが相次ぎ、今ではJR東海にのみ残っています。これに乗車する時、必要なのが乗車整理料金で330円均一です。

「ホームライナー」という列車はJR北海道でも走ってますが、そちらには座席指定料金が必要です。

グリーン料金などの特例

――グリーン券などのルール③

特急券の特例に準じる

特急のグリーン車、寝台車を利用する場合、グリーン券、寝台券は、必ず特急券と同時に購入、発売することになり、きっぷも「特急券・グリーン券」のようにひとまとめにされます。これを「関連発売」といいます。急行の指定席券も、乗車前に購入する場合は同様です。

このため、グリーン料金の特例は、特急券の特例に準じます。改札口を出ないなど、一定の条件下で新幹線を乗り継ぐ場合、特急料金は通しで計算できます（3-04参照）が、グリーン料金も同様で、2本以上の列車を乗り継いでも通しで計算できます。

これはグランクラスでも同様です。グリーン車とグランクラスを乗り継ぐ場合は、全利用区間のグリーン料金に、グランクラス利用区間におけるグランクラス料金とグリーン料金の差額を加えます。

また、一部の在来線区間における、指定された駅で2本の特急を乗り継ぐ場合の特急料金通算の特例（3-05参照）も、グリーン料金に対して同様に適用されます。

首都圏の普通・快速列車のグリーン車も、改札口を出ない限り1枚のグリーン券で2本以上の列車を乗り継ぐことができます。例えば、千葉から総武快速・横須賀線で戸塚まで行き、熱海行きに乗り継ぐようなケースです。ただし、乗り継ぐ方向には制限があり、同じ路線を後戻りしてはいけないのはもちろん、おおむね路線の分岐駅において、ある路線の上り列車から接続路線の下り列車（またはその逆）には乗り継げません。

例えば、熊谷から高崎線上り上

野行きで大宮まで行き、東北本線下り宇都宮行きに乗り継ぐようなケースです。この場合、グリーン券は、それぞれの列車に対して、計2枚が必要となります。ただし、例外的に大船駅で東海道本線小田原方面と横須賀線久里浜方面を乗り継ぐ場合は、1枚のグリーン券で乗れます。

観光列車など、従来よりグレードが高いグリーン車が設定されているケースも、最近では一般的になってきました。この場合、グリーン料金も別体系になっている例が見られます。JR東日本の「サフィール踊り子」のプレミアムグリーン車や、JR四国の「伊予灘ものがたり」「四国まんなか千年ものがたり」「志国土佐 時代の夜明けのものがたり」、JR九州の「36ぷらす3」には、一般の特急とは異なるグリーン料金が設定されています。また、「成田エクスプレス」のグリーン料金は、乗車距離にかかわらず一律2800円に特定されています。

反対に〝乗り得〟な例として、JR九州の特急「かいおう」のグリーン料金は一律500円に特定されています。朝夕運転の通勤特急ですが、1時間近く優雅な旅が楽しめます。

なお、グリーン車、寝台車を利用する場合の特急料金は、通常期の額から530円割引になります。

別体系のグリーン料金が適用されるJR四国の観光列車「伊予灘ものがたり」。

東北新幹線のグランクラス。グリーン料金とは別の料金設定になっています。

個室を使う時には

――グリーン券などのルール④

日本では珍しい「個室」を利用する時に必要な料金

ヨーロッパの列車ではかつて、6～8人が座れる小さな部屋をたくさん並べたタイプの座席車が一般的でした。この部屋は「コンパートメント」と呼ばれます。しかし、日本では中央に通路があり左右に座席が並ぶタイプが一般的で、国鉄時代は寝台特急の個室A寝台車や100系新幹線電車のグリーン車個室が稀な例でした。

JR時代の初期はサービス多様化の一環として、個室やコンパートメントを採り入れる列車が増えました。けれども日本人の習慣にあまり合わなかったのか、その後、次第に数を減らしています。

現在、よく知られているのは「サンライズ瀬戸・出雲」(6-04参照)の個室寝台車でしょう。プライバシーが確保できるので人気があります。ヨーロッパのコンパートメント式の寝台車では相部屋もあり得るのですが、日本の個室寝台車は部屋ごとの発売で、相部屋になることはありません。

寝台列車以外で、現在、もっとも多く個室付き列車が走っているのはJR九州です。787系特急型電車が使われる「リレーかもめ」や「にちりんシーガイア」に4人用個室グリーン車があります。この個室の料金も距離に応じて1室あたりで設定されています。200kmまでなら5600円、201km以上なら8380円などとなっており、これに利用する人数分の運賃+特急料金（所定より530円引き）で利用できます。

首都圏では伊豆へと走るハイクラスな特急列車「サフィール踊り子」に4人用と6人用の個室グリーン車があります。4人用の料金

個室があるJR九州787系（左）と
JR東日本E261系（右）。

は1室1万1200円、6人用が1万6800円です。伊豆急行線内まで通して乗車する場合は、同社線内のグリーン料金が4人用3600円、6人用5400円が加算されます。一方、東武鉄道の100系電車が使われる「スペーシアきぬがわ」にも個室があり、JRと東武にまたがって利用する場合は1室6300円です。

JR四国の観光列車「伊予灘ものがたり」の3号車は2～8人で貸し切って利用することができ、1室3万3600円となっています。

JR西日本が各方面へ運転している「WEST EXPRESS 銀河」のグリーン車の一部は1人、または2人用のプレミアムルームとなっており、夜行運転の場合は個室として利用できます。これにはプレミアムルーム料金が必要で、例えば京都～新宮間だと7240円です。

2013年に運転を開始し話題となった「ななつ星 in 九州」などのクルーズトレインにも、実は個室寝台料金が定められていて、旅客営業規則に掲載されています。しかし、実際には食事や旅館での宿泊などもセットになった、数十万円～100万円以上にもなるツアー料金で発売されるため、列車としての寝台料金が表に出てくることはありません。

私鉄の特急券などの面白い制度

近鉄特急は1枚の特急券で「乗り継ぎ」が可能

私鉄にも、運賃の他に特急料金を必要とする列車を走らせている会社があります。大手では関西の近鉄、南海、中部の名鉄、関東の小田急、東武、西武、京成が挙げられます。こうした会社には、特急料金などに関する、JRとは少々異なる独特な制度がある場合もあります。

代表的な例が、幹線全体に特急列車網を広げている近鉄（近畿日本鉄道）でしょう。各拠点駅を直結する列車系統も充実しているのですが、さらに乗換駅で接続時間30分以内に発車する他の系統の特急に乗り継ぐ場合、特急券は1枚でOK。もちろん特急料金も通算されます。ただし、観光特急「しまかぜ」に複数回乗車する場合を除きます。

例えば、近鉄名古屋と賢島を直通する特急がありますが、この制度の存在を前提として、途中の伊勢中川で、鳥羽方面から来る大阪方面行き特急とお互いに乗り換えられるよう、ダイヤが組まれています。空席があれば、乗り換えに便利なように、双方の列車で乗車する号車ができるだけ近くなるよう座席も指定されます。

JRのグリーン車に相当するサービスを提供し、特急料金の他に特別料金を設定している会社もあります。例えば**近鉄**では「しまかぜ」に乗る際、特急券の他に「**しまかぜ特別車両券**」が必要になります。大阪～名古屋間の「アーバンライナー」で初めて登場した「デラックスカー」や、「グループ席」とよばれる個室、セミコンパートメントもあります。

他に南海の空港特急「ラピー

伊勢中川で接続する近鉄特急。乗り換えても特急料金は通算します。

ト」には「スーパーシート」、東武特急「スペーシア」「スペーシアX」には個室があり、別料金が必要です。

小田急電鉄では、東海道新幹線のような「チケットレス割引」が導入されており、通常の特急料金より50円安くなっています。

また、小田急の特急では、特急券を持たずに乗車し車内で購入した場合、高い料金（＋350円）が適用されます。特急券の事前購入を促す制度ですが、新宿～箱根湯本の全区間乗車しても、特急料金は1200円ですから、かなり割高な設定です。

一方、3-05などで紹介したように、JR線と直通する特急が運転されている会社では自社線内の特急料金、グリーン料金を設定し、JR線内の料金に加算しています。面白いのが東京メトロ。世界中を見回しても、特急料金が設定されている地下鉄はそうないでしょうが、小田急から「メトロはこね」などが千代田線に乗り入れてくるため、同社線内の特急料金210円が設定されており、小田急線内の特急料金に加算されます。

また、特急扱いではありませんが、京王電鉄などでは主に通勤客向けの座席指定列車を運転しており、比較的格安な料金で座って移動できると好評です。

東京メトロ千代田線の駅にある小田急直通特急の特急券券売機。

コラム

全廃された乗継割引

今回の改訂に至るまで、この『きっぷのルール ハンドブック』では、特急料金の「乗継割引」にもページを割いていました。しかし、この最新版では記事がなくなりました。2024年3月16日のダイヤ改正を機に、新幹線と在来線の乗継割引の制度が完全に廃止されてしまったのです。私も個人的にもお世話になった制度なので、概要を記しておきましょう。

在来線の特急料金が半額

基本的な仕組みは、新幹線と在来線の特急・急行を新幹線の停車駅で乗り継ぐ際、双方の特急券を同時に購入すると、特急料金、急行料金（指定席料金を含む）が半額になるというもの。新幹線から在来線へ乗り継ぐ場合は、双方の乗車日が同じでなければなりませんでしたが、在来線から新幹線へは、在来線に乗車した翌日に新幹線に乗り継いでも、割引が適用されました。夜行列車から新幹線への接続を念頭に置いたものです。

乗り継ぎは、すぐ直近の列車でなければならないということもありませんでした。また、乗り継ぐ方向も限定されませんでした。東京から岡山へ「のぞみ」で到着し、岡山から「スーパーいなば」に乗り継いで鳥取まで行くとすれば、岡山から上郡までは山陽本線を逆行する形ですが、「スーパーいなば」の特急料金は割引になりました。なお、在来線への乗り継ぎ駅は新幹線の停車駅のみならず大阪駅や、かつての青函連絡船を挟んでの函館、あるいは宇高連絡船を挟んでの高松であってもよく、大阪が始発終着の「はまかぜ」や、北海道内、四国内の特急・急行にも割引が適用されていました。

乗継割引の始まり

この制度は、元は直通列車が走っていたのに、新幹線の開業によ

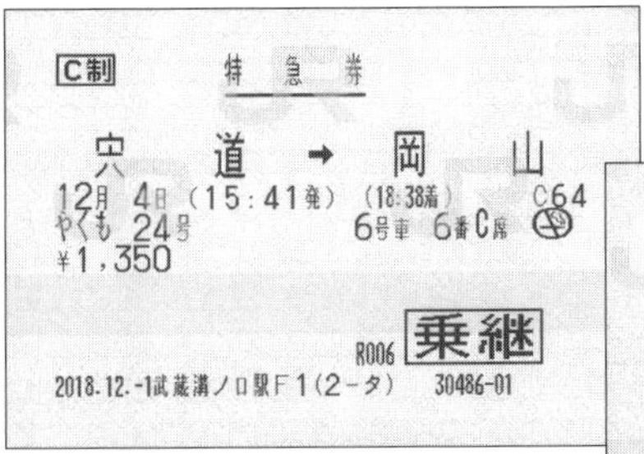

岡山で新幹線と乗り継ぐ際に購入した「やくも」の特急券。

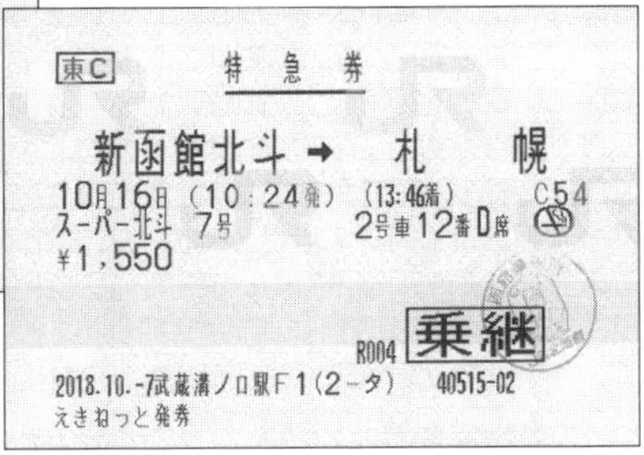

乗継割引が適用された特急券には「乗継」の文字が入っていた。

って乗り換えが必要になった区間に対しての、一種の〝救済措置〟として1965年に始まりました。東海道新幹線の開業までは東海道・山陽本線の特急１本で乗り換えなしで旅行できたのに、新幹線開業で東京〜大阪間の昼行特急列車が全廃されてしまい、新大阪での乗り換えが必要になった上に、特急料金も割高になったために導入されたのです。

その後、新幹線の延伸によって乗継割引の制度も広まり、次第に割引サービスとして定着しました。その応用として山形新幹線が開業した時も、「つばさ」の特急料金は、福島で新幹線と在来線を乗り継いだ形の、一種の乗継割引として計算されるようになりました。

割引サービスの拡充により廃止

しかし21世紀に入ってから、インターネット予約など新幹線の特急料金が割引になるサービスが拡充されていくにつれ、乗り継ぎ駅が制限されるようになるなど、乗継割引の適用範囲が次第に狭まってきました。例えばエクスプレス予約の割引率が高かった時代。私もしばしば利用した新横浜〜松江間では、このような現象が起きていました。

（1）新横浜～岡山「のぞみ」特急券6990円＋岡山～松江「やくも」乗継割引特急券1360円。合計8350円。

（2）新横浜～岡山「のぞみ」e特急券5630円＋岡山～松江「やくも」特急券2730円。合計8360円。

わずか10円しか差がなかったのです。おそらく、全国各地でも同じようなケースが多くあったものと思われます。こうした背景もあって、2024年に廃止を迎えたのでした。

ただ、形を変えて西九州新幹線には類似の制度が残っています。武雄温泉～長崎間という、離れ小島で開業したため、在来線の「リレーかもめ」などの特急と武雄温泉で新幹線「かもめ」を乗り継ぐ場合、在来線区間の「自由席特急料金」と新幹線区間の「自由席特急料金」を、それぞれ10％割り引いた額を合算し、そこへ指定席相当分の料金（530円）や、グリーン車利用の場合のグリーン料金を加える計算とされました。博多～武雄温泉間の自由席特急料金は1200円、武雄温泉～長崎間の自由席特急料金1760円なので、それぞれ10％を引いた1080円と1580円を合計した2660円を基準として、指定席利用の場合は530円を足して3190円が、博多～長崎間の特急料金になります。

同様の制度は、北陸新幹線と在来線特急を敦賀で乗り継ぐ場合にも適用されるようになりました。

独特な乗継割引制度が導入された西九州新幹線。

Opinion 2 JRの運賃・料金も「包括運賃」へ進む?

運賃＋料金という制度は今後も維持される?

●列車本数の多さゆえの、複雑な制度?

ここまでこの本を読んできて、「JRの旅客制度はすごく複雑だな」という感想を持たれた方もいらっしゃいましょう。確かに、乗車区間に応じて必要な「運賃」と、利用する列車や設備によって異なる「料金」の組み合わせであり、さらには会社や路線によって異なる運賃・料金や、さまざまな割引制度がそこに加わって、よりいっそう複雑にしているきらいがあります。

鉄道と比べて、航空運賃やバス運賃はシンプルです。割引制度は多々あるものの、A地点からB地点への運賃は、この日のこの設備ならいくら、と定められているからです。

ただ、JRの運賃制度は、1時間に最大12本もの「のぞみ」が走る東海道新幹線を筆頭に、飛行機やバスと比べものにならないほど多い運行本数や、需要に応じて設定されているさまざまな列車に対応するには適しているかもしれません。東京都区内から大阪市内まで乗車券を買えば、普通列車でのんびり旅をするのも、全区間新幹線に乗るのも自由で、途中で飽きたら特急券を追加して新幹線に「逃げて」もいいのです。

●「包括運賃」とは?

日本のJRに対して、同じく鉄道先進国とされる西ヨーロッパの鉄道でも、以前は乗車区間の運賃に、利用する列車によって指定席料金や寝台料金などを追加してゆく運賃・料金制度が主流でした。日本では廃止されてグリーン車、普通車の区別になったのに対し、1等、2等の区別が維持されている点が、違いといえば違いでした。等級制では乗車区間は同じでも1等と2等では運賃が異なります。

ただ、TGVやICEといった高速鉄道網の広がり、または鉄道事業へ

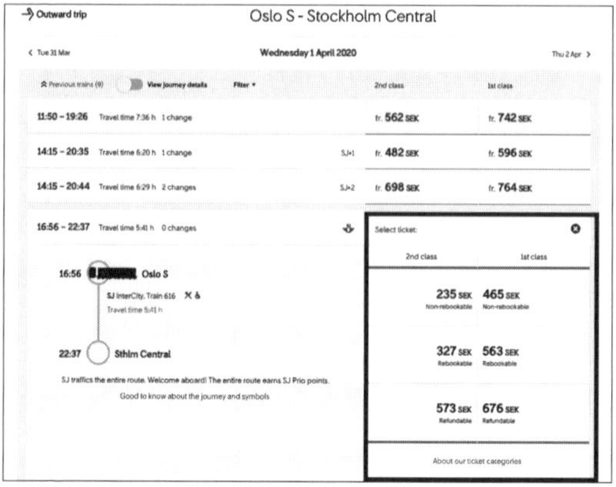

①オスロ〜ストックホルムの運賃例。

の参入が自由化されるにつれ、「包括運賃制度」と呼ばれるしくみが次第に広がっていきました。これは、区間ごとの運賃＋料金ではなく、1本1本の列車ごとに、A駅からB駅へ、この列車ならいくらと運賃を設定する方式です。飛行機やバスの運賃制度に似ています。

例えるなら、東京から新大阪まで一番列車の「のぞみ1号」なら2万円だけれど、東京を正午に出る「のぞみ227号」は1万円。「こだま」で行くのなら8000円にするといった方式です。運転本数が日本と比べて少ないからできる制度ではありますが、混雑する列車や、年末年始など混雑する日は高め。反対に利用が少ない列車や日は安くし「バーゲン」も可能にするといったように、柔軟かつ思い切った運賃設定ができる利点があります。

包括運賃は今や、ヨーロッパでは主流になっています。写真①は北欧、ノルウェーの首都・オスロからスウェーデンの首都・ストックホルムへの、ある日の包括運賃の例です。利用する列車により、かなり運賃が違うことがわかると思います。右下の枠内、詳細をオープンにしている部分は、数少なくなってしまった両市間の直通急行列車（InterCity・②）の運賃案内ですが、1等、2等それぞれに「予約変更・払い戻し不可」「予約変更なら可」「払い戻しも可」と、3種類の運賃が設定されています。1スウェーデン・クローナ（SEK）は約14円で、2等の最安運賃は3290円と格安なのに対し、払い戻し可能運賃は8022円と約2.5倍にもなっています。

②オスロ発ストックホルム行き。

●「日本流」包括運賃は導入済み

アジアでも、近年人気がある台湾の鉄道（台湾鉄路公司）が、同じ区間であっても「自強号（特急に相当）」「莒光号（急行）」「区間車（普通）」と列車種別ごとに運賃を設定している例があります。「自強号」と「区間車」のように、列車を乗り継いで旅行する場合は、それぞれの乗車区間の運賃を加算します。日本で例えるなら、東京から会津若松まで行くために、東京～郡山間の新幹線の運賃・料金と、郡山～会津若松間の普通列車の運賃を、単純に足しただけの値段を払わなければならないといったところです。

こうした運賃・料金の支払い方法は、新幹線に限定して、つまりは他の列車には乗れない前提の運賃の形で、すでにこの本でも紹介済みです。「えきねっとトクだ値」「エクスプレス予約」（4-06）などで、これらは運賃と料金を合わせた額を基本として早期購入のよう

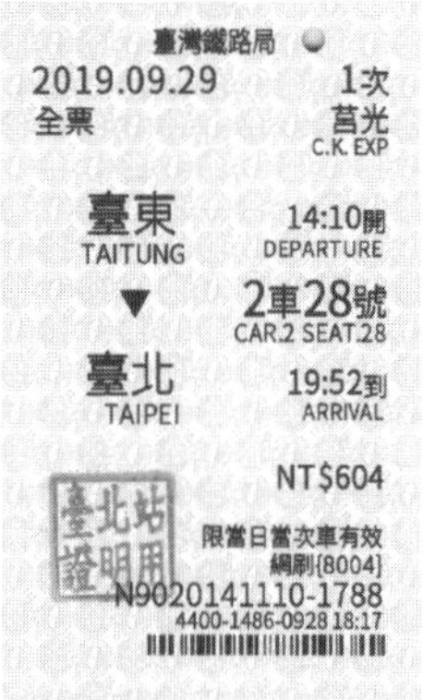

③台湾鉄路公司では列車種別ごとに運賃が異なる。

④広島～東京間の新幹線に限定で早期購入割引が適用された例。

な（写真④）各種割引がなされています。インターネット予約やチケットレスサービスが強調されがちではありますが、運賃制度からいえば、まさにこれらは「日本流」の包括運賃といえないでしょうか。現に閑散期には多くの列車で割引が行われ、繁忙期になるとほとんど姿を消します。利用の「波」を平均化できれば、鉄道会社にとっては有利だからです。

今のところ、これらは旅客営業規則の上で規定された制度ではなく、通達で処理されている「サービス」です。しかし、利用客数の面でも対象列車の面でも、さらに拡大されてゆく方向は間違いのないところでしょう。JR各社の協議の上で、どこかのタイミングで、正式な規則として採り入れられるかもしれません。それを機に、複雑になりすぎた旅客制度を整理し、包括運賃を一つの柱として、シンプルにすることも考えられます。

●包括運賃の弱みは「途中下車」

ただ、包括運賃にも欠点があります。乗車する列車ごとに支払う運賃だけに、途中下車の考え方がないのです。この本でも、途中下車制度(2-09)の活用法を紹介していますが、それが難しくなるかもしれません。もし、途中下車をすれば不利になるような運賃制度の改革が行われるとすれば、利用客の間から不満の声も起こるでしょう。

例えば、東京～名古屋間の包括運賃と名古屋～新大阪間の包括運賃の合計が、東京～新大阪間の包括運賃とほぼ等しくなるような運賃改訂が行われるとすれば不満はないでしょうが、すべての区間において、そのような調整を必要とする「改革」は無理と思います。

それゆえ、旅客営業規則に包括運賃が盛り込まれはしても、それは一部に留まり、基本的には「サービス」として処理。現状の運賃＋料金の制度も並行して生き残るのではないかと考えます。

新幹線利用と同じ予算で、どこまで楽しめるか

青春18きっぷを使って旅をしよう！

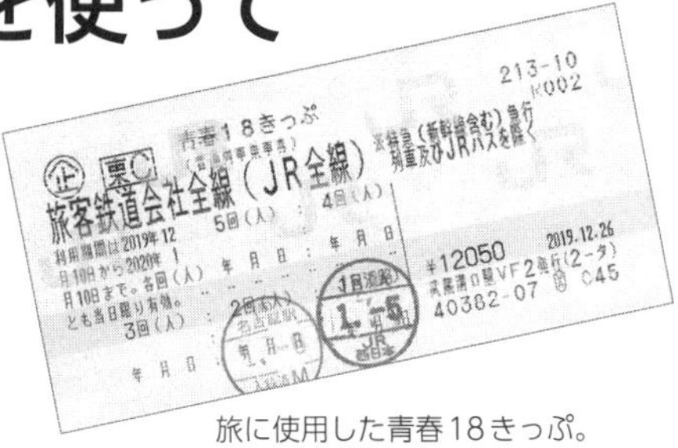

旅に使用した青春18きっぷ。

5日間、JRのすべての普通列車が乗り放題で1万2050円。確かに青春18きっぷを使えば安く旅ができる。しかし「どれほど安上がりになるか？」という点にばかり注目していないだろうか？
「同じ予算で、よりいっそう楽しめるのではないか？」という点に着目した活用法には、とんとお目にかからない。ならばと2020年の正月、ちょっとした実験を試みた。

新幹線に乗れる予算で楽しむ

私の生まれは大阪だ。年末年始は故郷で過ごすのが恒例になっている。往復はほぼ、東海道新幹線の「のぞみ」利用。新大阪～東京間は運賃8910円、特急料金5810円（通常期・繁忙期は6010円）、合計1万4720円かかる。そしてコーヒーでも飲んでひと眠りし、見慣れた車窓をぼんやり眺めていれば、2時間30分ほどで旅は終わってしまう。

それならば発想を逆転させ、1万4720円を「元手」にして、その予算内で、どこまで大阪から東京までの旅が楽しめるかにチャレンジすれば面白いと考えた。年始なら、青春18きっぷの冬の利用期間内だ。宿泊費を安く抑えれば1泊2日の旅も可能だろう。

1月5日夜に名古屋で若い友人が出演する舞台があるので、名古屋泊まりは確定。トラベルサイト「楽天トラベル」（6-07）でJR名古屋駅周辺のホテルを検索してみ

ると、2019年2月にオープンした「アットインホテル名古屋駅」が日曜日限定で4378円という格安プランを出していたので即決した。青春18きっぷは2日分だから4820円。これらが基礎となる。

早くも近鉄急行に浮気？

実家に近い、おおさか東線JR淡路から朝ゆっくりスタート。いったん大阪駅に挨拶して、大和路

旅の出発地はJR淡路。

大阪駅の大阪環状線ホームから大和路線へ。

桜井線の新型車両にまず乗車。

快速に乗り継ぐ。久宝寺に直行すれば早いのはわかっているが、大阪から東京への旅だからきっちりしておいた。青春18きっぷは、こういう融通も利く。

最初の目的は、2019年に桜井線に投入された227系1000番代に乗ること。初詣客で混雑しており座れなかったが、気は済んだ。

次の目標は名松線に置いたが、その前に楽しみがある。松阪駅前にある「あら竹」は、取材でもプライベートでも、おなじみの駅弁屋だ。中学生の頃から、牛肉をふんだんに使った弁当に親しんでいる。お昼ご飯は、そこで買うと決めておいたのである。

近鉄の急行で松阪までワープ。

桜井から松阪まで1160円を投資。

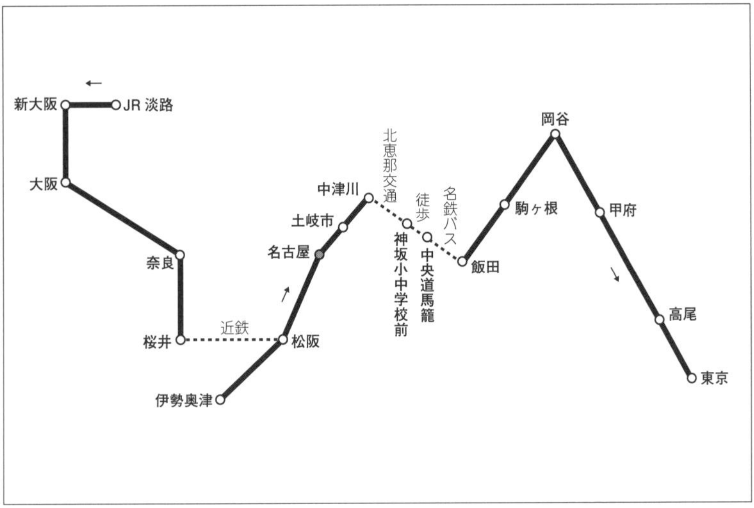

そうなると、JR関西本線で亀山を経由していては、運転本数が少ない名松線の昼の列車にギリギリ間に合うものの、駅弁を店まで買いに行けない。そこで本末転倒ではあるが、桜井～松阪間を近鉄の急行でつなぎ時間を捻出。ついでに桜井線の新型電車に乗るようにしたのだ。近鉄の運賃は1160円で、十分予算内に納まる。

牛肉の弁当を抱え名松線へ

「あら竹」本店では、顔なじみの新竹浩子社長に出迎えられ、私にとってはお初の「モー太郎弁当」を1500円（当時）で購入。黒毛和牛のすき焼きがご飯の上にたっぷり乗っており、蓋を開けると「ふるさと」のメロディが流れる珍し

松阪駅前にあるあら竹の本店。

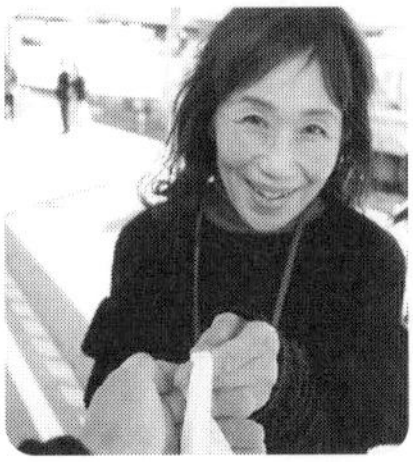

あら竹では時に社長みずから駅弁を列車まで届けてくれる。

モー太郎弁当。

い駅弁だ。なお、飲食代は「新幹線に乗っても駅弁ぐらい食べるから」と考え、予算外にしておく。

名松線の発車までの持ち時間は30分ほどで、楽しく談笑しているうちにたちまちタイムアップ。社長自ら列車までお見送りに来ていただいた。なお「あら竹」では、JR、近鉄とも、乗車している列車の乗降口まで駅弁を配達してくれる。詳しくは、0598-21-4350まで問い合わせを。

名松線は、約6年半にわたった家城〜伊勢奥津間の水害による不通から2016年に復旧して以降、乗る機会がなかったのでスケジュールに組み込んだ。私がこの線に乗車すること自体が約5年ぶりだが、「モー太郎弁当」に箸を使いつつ車窓を眺めていると、渓谷や谷間の集落の美しさに改めて気が付く。また「あら竹」で駅弁を買って、丹念に乗り降りしたいと思った。

終点の伊勢奥津に着いた名松線の列車。

伊勢鉄道の運賃は別払い

松阪に戻り、快速「みえ20号」に乗り継いで名古屋へ向かう。Uターンラッシュや初詣客で混雑するだろうと予測し、指定席があるから「えきねっと」(1-05) で座席指定券 (1-03) を確保しておいた。案の定、自由席には立客が多く乗っており、1両だけの指定席も満席だった。

途中、津〜河原田間は第三セクター鉄道の伊勢鉄道に乗り入れるから、青春18きっぷ利用でも別運賃 (520円) が必要だ。これは予定通りなので、あらかじめ小銭

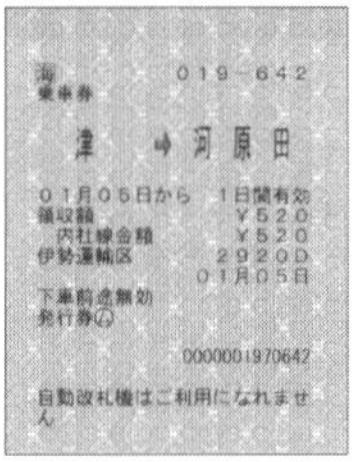
海 019-642
乗車券
津 → 河原田
01月05日から 1日間有効
領収額 ¥520
内社線金額 ¥520
伊勢運輸区 2920D
01月05日
下車前途無効
発行券㋐
000001970642
自動改札機はご利用になれません

別払いした伊勢鉄道分の乗車券。

を手元に用意しておく。そして車内改札に回ってきた車掌に渡し、スムーズに精算が終わった。

名古屋18時06分着。ホテルに荷物を置いて会場の名古屋城へ向かい、友人と旧交をあたためる。ふだんSNSを通じてコミュニケーションを取っていても、旅先での出会いは、また格別だ。これもまた青春18きっぷを使った旅ならではと思う。

結局、1月5日の出費は、青春18きっぷ1日分に加えて、近鉄、伊勢鉄道、快速「みえ」の指定席料金だけ。まだ新しいホテルは快適で、ぐっすり眠れた。

旅行貯金2500局を達成

翌1月6日月曜日は、世間では御用始め。朝の名古屋駅では、いつものラッシュが始まっていた。こちらは、もう1日だけ旅を楽しませてもらう。

この日のメインターゲットは、

2日目は名古屋から出発。

土岐駅前郵便局で旅行貯金2500局を達成。

飯田線だ。風光明媚な車窓を愛でつつ、のんびり普通列車に揺られようという趣向だ。ふつうに考えれば起点の豊橋へ向かえばいいのだが、全線を乗り通すと約7時間もかかる。そこで目線を変えて、乗車区間は北半分に絞り、まだ未経験のルートを試すことにした。

まず、中央西線の快速中津川行きで出発。2019年の年末に旅行貯金（6-15）が2499局に達していたので、新年初の郵便局の営業日でもあるし、どこかでキリのいい2500局訪問を達成しよう。下車駅を決めないまま快速に乗ったのだが、こうした気ままな旅ができるのも、青春18きっぷがあればこそだ。

2500局目は、土岐市駅前の土岐駅前郵便局（なぜか「市」が入ってない）に捧げた。車内でスマートフォンを使って、日本郵便のサイトで郵便局の位置を検索し、駅から近いところを選んだ。

バスで中央アルプス越え!?

土岐市から後続列車に乗り中津川で下車。飯田へ抜ける。ただ、中津川～飯田間を直行する路線バスはない。そこで、インターネット上のバス時刻表や地図を駆使して、ここは旅の前にプランを組み立てておいた。

まず、10時45分発の馬籠行き。

中津川から馬籠行きバスに乗る。

神坂小中学校前で下車。

近くの中央道馬籠バス停から飯田行きに乗り継ぐ。

の北恵那交通バスに乗る。馬籠は有名な観光地だが、今回は立ち寄っている時間はない。

思っていたより急坂、急カーブが続く路線だったが順調に走り、あと少しで馬籠に着くところで、神坂（みさか）小中学校前にて570円払って下車する（注）。そこから5分も歩くと中央自動車道の神坂PAと中央道馬籠バス停があり、名古屋と飯田を結ぶ高速バスが停まるのだ。神坂小中学校前に着いたのが11時06分。飯田行き名鉄バスの発車が11時19分で13分しかなくスリリングだったが、ゆっくり間に合った。

もちろん名古屋（名鉄バスセンター）から飯田行きに乗れば冷や冷やしなくて済むのだが、そこはやはり鉄道を楽しむ旅。それに名古屋～飯田間は2600円かかるが、中央道馬籠からなら1000円だ。（注：馬籠線は2025年5月31日まで、道路工事のため神坂小中学校前を経由しない）

飯田線を北上

飯田では次の列車まで1時間ほどあり、昼食の時間に充てていたが、ここでトラブル発生。とはい

青春18きっぷで楽しむ旅

●今回の旅費

青春18きっぷ	２日分	¥4820（2410円×２日）
近鉄	桜井→松阪	¥1160
快速みえ20号	指定席券	¥530
伊勢鉄道	津→河原田	¥520
宿泊費	アットインホテル名古屋駅	¥4378
北恵那交通	中津川駅→神坂小中学校前	¥570
名鉄バス	中央道馬籠→飯田駅前	¥1000
喜久乃湯温泉		¥430 甲府駅から徒歩10分
	合計	¥13408 Ⓐ

●比較対象

乗車券	大阪市内→東京都区内	¥8910
特急券	新大阪→東京（のぞみ）	¥5810
	合計	¥14720 Ⓑ
	Ⓑ－Ⓐ	¥1312 余り

●行程

	利用列車	時刻
1月5日（日）	2423S	JR淡路8:44→新大阪8:49
	新快速3221M	新大阪8:53→大阪8:57
	大和路快速3332K	大阪9:14→奈良10:12
	1537S	奈良10:14→桜井10:46
	近鉄急行	桜井11:17→松阪12:36
		※あら竹「モー太郎弁当」
	415C	松阪13:09→伊勢奥津14:33
	414C	伊勢奥津15:08→松阪16:34
	快速みえ20号	松阪16:41→名古屋18:06
※名古屋（泊）		
1月6日（月）	快速2707M	名古屋8:30→土岐市9:12
		※旅行貯金2500局達成
	705M	土岐市9:34→中津川10:06
	北恵那交通	中津川駅前10:45→神坂小中学校前11:06
		※徒歩５分ほど
	名鉄バス	中央道馬籠11:19→飯田駅前11:54
	225M	飯田13:04→駒ヶ根14:25
	229M	駒ヶ根15:45→岡谷16:59
	442M	岡谷17:10→甲府18:52
		※喜久乃湯温泉（天然温泉）
	558M	甲府20:07→高尾21:37
	中央特快	高尾21:50→東京22:51

え鉄道にではなく、編集者からLINEが入って、1本、私が校正を見るのを忘れていた事態が発覚したのだ。こちらのミスなので大いに焦ったが、とにかくどこかで時間を取らなければならない。

後のスケジュールとの兼ね合いを考え、駒ヶ根なら大丈夫と踏んで、岡谷行きが出る15時45分までには校正を戻しますと返事。列車に乗っている間は、旅を楽しむことに徹する。幸い好天で、東側の南アルプスの風景や、急流が河岸段丘を刻む「田切」と呼ばれる地形を堪能できた。

駒ヶ根14時25分着。駅前の市

飯田からは再び鉄道の旅。

駒ヶ根で途中下車し仕事をこなした。

民交流活性化センター「アルパ」の2階に、Wi-Fiが使えるフリースペースを見つけた。ありがたくノートパソコンを開かせていただき、無事に仕事も完了する。

すっきりして、駒ヶ根から再北上。学校も6日からのようで、伊那市あたりから、いつもの飯田線のように高校生で賑わいだした。

温泉につかって旅を締める

17時を回って日が暮れた岡谷から、大月行きで東へ。ロングシート車に当たったが無理なく座れ、ゆったりくつろぐ。

さて、このまま東京まで普通を乗り継いでも退屈だし、首都圏は終電が遅いから、途中下車できる余裕はまだある。再びスマートフォンを開き、今度は天然温泉の銭湯を探してみた。始発列車がある甲府がよかろうと、検索窓に「甲府・天然温泉・銭湯」と入力。すると、甲府駅から歩いて約10分ほどのところに「喜久乃湯温泉」があるとわかった。最初からどこかで温泉に入るつもりだったから、タオルはカバンの中に入れてある。

喜久乃湯温泉は、住宅街の中にある、昔ながらの風格がある銭湯

岡谷ではもう日が暮れた。

甲府駅に近い喜久乃湯温泉でひと浴び。

夜遅くに東京駅に到着。

だった。料金は山梨県内共通の430円だから、財布にもやさしい。これで出費の方は終わりだ。十分、1万4720円以内でおさまっており、1000円ちょっとの黒字になった(123ページの表参照)。

最後はすっかりいい気分になって甲府から高尾までぼんやり過ごす。けれども、中央特快に乗り継いだとたん、一気に日常生活に引き戻されたような感じになった。

第4章

お得に、賢く列車に乗る方法

ここまでさまざまなきまりを
紹介してきましたが、
きまりをうまく活用すれば
安く鉄道旅行ができます。
ただ、ちょっと頭の体操が必要かも!?

長く乗るほど安くなる

——遠距離逓減制度や往復乗車券を活用しよう

乗車する距離が長くなれば、相対的に運賃が割安になる

JRの運賃表を眺めていると、何かに気付かないでしょうか？　あるキロ数を境目に、運賃の上がり方がゆるやかになっているのです。例えば、幹線の営業キロ100kmに対する運賃は1690円なのに対し、200kmの運賃は3410円で、その差は100kmで1720円。300kmと400kmを比べてみると6600円－5170円で、運賃の差は同じ100kmであっても1430円。さらに1000kmと1100kmだと、1万3420円－1万2540円と880円しか上がっていません。

つまり、長い距離を乗れば乗るほど、1km当たりの運賃が安くなるのです。これを「遠距離逓減《ていげん》制度」といいます。旅客営業規則を見ると、1km当たりの運賃額が載っていますので一目瞭然。本州3社の幹線の場合は、営業キロ300kmまでを第1地帯、301～600kmを第2地帯、601km以上を第3地帯としており、それぞれ16円20銭、12円85銭、7円5銭と定められています。

つまり、乗車券は「細切れに買うと損」なのです。ルールが許す範囲でできるだけ長くつなげて買い、途中下車の制度（2-09参照）を活用するのが、安く上げるコツです。

2-09では、東京都区内から名古屋市内ゆき、名古屋市内から広島市内ゆきと乗車券を分けてしまうと6380円＋8580円＝1万4960円なのに対し、「東京都区内から広島市内ゆき」を買い名古屋で途中下車すれば1万1880円、差し引き3080円も違いが出てくる例を紹介しました。

少々頭を働かせると、こういう

遠距離逓減制度が活かせる例

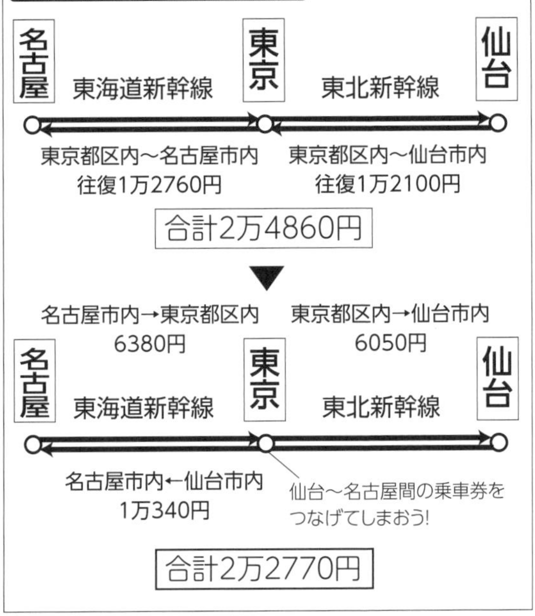

こともできます。

東京から仙台と名古屋へ立て続けに出かけるとします。その場合、ふつうは東京都区内から仙台市内ゆき、東京都区内から名古屋市内ゆきの往復乗車券をそれぞれ買ってしまいがちです。運賃はそれぞれ6050円×2＝1万2100円と、6380円 ×2＝1万2760円、合計2万4860円となりますが、ここで「仙台→東京」と「東京→名古屋」が1本のルートにまとめられることに気付けば上出来。往復乗車券にせず、仙台からの帰りに「名古屋市内まで」といって乗車券を買い、東京では途中下車すれば安くつきます。都区内通過の特例（2-05参照）を活用して、新宿などで下車してもかまいません。

計算してみると、仙台市内→名古屋市内の営業キロは717.8kmあり、遠距離逓減制度の恩恵を受けられます。運賃は1万340円です。これに東京→仙台6050円、名古屋→東京6380円を足すと、合計は2万2770円。2090円安くついて、駅弁代とビール代にできます。

一方、往復乗車券の割引も利用する価値があります。営業キロで601km以上となる区間の往復乗車券（1-03参照）を購入すると、往路・復路とも1割引になるという制度（往復割引）です。例えば東京から東海道・山陽新幹線を下ると西明石から先、東北新幹線を

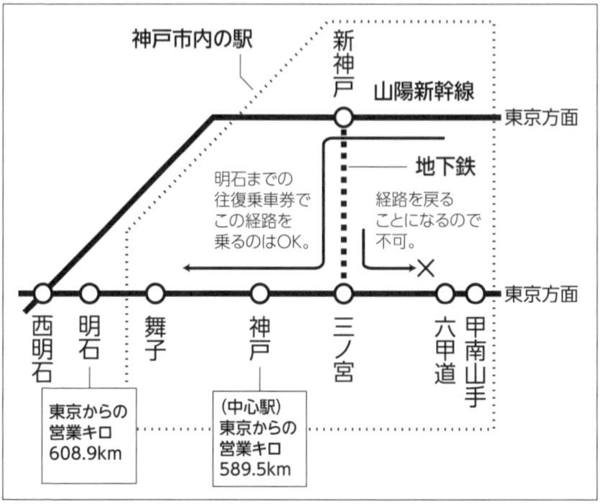

下ると二戸から先の駅まで往復すれば適用されます。

600km以下だと、往復乗車券を買っても割引はありませんが、興味深い現象が起きます。東京都区内～神戸市内間の営業キロは589.5kmで、わずかの差で601kmに届きません。そのため往復乗車券も無割引で、9460円×2＝1万8920円です。

ところが東京都区内～明石間だと営業キロが608.9kmあり、往復割引が適用となります。往復乗車券は9790円×0.9（10円以下の端数は切り捨て）×2＝1万7620円で、実は神戸市内往復より1300円、安くなってしまうのです。目的地までの営業キロが、ギリギリ601kmに満たない時、この手段は有効です。

私も、都内のJR駅のみどりの窓口で並んでいて、すぐ前の女性が神戸までの往復乗車券を買おうとした時のこと。窓口の係員が気を利かせ、「明石までの往復にした方が安いですよ」と声をかけたのを見かけました。

ただこの手段、弱点があって、「明石までの往復乗車券」で新幹線新神戸駅で降り、選択乗車（2-05、2-06参照）を使って三ノ宮などから在来線を利用する場合に目的地が明石方面、例えば舞子駅などだと、そのまま乗り進めばいいのですが、三ノ宮より東（灘方面・例えば六甲道駅など）へ向かってしまえば、三ノ宮～下車駅間の運賃を別払いしなければなりません。神戸市内ゆきの乗車券なら問題ないのですが、明石ゆきだと経路の逆行になるのです。僕が出会った窓口係員、女性に最終的な下車駅を確認すべきでした。

有効期間を「有効に」使おう!

往復乗車券、連続乗車券の有効期間の“妙”

1-03で乗車券の種類、2-08で乗車券の有効期間について紹介しましたが、長く乗れば得になる「遠距離逓減制度」(4-01参照)を活かしやすい、往復乗車券や連続乗車券については、有効期間の活用方法を会得すれば、さらにお得な旅ができます。

まず、往復乗車券。有効期間は同じ区間の片道乗車券の2倍となります。例えば、東京都区内〜大阪市内の往復乗車券は営業キロが556.4kmですので、片道乗車券だと4日間有効。往復だと倍の8日間有効です。7月1日から有効の往復乗車券なら7月8日まで往路、復路の券とも使えます。ただし往路の券を使い終わらないと、復路の券は使い始められません。

このきっぷだと、7月1日に東京から名古屋まで行き、7月7日まで仕事で滞在、8日に大阪へ移動して、所用をこなしてから、その日のうちに東京へ戻るということができます。片道乗車券2枚だと、こうはいきません。7月1日から有効の東京都区内から大阪市内ゆきの片道乗車券は、7月4日までしか使えませんから、名古屋滞在中に有効期間が切れてしまいます。東京都区内〜名古屋市内、名古屋〜大阪の2枚に分けねばならず、高くつきます。

「規則上可能」であれども、慣れないうちは積極的にはおすすめできないやり方ですが、例えば先のケースで大阪からの帰京が10日の予定である場合。最初から7月8日まで有効であることを承知で往復乗車券を買い、8日に大阪へ着いた時点で、まだ有効な復路の乗車券を払い戻し(5-02参照)してしまえば、払戻手数料が220円かかりますが、東京都区内から大阪市内ゆきの乗車券を実質8日間使うこともでき、かつ名古屋で切らずに通しで乗車券が買えて割安にできます。

連続乗車券の有効期間を上手に使う方法も、往復乗車券と似ています。自画自賛ではありますが、私が実際に活用したケースをご紹介しましょう。

まだ、故郷の大阪で仕事をしていた頃のこと。ある日、四国の松山まで日帰りで出張することになりました。何も考えずに往復乗車券を買えば、大阪市内～松山間は7260円×2＝1万4520円。営業キロは390.9kmですから有効期間は片道3日、往復6日ありますが、日帰りだと特に関係ありません。仮にこれを7月21日のこととしましょう。

そこへ、松山出張の後で、7月27日に東京へ行かねばならない用事ができてしまいました。そこで、松山から東京都区内ゆきの乗車券（1万2870円）を買っておき、戻ってきた大阪では途中下車をする形にすれば、安くつくと考えました。大阪市内～東京都区内の運賃は8910円ですから、大阪で切ってしまうと出費は7260円＋8910円 ＝1万6170円。3300円 の大損です。

ところがどっこい。松山～東京都区内の営業キロは947.3kmと1000kmには届かず、有効期間は6日。21日夜に大阪へ戻る時から乗車券を使い始めると、東京へ行く前日に切れてしまいます。道後温泉あたりに1泊して22日から使い始めるのなら大丈夫なのですが、それじゃあ運賃を安く上げた意味がありません……。

と、ここで、大阪から松山へ行く時に使う乗車券が、ある意味、無駄に3日間も有効期間があることに気付きました。これを使わない手はありません。乗車するルートが重なっており、1枚目のきっぷ（連続1）の到着駅が2枚目のきっぷ（連続2）の出発駅という、要件も満たしています。そこで連続1を「大阪市内から松山ゆき」、連続2を「松山から東京都区内ゆき」とした、連続乗車券を買ったのです。

この連続乗車券の有効期間は、連続1の区間が3日、連続2の区間が6日ですから、合計した9日。

7月21日から有効とすれば、29日まで2枚とも使うことができます。21日の朝、新大阪駅の改札口を通り岡山乗り換えで直行すると、4時間弱ほどで使い切り松山駅の改札口で渡してしまう「大阪市内から松山ゆき」が、もう1枚に3日間の命を譲ったのでした。

それ以来、私は連続乗車券の愛用者となり、スケジュールに合うかどうか、有効期間を指折り数えてしばしば使っています。最近では高崎～出雲市・出雲市～気仙沼などという区間を買いました。

右の写真の連続乗車券も四つほどの用件をまとめてこなすために買ったもの。都区内エリアから小山までの区間、重なっています。ちなみに2月2日に、3月2日から有効のこの乗車券だけを渋谷駅で購入しており、1-11で紹介した「乗車券の前売り」の例でもあります。

連続乗車券の有効期間活用は、けっこう応用が効きます。例えば、東京都区内から松山（有効期間6日）まで片道だけJRに乗りたいのだけれど、どうしても有効期間が7日欲しい場合。「東京都区内から松山ゆき」「松山から三津浜

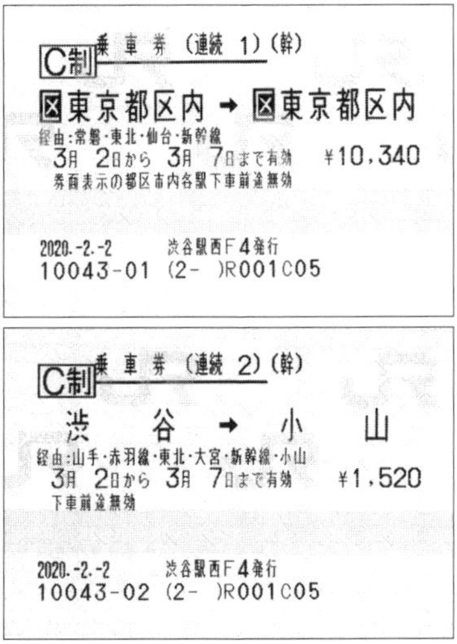

連続乗車券の例。「連続1」が5日、「2」が1日で合わせて6日間有効。

ゆき」（三津浜は松山からひと駅だけ東京方面へ戻った駅）の連続乗車券にする手があります。松山～三津浜の営業キロはわずか3.7kmですが、有効期間はもちろん1日あります。これを240円の投資で足してしまうのです。

連続2は「かけ捨て」。つまり、実際には使わなくても損にはならないでしょうけれど、「せっかくきっぷがあるのだから」と、4分ほど普通列車に揺られてみるのも、悪くないでしょう。何か発見があるかもしれません。

割引きっぷとは?

乗車券、特急券などを、条件に合わせて割り引いたきっぷ

国鉄時代は「トクトクきっぷ」と呼ばれ、今は会社によって総称も違いますが、各種の割引きっぷは旅行には欠かせない商品として、多数、JR各社から発売されています。「青春18きっぷ」のように、国鉄の増収策として誕生し、今も全国で息長く愛用されているものもあれば、イベントなどに合わせて地域・期間限定で設定されるものもあります。

割引きっぷの数は常に変動しており、種類もさまざまで全容はなかなかつかみにくいものがありますが、公式サイトでは盛んに宣伝され、目的地や用途などに合わせて検索ができる会社もあります。駅のポスターやチラシを目にする機会も多いことでしょう。

ところが、旅客営業規則のどこを見ても「割引きっぷ」に関する項目はありません。通常より安くなるという、広い意味での割引きっぷとして定期乗車券、普通回数乗車券、団体乗車券などの定めはありますが、「青春18きっぷ」といった文字はないのです。

割引きっぷは約款に定められたものではなく、各きっぷの発売ごとに出される通達によって、その効力や値段、発売期間などが定められたものです。その点、定期券や回数券とは性格や位置づけが違いますが、「制約はあるけれど、通常通り運賃・料金を支払うより、割安に列車に乗れるきっぷ」と考えて、特に問題はありません。

割引きっぷとて「きっぷ」ですから、鉄道会社から受けられる輸送サービスの証明であることは同じです。列車に乗るためには乗車券が必要ですから、その割引きっ

鉄道の駅では、割引きっぷの宣伝が盛んに行われています。

ぷだけで乗車できるとしたら、乗車券としての性格を持っています。特急やグリーン車など、別料金が必要な列車、設備にも乗車できる割引きっぷなら、特急券やグリーン券としての性格も持っているのです。

つまり割引きっぷは、一般的な乗車券、特急券などのきっぷとは「別物」でもありません。一定の条件の下、値段を引いた乗車券、指定券などの一種という考え方。種類によって、乗車券＋特急券の効力を持つもの、特急券のみの効力を持つもの（別途、乗車券は必要）など、さまざまということになります。

割引きっぷは、鉄道会社の営業戦略の一環として発売されます。どんな会社でも、「この商品は売れ行きが今ひとつだから、値引きして売ろう」といったことがありますが、それと同じこと。ですから、増収や利用者数のアップ、PRなど、所期の目的を達成したと判断されれば消えてしまう運命です。国鉄時代の「周遊券」をルーツに持つ「周遊きっぷ」や、「フルムーン夫婦グリーンパス」のように、惜しまれながら廃止されたきっぷも少なくありません。列車に乗るためには、正規の運賃・料金を払うのが本筋で、割引きっぷは「特別なおまけ」なのです。

いろいろな割引きっぷ

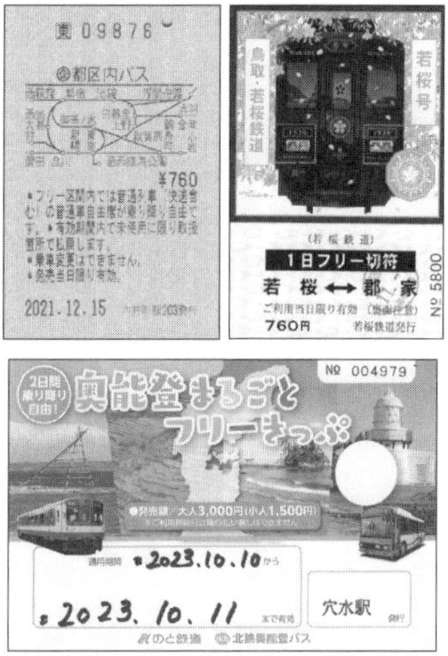

JR、私鉄、公営交通を問わず、割引きっぷは多種多彩。

4-04

割引きっぷの種類

大きくわけて三つのタイプがあるので、使い分けよう

さまざまな割引きっぷがあって、自分の旅に合ったものがわかりにくい……ならば、割引きっぷをタイプ別に分類してみましょう。

まず基本は3種類。「**乗り放題タイプ**」「**往復タイプ**」「**回数券タイプ**」です。

「乗り放題タイプ」とは、定められたエリア、路線（「自由周遊区間」「フリーエリア」などと呼ばれます）が有効期間内、何度でも乗り降り自由となるものです。仕事や観光で、何回も列車に乗る時には重宝するタイプです。

代表的なきっぷとしては、地下鉄やローカル私鉄などに多い「1日乗車券」が挙げられるでしょう。「青春18きっぷ」は、乗り降り自由なエリアがJRの全路線である乗り放題タイプと考えれば、理解しやすいです。

「往復タイプ」とは、文字通り設定区間の往復の乗車に使えるタイプ。多くは乗車券＋特急券をセットにした形で、主にビジネスや所用などで往復する利用者を想定しています。

歴史が長いものとしては、九州の主な都市間の往復に、新幹線や在来線特急の普通車指定席が利用できる「2枚きっぷ」が例として挙げられるでしょう。また、往復のJRの乗車券とテーマパークの入場券をセットにしたものも見受けられます。

この「往復タイプ」には「乗り放題」タイプと組み合わせたものがあります。JR四国が発売している「阪神往復フリーきっぷ」などが代表的。出発地から「自由周遊区間」までの往復のJR線に加

え、自由周遊区間内はJR西日本の普通列車の普通車自由席が乗り降り自由になります。

「回数券タイプ」は、2枚以上のきっぷをひとまとめにして割り引いたもの。普通回数券自体が乗車券をまとめたものですので、割引きっぷとしては、乗車券＋特急券、あるいは特急券だけを数枚つづりにしたものが主流になっています。ただ、回数券自体が、今は数を減らしていますので、このタイプも以前と比べて減りました。

6枚つづりの「新幹線回数券」は大幅に設定区間が減り、東海道新幹線の特定の区間で発売されています。青春18きっぷも、様式としては1枚ですが、全線乗り放題×5日分という、回数券タイプの1種でもあります。

なお、回数券タイプの割引きっぷは、基本的に1枚ずつ切り離して使っても構いません。複数の人が分けて使うこともできます。町にある金券ショップで売られている「安いきっぷ」の正体は、基本的に新幹線回数券などのバラ売り。ですので、もともと割引きっぷの設定がない区間は売られていません。お店の利益が上乗せされていますので、使い切れるのなら、駅や旅行代理店など正規の窓口で回数券タイプを買った方が、結局、安くつく場合もままあります。

割引きっぷ全体的な傾向としては、やはりインターネット予約による割引の普及や、各社のポイントサービスの拡充によって、紙のきっぷは数が減る傾向にあります。しかし「乗り放題タイプ」は、交通機関サイドとしても、いちいち乗車券を発売したり運賃を収受したりする手間がはぶけ、利用する側も乗れば乗るほどお得感が増すこともあって、比較的多数、発売されています。旅行前に調べてみるとよいでしょう。

また、紙のきっぷは減っても、スマートフォンを利用して購入、画面を表示する形で利用するスマートフォンチケットが取って代わっていることもあります。

その他、この3種類に当てはまらないものも若干、あります。私鉄のものですが、小湊鐵道・いすみ鐵道で発売されている「房総横断記念乗車券」は五井～大原間の片道乗車券で、自由に途中下車ができるのですが、後戻りはできないという変わり種きっぷです。

割引きっぷはどれほどお得か?

数回乗れば元が取れる「乗り放題タイプ」。往復乗車券より安いきっぷも

「割引きっぷ」というからには**通常の運賃・料金と比べて、必ず安くなる**はずなのですが、ちょっと電卓を叩いて計算してみればどれほどお得になるか理解でき、さらにお得な使い分けや、活用法も見つかるはずです。

「往復タイプ」「回数券タイプ」は単純。利用したい区間の運賃+料金を計算し、「往復タイプ」は片道あたりの、「回数券タイプ」は1枚あたりの値段も計算して比べてみれば、どれほどお得かがわかります。

例えば、博多～大分間で特急「ソニック」の普通車指定席に乗る場合、通常は片道6470円かかります。これに対し、「2枚きっぷ」(6600円)を利用すれば、1枚あたり3300円。差し引き3170円もの大幅割引になります。

往復割引きっぷだと、例えばJR北海道の「指定席往復割引きっぷ(Rきっぷ)」は、冬季(12月1日～3月31日)は値段が上がるという珍しいきっぷ。それだけ冬は鉄道に価値があるのですが、札幌～北見間が夏季1万5140円、冬季1万6240円。通常は片道9660円ですので、冬季でも3080円お得になっています。

問題は乗り放題タイプ。何回も乗り降りしなければ損なようにも思えますが、これも**利用したい区間の往復と比較**してみれば、わかりやすいです(4-08参照)。

P147で紹介している乗り放題タイプの割引きっぷで検討してみましょう。「休日おでかけパス」はほぼ関東一円のJR東日本線などが1日乗り放題。値段は2720円ですから、1360円以上の区間を

往復しただけで元が取れます。幹線だと81 ～ 90kmが1520円。東京～小田原間などが、もう該当します。それ以上は乗れば乗るほどお得です。

東京メトロの1日乗車券は現在「24時間券」に衣替えし、最初に自動改札機を通ってから24時間使えるようになりました。例えば東京駅へ17時に着いて、丸ノ内線で赤坂見附のホテルに向かい1泊。翌日、都内を巡って16時発で東京駅から帰るといった場合でも、600円の券1枚で済みます。

東京メトロでいちばん高い片道運賃は330円ですが、東西線中野～西船橋間といったかなり長い距離（28km以上）になりますので、往復するのは現実的ではありません。むしろ最低運賃180円の区間を4回乗れば元が取れると考える方がよいです。

ローカル鉄道は運賃が高めなので、1日乗車券があれば助かります。若桜鉄道は郡家～若桜間の片道運賃が440円ですから、「1日フリー乗車券」を760円で買えば、往復するだけで120円得になります。「親子きっぷ」は休日のみの発売ですが、同額で大人小児各1名が同時に使えます。こうした割引きっぷの有力な情報源は公式サイト（6-02参照）。お出かけ前には、ぜひご一読を。

乗り放題タイプの割引きっぷ

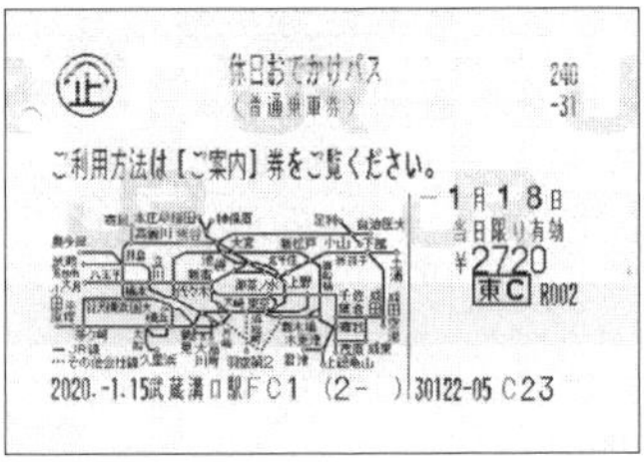

JR東日本の「休日おでかけパス」（上）
「阪急阪神1dayパス」（中）
東京メトロ「24時間券」（下）

4-06

ネットで予約すると安くなる?

「トクだ値」などの割引価格が嬉しい

鉄道会社がインターネット予約を導入するメリットとしては、窓口の数を減らすことができ、人件費も抑えられることがあります。その分、きっぷの値段を安くしたり、ポイント制度を導入したりするなど、利用者への還元に努めています。今や、全般的に、インターネット予約の方が安いとも言えます。

4-11で紹介した「エクスプレス予約」の他に、JR東日本の「新幹線eチケットサービス」や在来線のチケットレス特急券サービスには、早めに購入することによって、申込のタイミングに応じた、さまざまな割引商品が用意されています。2024年3月16日のダイヤ改正を機に、北陸新幹線の金沢〜敦賀間にも拡大されて、大幅にリニューアル。新しい商品体系になりました。

「新幹線eチケットサービス」の割引商品には、「新幹線eチケット（トクだ値スペシャル21)」や「新幹線eチケット（トクだ値14)」、「新幹線eチケット（トクだ値1)」の3種類があります。いずれも新幹線の乗車券＋特急券をセットにして発売される、チケットレス商品です。「トクだ値スペシャル21」は乗車日の21日前。同様に「トクだ値14」は乗車日の14日前、「トクだ値1」は乗車日前日が購入期限になります。発売開始は、通常の特急券と同じく乗車日の1カ月前です。

「トクだ値スペシャル21」は、期間限定の商品。通常の運賃、料金の合計より50％の割引が基本になります。「トクだ値14」と「トクだ値1」は通年の設定。こ

JR東日本「えきねっと」の「トクだ値」PRページ。大幅な割引になります。

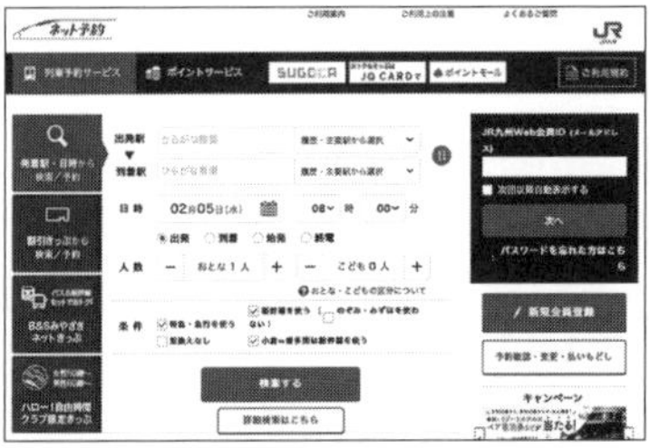

JR九州の「列車予約サービス」のページ。ポイント制度があります。

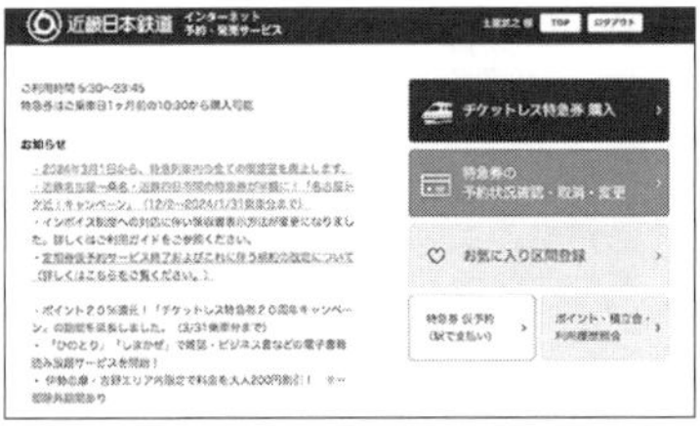

近鉄のインターネット予約サービスでもポイントがつき、お得。

れを利用すると、例えば東京～敦賀間の普通車指定席が通常1万6160円のところ「トクだ値14」では1万1310円、「トクだ値1」は1万4530円になります。ただ、設定区間や席数は限定です。

また、これだけの割引になると人気も高く、すぐ設定された数が埋まってしまう傾向にあります。予定が決まれば、すぐにでも「えきねっと」から予約しましょう。

一方、「在来線チケットレス特急券サービス」にも、早めに予約すれば大幅に割引になる「在来線チケットレス特急券（トク割）」が設定されています。これは一部を除く特急列車の特急券が期間限定で35％割引になるサービス。乗車券は別途用意しなければなりませんが、「週末パス」などの割引きっぷとも組み合わせることができ、活用範囲が広まります。例えば新宿～甲府間の「あずさ」「かいじ」の特急券は、通常だと1580円ですが、これを確保できれば1020円になります。

しかしながら、安いきっぷには制約があるとの原則は、これら各種のトクだ値にも当てはまります。まず変更は、当然なのですが、希望する商品に空席がある場合にのみ可能です。割引率は、変更後の商品のものが適用されます。「新幹線eチケット（トクだ値スペシャル21）」の50％割引での購入に成功したとしても。乗車日の20日前を過ぎると、他の「トクだ値」や通常の乗車券＋特急券への変更は、空席があれば可能ですが、割引率が変わるため差額の支払いが必要になります。もちろん変更はすべて、えきねっと上で行わねばなりません。

もっとも注意しなければならないのが、予約した列車、区間にのみ有効という点。乗り遅れた場合、特急券部分は無効になり、払い戻しも原則通り、できません。ただ、乗車券部分は乗車予定日のうちならまだ生きていて、後続列車の特急券を別途、購入すれば乗車そのものはできます。

ふだんから安めの「エクスプレス予約」でも、東海道新幹線の「のぞみ」に安く乗れる割引がいくつかあります。やはり、早めに予約をすると通常料金より割安になるというものが主流で、7日前までの予約で、会員限定ながらチケットレスでも乗れる「EX早特7」。3日前までの予約で2名以上6名以下で利用する場合、割安になる「EXのぞみファミリー早特3」などがあります。

こうした割引を利用すると、例えば割引率が大きい「EX早特28ワイド」だと、東京～新大阪間が通常1万4720円のところ、1万2240円になります。乗車日の28日前までの予約、購入が必要です。長距離区間のグリーン車を対象とした「EX早特3」だと、東京～広島間が通常、グリーン車利用だと2万7020円なのが、平日は4230円安い2万2790円。土休日だとさらに安く2万580円に割り引かれます。

こうした割引が設定されている列車は、乗車希望日、希望時間帯から検索を進めてゆくと、自動的に表示されます。予約した列車に限って有効の商品なので、予定が確定していれば、席種の選択の際、割引商品の表示から進んでいけば予約できます。

所要時間が長い「こだま」利用ならば、さらに安くなる商品があり、グリーン車利用、チケットレスサービス利用可能な「EXこだまグリーン早特」などは、東京～新大阪間が通常、「こだま」「ひかり」の普通車指定席利用でも1万4720円のところ、グリーン車利用で1万1410円になったりします。

同様の割引は、JR西日本の

「e5489」にもあり、山陽・九州新幹線が大幅に割引となります。こちらはWESTER会員になれば利用できます。

割引だけではなく「えきねっと」はポイントサービスも充実しており、JRのきっぷの購入や、インターネットショッピングなどによりポイントが溜まります。嬉しいのは、手持ちのSuicaを「JRE PIONT」に登録すれば、そのポイントをSuicaのチャージに変えられること。もちろん、そのチャージを使って電車に乗ったり、電子マネーで買い物をすることもできるのです（4-12参照）。

同様のポイントサービスとしては、JR九州の列車予約サービスなどで付加される「JRキューポ」があり、ポイントは、SUGOCAへのチャージや、旅行券への引き換えができます。

私鉄特急でも、インターネット予約は今や当たり前。旅行先で乗る列車であっても、自宅で予約ができます。また、近畿日本鉄道や南海、小田急の「ロマンスカー@club」などには、特急券の購入で溜まるポイント制度があります。通勤などでよく乗る場合には、お得なサービスです。

最近、首都圏や関西の大手私鉄で広まっている、「京王ライナー」や京阪電気鉄道の「プレミアムカー」などの座席指定制の列車、車両も、時代性を反映してインターネット予約が前提の指定券販売になっています。これらの列車では、座席指定料金はおおむね定額で、インターネット予約でも、駅での自動券売機などで購入しても同額の場合が多いのですが、京浜急行電鉄が土休日の日中の快特に1両、設定している「ウィングシート」は、インターネット予約サービス「K Quick」なら300円ですが、現金で購入すると500円と、差があるケースも見られます。

こうした列車をインターネットで予約するメリットは、やはりいつでもどこででも座席指定券が購入できることでしょう。帰宅ラッシュ時に運転される列車が多いのですが、退社時刻が読めた段階で会社から予約してしまえば、駅で自動券売機に並ぶ待ち時間も少なくなり、スムーズに帰宅できるというものです。何なら、先の列車を予約して、買い物をしてから乗ってもよいのです。

時には分けて買った方が得?

“分割買い”やインターネット予約を使い安く上げる技

4-01や4-02で、あれほど「細切れは損」「長くつないで買った方が得」といっておきながら、ここでは矛盾するようなお話。**時と場合によっては、乗車券を分けて買った方が得になるケースもある**のです。

東京ディスニーリゾート（TDR）は連日、多くのレジャー客を集めていますが、最寄り駅はJR京葉線の舞浜。「TDRは、東京といいつつ実は千葉県浦安市にある」とよくいわれるように、舞浜駅も東京都区内の駅から外れており、運賃の計算をする場合も原則通りになります。例えば大阪市内からの運賃は、大阪から舞浜まで営業キロ569.1kmをそのまま本州三社の幹線の運賃表に当てはめて9130円となります。

ところが、大阪市内から東京都区内までの運賃は、大阪から東京までの営業キロ556.4kmから、8910円。「大阪市内から東京都区内ゆき」の乗車券は、2-03で紹介した「特定都区市内発着」ですので、京葉線方面だと葛西臨海公園まで乗れます。葛西臨海公園〜舞浜間はわずか1駅2.1kmで、運賃は150円。都区内行きの乗車券で舞浜まで乗り越す（5-02参照）と9060円で済み、70円安くなるのです。混雑する舞浜駅での清算の手間を考えると、実行するかどうかはためらわれますが、「特定都区市内」から少し外れた駅だと、こういう現象も起こるということです。

特定都区市内着がらみには、他にこういう例もあります。JR東日本の幹線の181〜200kmの運賃は3410円、7〜10kmの運賃は

“通し”で買わない方が安い!?

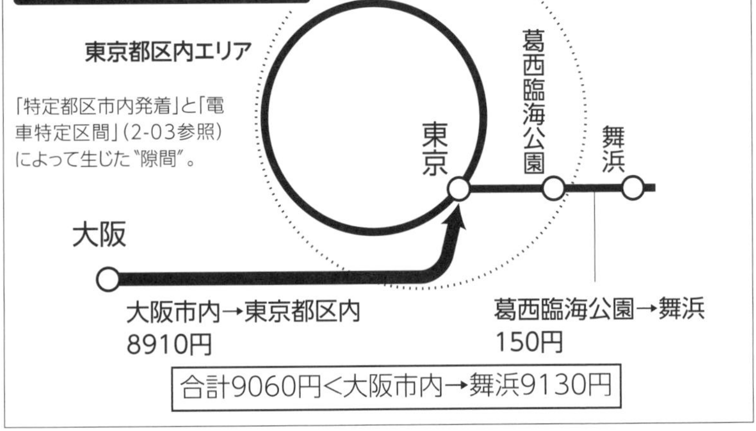

200円です。例えば東京から中央本線の茅野までの運賃は、営業キロが195.2kmなので東京山手線内発（2-03参照）になり、乗車区間通りの運賃で3410円になります。また茅野〜上諏訪間は6.7kmで運賃は200円。足すと3610円で、実は「東京都区内から上諏訪行き(201.9km)」の3740円より130円安くなります。東京都区内発の計算になる中央本線の東京〜西荻窪間の各駅から上諏訪まで行く場合は、いずれにせよ茅野まで買って乗り越す、あるいは指定券自動券売機で茅野で分割した乗車券を購入し、つないで使えば安上がりなのです。

こうした例は、特急券でも起こりえます。3-04で紹介したように、新幹線で隣りの駅（一部は隣りの隣りの駅）までの特急料金は870〜1000円に特定されています。これをつないで使えば、通しの特急券より安くなります。浜松〜豊橋間の自由席の特急料金（特定特

上諏訪に到着する「あずさ」。

急料金）は870円です。また、豊橋～名古屋間では、間に三河安城駅がありますが、東海道新幹線開業後に追って設けられた駅なので、この区間の特定特急料金も990円になっています。これらを足すと1860円。しかし、浜松～名古屋間の自由席特急料金は2530円なので、つないで使った方が670円も安くなります。ただし、浜松～豊橋間の特急券だけを買って車内や降車駅の名古屋で精算すると、乗り越しとして2530円と870円の差額の1660円を請求されておしまいです。乗車券や特急券を分けて、安く上げようと思ったら、指定券自動券売機などを使って、乗車する前に必要なきっぷを買いそろえておくことが肝心なのです。

隣りの駅までの新幹線特急料金は安い。

もう少し現実的な例としては、エクスプレス予約など、運賃＋特急料金を合わせて割り引かれているサービス（1-05参照）を利用するか、「えきねっと」などで発売されているインターネット予約専用の割引商品の活用があります。これらを使うと、目的地までの通しの乗車券＋無割引の特急券を買うより、結果的にトータルで安くなるケースが時として出てくるようになったのです。

例えば、東京から新幹線「のぞみ」で新山口まで行き、山口線の普通へ乗り換えて、津和野で観光する場合。東京～津和野間の乗車券は1万3420円、東京～新山口間の「のぞみ」特急券は9190円、合計で2万2610円と計算できます。

ところが、エクスプレス予約の「EX早特21ワイド」を使うと、東京～新山口間は1万6400円なのです。同じ区間の乗車券＋特急券をふつうに買うと2万2060円ですから、5660円も安くなっています。これに新山口～津和野間の乗車券1170円を足しても、合計は1万7570円。新山口で分けて早めに買った方が5040円、お得だったのです。

少し前までは、エクスプレス予約などのインターネット予約の割引率が高かったため、東京～新山口～津和野間などでも、ふつうにエクスプレス予約＋乗車券をつないで使えば安くつくような例が多くありました。ところが最近、インターネット予約における運賃・料金の改定があり、さほど〝うまみ〟がなくなってきました。

JR東日本の「新幹線eチケット」だと、普通車指定席利用の場合、通常の運賃＋特急料金より200円割引になるだけです。例えば、東京～仙台間の「やまびこ」の普通車指定席だと、1万1090円が1万890円になりますが、チケットレスで手間が省ける分だけ割り引いたような感じです。こうなると、乗り継いだ先の在来線がごく短区間でないと、安くはなりません。例えば仙台～北仙台間だと190円。Suicaが使えるので、乗換改札でタッチすればそのまま仙山線で乗り降りできるだけが、メリットという感じです。エクスプレス予約だと、もう少し割引額が大きいので、新幹線に乗り降りする駅から多少は離れた駅まで行っても、得になるケースは増えます。東京～新大阪間をエクスプレス予約で予約すると1万4230円。「のぞみ」の普通車指定席だと、1万4720円ですので、490円安くなります。新大阪～芦屋間の運賃が410円なので、このあたりまでが限界です。

しかし反面、期間や席数が限定されはしますが、「早特」など大幅に割り引かれたインターネット予約専用のきっぷが以前より出るようになりました。もし、交通費を少しでも安くあげようと頑張るのなら、こうした割引と、割引が適用されない区間の普通乗車券を組み合わせるのがうまいやり方と言えるでしょう。

ただ一方で、少し前のように、かなり広い範囲で「分割買い」の大きなメリットを享受できていたような時代でもなくなってきたのは残念です。

こうした例は、JRの運賃区分が少し粗く設定されているため、その隙間を縫って現れます。時刻表を繰って電卓を叩いて、安くなることに気付いてにんまりする。実行するかどうかは別として、そんな頭の体操もいいのではないでしょうか。

割引きっぷの王様

「青春18きっぷ」の基礎知識

1日あたり2370円で普通列車に乗り放題! 好きなだけ、自由な行路で旅を楽しもう

「青春18きっぷ」は非常に知名度も高く、人気があるきっぷ。1982年に発売された「青春18のびのびきっぷ」がルーツで、もう40年以上の歴史があります。このきっぷについてのガイドブックは何種類も発売されていますが、ここで基礎的な知識をおさらいしておきましょう。

発売価格は1万2050円。有効1日間のきっぷが5日分、1枚にまとめられています。利用する際には最初に乗車する駅の改札口で、無人駅から使い始める場合や夜行列車の翌日分は乗車した列車の乗務員からスタンプなどで日付を入れてもらう必要があります。使い方は自由で、1人で5回旅に出ても、5人一緒に旅をしても構いません。複数で利用する場合は同一行程で行動しなければなりません。

この場合の「1日」とは0時から24時までを指します。深夜0時をまたいで走る列車では、0時(24時)を越して最初に停車する駅まで有効です。東京・大阪の電車特定区間(2-02参照)内では最終電車まで使えます。

利用期間は、毎年春(3月1日～4月10日)、夏(7月20日～9月10日)、冬(12月10日～1月10日)に分かれています。それぞれの期間ごとの発売で、夏用を使い残したからといって、冬の期間に使うことはできません。

重要なのは、「普通列車の普通車用のきっぷ」であること。1-03で解説しましたが、JRでいうところの「普通列車」には快速や新快速なども含まれます。特別料金が要らない列車という意味で「新幹線を含む特急、急行には乗れな

い」と覚えておく方がよいかもしれません。なお、特急券や急行券を買い足しても、特急・急行には乗れません。乗車する場合には、乗車区間の乗車券も必要です。

ただし、普通列車の設備の一部は利用できます。瀬戸大橋線の快速「マリンライナー」やSL列車などにある普通車指定席なら指定席券を買えばOK。首都圏の普通・快速のグリーン車自由席も特例としてグリーン券を別途購入すれば乗車可能です。また、「ホームライナー」（要乗車整理券。3-07参照）、気仙沼線・大船渡線・日田彦山線のBRT、JR西日本宮島フェリーにも乗れます。乗車券だけで特急に乗れる特例がある石勝線新夕張～新得間、奥羽本線青森～新青森間、佐世保線早岐～佐世保間、宮崎空港線宮崎～宮崎空港間では、区間内相互発着の場合に限って、特急の普通車自由席が利用できます。

またJR線専用のきっぷですので、JRと直通運転している北越急行や伊勢鉄道、あるいは伊豆急行といった私鉄・第三セクター鉄道では利用できず、別途、運賃が必要になります。

例外として、青い森鉄道の八戸～青森間、八戸～野辺地間、野辺地～青森間、あいの風とやま鉄道・IRいしかわ鉄道の富山～津幡間、ハピラインふくいの敦賀～越前花堂間については、普通・快速列車に乗って、途中下車しない限り、青春18きっぷだけで乗車できます。ただし、八戸・野辺地・青森、富山・高岡・津幡、越前花堂以外の駅で下車してしまうと、各社の正規の運賃を支払わねばなりません。

ところで、よく私も尋ねられるのですが、「18きっぷ」という名前でも、利用するにあたっての年齢制限は一切ありません。10歳でも80歳も、大手を振って使ってください。その代わりこども用はありません。各1回分で、こども2人の利用もできません。

ただ、「青春18きっぷって、18歳の人だけが使えるきっぷ？」という問いかけに対して、私はこう答えることにしています。「ええそうです。『気持ちが18歳の人が使うきっぷ』です」。

1日当たりにすると、2410円でJR全線の普通列車に乗れるきっぷです。ついつい、「時間はある

青春18きっぷでお得になる範囲

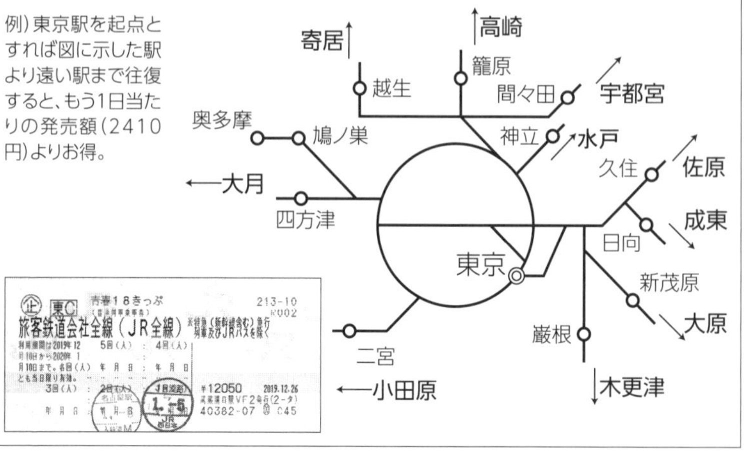

例）東京駅を起点とすれば図に示した駅より遠い駅まで往復すると、もう1日当たりの発売額（2410円）よりお得。

し、東京から大阪までとか、長い距離を普通で移動すれば、かなりお得だぞ」と考えがちです。

けれど、例えば東京～大阪間を普通や快速を駆使して移動したとしても、最低でも9時間はかかります。しかも途中で何回も乗り換えが必要です。約2時間30分で到着してしまう「のぞみ」とは比べものにならず、2人がけシートの快速だけではなく、ロングシートの各駅停車に長時間、乗らねばならないこともあります。鉄道の旅に慣れていないと、あるいは旅そのものを楽しむ気持ちがないと、かなり辛い旅になるのです。

「18歳専用」と私がいうその心は、「18歳の若者のような行動力と好奇心を持って、使ってください」という意味。ただ「安いきっぷだ」と飛びついて、移動するだけではなく、せっかくの「乗り降り自由」です。時間に余裕を持ち、途中下車も楽しんでください。

近くへの旅であっても、このきっぷは有効です。2410円÷2＝1205円より片道運賃が高い区間を往復すれば、もうお得になります。幹線の運賃では71～80kmが1340円です。東京駅からだと、小田原や高崎、宇都宮あたり。大阪駅からだと、姫路や彦根あたりまでの往復に使えば、もう元は取れるのです。

「青春18きっぷ」活用法～応用編

飛行機や特急も使おう。第三セクター鉄道にも乗れる!?

JR全線の普通列車が乗り降り自由なだけに、「青春18きっぷ」の使い方には、さまざまな応用が効きます。単純に列車を乗り継いで長距離を移動するだけではなく、ちょっとした工夫で旅がより楽しくなるものです。

まず、矛盾するようないい方ですが、**青春18きっぷ"だけ"にこだわらない**こと。例えば、東京から普通列車だけで関西や九州まで行けたとしても、当然ながら帰り道があります。片道だけでも大変なのに、長い時間をかけて往復するのも大変です。

そういう時、帰りは**飛行機や新幹線を利用する**ようにするのも手。費用はかかりますが、旅の思い出が色濃く残っているうちにサッと帰宅するのも、上手な旅のやり方だと思います。

あるいは、自宅から現地までの往復は飛行機や長距離フェリー、高速バスなどを使い、現地の鉄道を青春18きっぷで乗り回すということでもよいでしょう。東京から北海道や九州へといった、遠方へ出かけたい時には有効な手段です。今はLCC（格安航空会社）もあります。限られた休みをフルに使って鉄道旅行を楽しむなら、行き帰りは「アクセス」と割り切ってしまうのもよいかと思います。

行程の一部区間だけ、新幹線や特急列車に乗り、スピードアップを図ったり、普通列車が少ない区間を乗り切ったりする方法は、俗に「**ワープ**」と呼ばれています。例えば、東海道本線の熱海～豊橋間。ここはほとんどの普通列車がロングシートで快速もなく、"苦行"などといわれたりもしていま

青春18きっぷで乗れる第三セクター鉄道

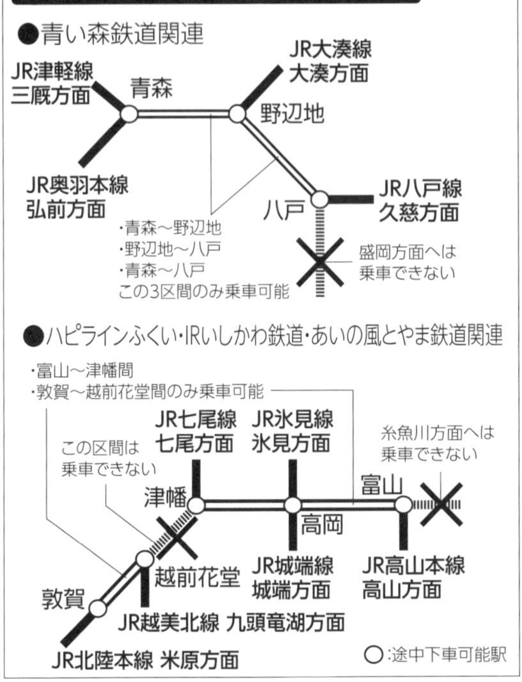

す。そこで、例えば静岡〜浜松間だけ運賃＋自由席特急料金を投資し、東海道新幹線を利用すると、グッと楽になります。日豊本線の重岡〜延岡間など1日1往復半しか普通列車が走っておらず、スケジュール上のネックですが、特急「にちりん」に乗ればスムーズに通過できるでしょう。

JR線だけではなく、第三セクターに乗れる特例（4-08参照）も活かし、旅に変化をつけることもできます。新幹線の開業で大湊線、八戸線、城端線、氷見線、七尾線・越美北線が他のJR在来線と直接、接続しなくなったためにできたきまりで、間に挟まる他社路線にも乗れるというもの。区間は限定されますし、途中の駅で乗降することはできません。

八戸、高岡といった接続駅では途中下車も可能です。ルールの主旨からすれば疑問は残りますが、途中下車した後で気が変わり、先のJR線に乗らなかったとしても、追加運賃はとられません。ただ、第三セクター鉄道も経営は苦しいので、最初からそのつもりなら、普通乗車券を買って乗るべきでしょう。さらに「離れ小島」のJR各線はいずれも魅力あるところばかり、ぜひ足を延ばしてもらいたいところです。

割引きっぷの「制約」

「安いのには理由がある」割引きっぷは制約に注意

4-03でも述べましたが、割引きっぷとは、販売促進などを目的とした鉄道会社の営業施策・戦略ですから、売り出す側の損になってしまっては何にもなりません。そのため、値段を安くしても何らかの利益が出るよう（金銭的なものに限りません）、制約があるのは致し方ないところです。

まず、**利用日に制約がある**ものが一般的に存在します。4-08で説明した「青春18きっぷ」が、その典型でしょう。定められた期間しか使えません。JR東日本の「休日おでかけパス」も、土休日のみ使える割引きっぷです。観光客向けのものでは、この「土休日のみ発売・利用可」という例が、まま見られます。

また、ふつうでも利用者が多いゴールデンウィークや旧盆、年末年始には、通年発売、利用可能な割引きっぷでも、その多くが使えなくなります。特に往復タイプなど、ビジネスユーザー向けのものでは、その傾向が強いです。販売促進という目的からするとやむを得ないところですが。

発売日に制限がある割引きっぷもあります。JR東日本の「週末パス」は自由に乗り降りできるエリアが広く、一部のローカル私鉄にも乗れるので利用価値が高いのですが、発売が利用の1カ月前からであるのはよいとして、利用前日の金曜日までという制約があります。私も恥ずかしながら、うっかり乗車当日に買おうとして、発売していないことに気付いてあせった経験があります。JR西日本でよく発売されている「ぐるりんパス」も、利用前日までしか購入

制約がある割引きっぷ

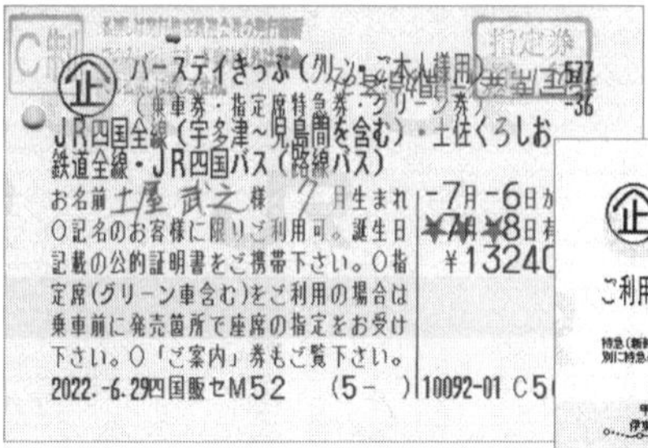

「バースデイきっぷ」は誕生月に限り利用可能。

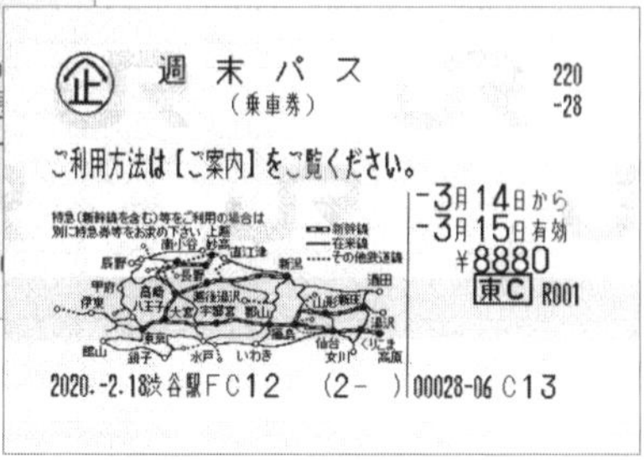

「週末パス」は乗り降り自由な範囲が広いが、利用前日までに購入しなければならない。

できません。

一方、**途中下車にも制約がある**きっぷが多く存在します。「乗り放題タイプ」は別として、「往復タイプ」や「回数券タイプ」は、出発地と目的地の間で、途中下車できないと思っていてまず間違いないほどです。往復+乗り放題タイプの、出発地からの往復の区間でも同様です。

これらは特急料金を含んでいるタイプが多く、「特急券では途中下車できない（3-01参照）」という原則が適用されている感じです。もし、途中の駅で降りてしまうと**前途無効**（その先は使えなくなる）となります。

購入できる人に制約がある場合もあります。JR四国の「バースデイきっぷ」は誕生月に限り3日間、1万2000円（普通車用）で同社の路線内で、特急の自由席が乗り降り自由となるという格安なきっぷ。けれども購入時に生年月日が証明できる公的書類（運転免許証など）が必要という変わったきっぷでもあります。新顔としては、スターフライヤーの機内限定で購入できる「JR九州フリーきっぷ」など、飛行機搭乗者限定のものがあります。

こども用については、大半の割引きっぷに設定があり、おおむね半額ですが、一部、設定がない割引きっぷも存在します。

注目したい会員割引

「ジパング倶楽部」や「大人の休日倶楽部」など各社で充実

最近では「会員サービス」や「ポイント」などが花盛り。さまざまな特典が受けられますが、JRにも先に紹介した「エクスプレス予約（1-05参照）」をはじめ、「ジパング倶楽部」などの会員サービスがあります。これらを利用すると、あまり制約なく運賃・料金の割引が受けられます。入会金の負担などはありますが、利用を考えてみてもよいと思います。

「**ジパング倶楽部**」は男女とも65歳から入会できる高齢者向けの会員サービスで、その内容はJRの旅客6社とも共通です。入会すると会員手帳が送られてきて、それに綴られている割引証を使えば、JR全線で、201km以上の区間を利用する場合、年20回まで運賃・料金が30％引き（新規入会から3回目までは20％引き）になります。「のぞみ」「みずほ」の特急料金や、寝台料金など割引にならない例外もあり、ゴールデンウィーク、旧盆、年末年始期間も使えませんが、やはり3割引きの魅力は大きなものがあります。

JR東日本は、高齢者向けのサービスは「**大人の休日倶楽部**」と銘打って、会員限定の割引きっぷを発売するなど、独自の展開を行っています。男女とも50歳以上は「**大人の休日倶楽部ミドル**」として、Suica付きクレジットカードへの入会で、JR東日本、JR北海道で201km以上利用する場合、乗車券、乗車券＋特急券が何回でも5％引きになります。ジパング倶楽部の入会資格を満たし、同じくSuica付きクレジットカードに入会すれば「**大人の休日倶楽部ジパング**」として、ミドルと同様の

高齢者向け会員サービス

「ジパング倶楽部」の会員手帳。この中に、割引証が綴じ込まれています。

JR東日本「大人の休日倶楽部」の専用サイト。熟年層の取り込みには、各社とも熱心です。

利用条件で何回でも30%の割引が受けられます。

50歳以上の特典にはなりますが、大人の休日倶楽部で魅力的なのは、やはり会員限定の割引きっぷ「大人の休日倶楽部パス」の存在でしょう。閑散期のみの設定ですが、年に数回、JR東日本全線、JR東日本・JR北海道全線、JR北海道全線がそれぞれ乗り放題の3種類が発売・利用期間限定、枚数限定で発売されます。ただし「売り切れた」との話は聞いたことがありません。

値段はJR東日本全線が1万5270円、JR東日本・JR北海道全線が2万6620円、JR北海道全線が1万7400円。これでJR東日本全線が4日間、他が5日間、それぞれの会社内、乗り降り自由になり、かつ6回までは新幹線を含む普通車指定席が無料で利用できるのですから、お得感は高いです。私も三陸の取材の時などには、このパスを重宝しました。東京〜仙台間を「はやぶさ」で往復するだけで、通常は2万2820円するのですから、〝激安〟と言ってもいいでしょう。

JR西日本の「**おとなび**」はもっと簡単な割引サービス。50歳以上の人が「WESTER」へ登録（無料）するだけで、入会したことになります。すでに入会済みの

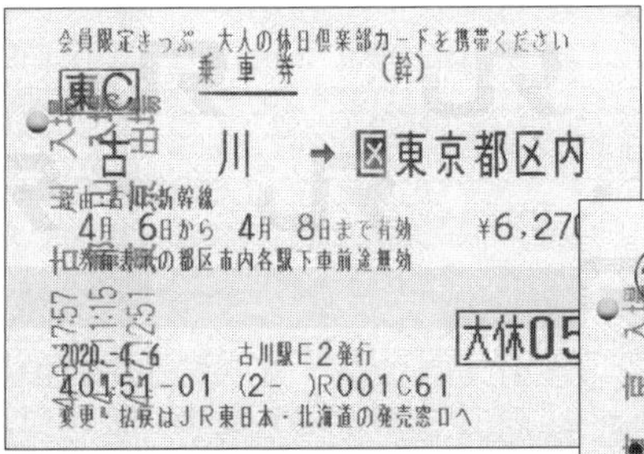

大人の休日倶楽部割引が
適用された乗車券。

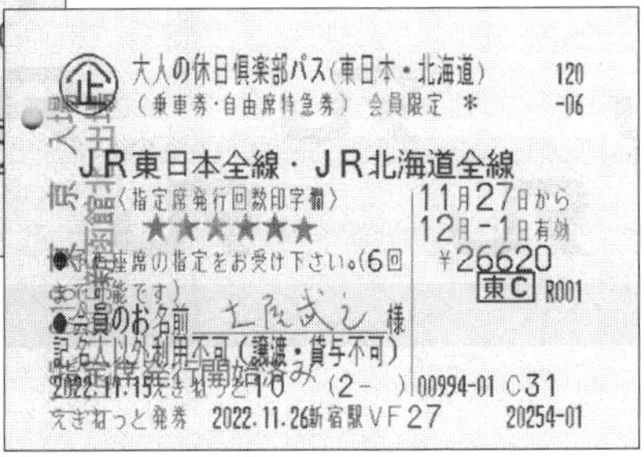

大人の休日倶楽部パス。

人は、50歳になれば自動的に会員になれます。それで、会員限定のきっぷや、「おとなびWEB早特」などが利用できるようになるのです。「大人の休日倶楽部」と同様、ジパング倶楽部の入会資格も満たせば、やはり30％割引の恩恵が受けられます。

こちらにも会員限定の割引きっぷがいくつかあります。使い勝手がいいのはやはり「おとなびWEB早特」でしょう。これはインターネット予約サイトe5489で、乗車日の7日前まで発売されるきっぷ。区間、列車、席数限定で、専用の片道乗車券と特急券がセットで発売されます。これを利用すると新大阪（大阪市内）～博多（福岡市内）間が、「こだま」と一部の「ひかり」利用限定ですが9160円。この区間は運賃だけでも通常9790円で、「こだま」の特急料金も5490円かかりますから、使わない手はないです。在来線にも設定があり、大阪市内～出雲市間だと「のぞみ」「みずほ」と「やくも」利用で1万340円。通常だと1万2930円の区間で、2590円もお得です。

社会の中核を担う30～40歳代向けのサービスが特に見当たらないのが、ちょっと不満ではありますが、「エクスプレス予約」の割引には、いつも助けられています。いちばん利用頻度が高いのが私の場合、新横浜～新大阪間。通常、「のぞみ」を利用すれば1万4390円ですが、エクスプレス予約で

EX-ICを利用すると1万3580円。810円安くなり、年会費1100円の元は2回乗れば取れます。なお、エクスプレス予約への会員登録自体は、特に年齢制限はありませんが、JR東海のエクスプレス・カード、JR西日本のJ－WESTカード・エクスプレス、JR九州のJQ CARD・エクスプレスのいずれかの新規入会、もしくは手持ちのクレジットカード会社への申し込みが必要で、その点、クレジットカードそのものへの入会資格があるかどうかが問題になります。

2023年にはエクスプレス予約のサービス変更が行われ、かつてあった「グリーンプログラム」がなくなり、ポイントに応じてのグリーン車への無料アップグレードができなくなりました。しかし、代わりに「EXポイント」サービスが開始され、東海道新幹線乗車分にはEXポイント、山陽新幹線乗車分には「WESTERポイント」、九州新幹線乗車分には「JRキューポ」が付与されるようになりました（4-12参照）。

また、新幹線が最大1年前から予約可能になっています。これまでは1ヶ月前から発売。その1週

エクスプレス予約のページ。

間前から事前予約受付でしたから、かなりの拡大です。ただ、1年前から予約を受け付ける商品には限りがあり、また座席数も限定になります。1年の間にダイヤ改正を挟む場合もありますので、仮の運行ダイヤから希望の列車を選んでおき、乗車日の1カ月前の8時になると、列車番号、発着時刻、座席番号が確定して、登録したメールアドレス宛に通知が来ます。しかし、原則として予約申込が完了した時点で、申込み人数分の座席は確保されています。

その他、JR北海道では大人の休日倶楽部会員ならば、特典がJR東日本と共通で利用できます。JR九州のJQ CARDにも、エクスプレス予約と同様の会員専用の割引が設定されています。

ポイントサービスでお得に乗る

JR各社が積極的に展開
鉄道乗車以外にも特典あり

販売促進策としての「ポイントサービス」は今、花盛りで、多くの人の財布の中にはポイントカードが何枚も入っていることでしょう。私も例外ではありません。鉄道会社もこの流れに乗って、積極的にポイントサービスを展開しています。一部は4-06などで紹介しましたが、もう少し詳しく見て行きましょう。

JR東日本の「JRE POINT」は規模も大きく、エリア内に住んでいる皆さんには、かなりのメリットがあると思われます。まず何より、Suica、モバイルSuicaでJR東日本の鉄道に乗車したり、定期券を購入したりするだけでポイントがたまっていくところが大きいです。Suicaだと200円ごとに1ポイントですが、モバイルSuicaだと50円ごとに1ポイントと効率良くためられます。ただし、JR東日本の路線に乗車した分だけになります。また、駅ビル内などにある、JRE POINTでの買い物でもポイントがたまります。

鉄道旅行派にとって重要なのは、まずこうしてたまったポイントがSuica、モバイルSuicaにチャージできるところ。これで、実質的な運賃の割引が受けらるのです。他にも、Suicaグリーン券への交換にも使えますし、新幹線や特急列車に乗れる「JRE POINT特典チケット」への交換、あるいは「JRE POINTアップグレード」と称する、普通車指定席からグリーン車へのアップグレード、各種商品やクーポンなどにも活用できます。私自身の経験では、連休初日の朝に急遽、東北新幹線で移動しなければならなくなったのだけれど、都合のいい時間帯の列車はすべて満席。しかし「こまち」のグリーン車に1席だけ空席があって、さてどうしようかと迷った時に、このJRE POINTのサービスを思い出したことがありました。割引きっぷのような混雑時の利用制限はなく、無事に普通車指定席の値段でグリーン車に滑り込め、快適に旅ができたのです。

ViewカードSuica。大人の休日倶楽部の会員証も兼ねている。これ1枚でクレジットカード、Suica、JRE POINTカードとして使える。

JRの他社や大手私鉄のポイントサービスも、ほぼ同じような仕組みです。百貨店やスーパーなど、沿線での流通産業に力を入れている私鉄グループだと、ポイントをためられるチャンスが広がります。日常的な買い物で〝電車賃〟の一部を確保することもできます。特急料金を必要とする座席指定特急を運転している会社だと、JR東日本と同様に、ポイントで特急券が購入できたりします。

こうしたポイントサービスは、クレジットカードへの入会が条件になっていることも多くありますが、実際にクレジットカードを使う機会が多いのなら、ポイントがためられるカードをメインへと切り替えてもよいと思います。日本航空のJALカードSuicaのように、飛行機に乗ってたまったマイルをSuicaへのチャージに使えるといったものもあります。こうした交換によって、他のポイントなどをJRE POINTへと繰り入れるパターンも数多くあります。

要は自分のライフスタイルを考え、どのカードを使うのがもっとも便利、有利なのかを考えていけばよいのです。そうした一環の中に、鉄道でのポイント、交通系ICカードへのチャージや、特典への交換を組み入れる時代となってきたといえるでしょう。

人気列車の指定券を確保するには

混雑する列車を見極め「ねばり腰」で取り組もう

182ページからのルポで乗車した定期運行廃止間近だった「あけぼの」もそうでしたが、現在の寝台特急「サンライズ瀬戸・出雲」や帰省ラッシュ時の新幹線などは大変に混雑し、座席や寝台の予約が時に困難を極めます。発売が開始されるやいなや満席というケースも珍しくはありません。そういう列車の指定券を確保するには、どうしたらいいのでしょうか？

まず、乗車日が決まったら一刻も早く予約に取り組むことです。発売が始まる運転1カ月前の「みどりの窓口」へ行ってもいいのですが最近は混雑が激しく、10時の発売開始と同時に端末を操作してもらえる確率も高くはありません。

1カ月前に駅へ行けなくても、根気よくインターネット予約に取り組むべきです。えきねっと、エクスプレス予約などは、1カ月以上前でも事前予約を受け付けていますから、とにかく早く申し込んでおくこと。

もし1カ月前に確保できなくても、あきらめてはいけません。JRのきっぷは変更や払い戻しが可能（5-01、5-03参照）ですので、発売された席がコンピュータへ戻されることが多々あります。特に席の数が多い新幹線は「1人、2人ならなんとかなる」と思っていて間違いありません。ここはねばり腰で空席を追いかけてみてください。幸い、インターネット予約は受付時間内ならいつでもどこでも空席の照会ができます。手が空いた時にパソコンやスマートフォンをマメに操作するに限ります。

そこまで頻繁に取り組めない場

合、変更や払い戻しが多いといわれるタイミングをお教えしましょう。まず、発売当日の夕方。事前受付などで〝二股〟をかけていた人が、ダブって入手してしまった指定券類を払い戻すことが多くなります。また、列車出発2日前の夕方も狙い目。出発前日になると、指定券類の払い戻し手数料が340円から額面の30％に跳ね上がるからです。

指定券確保で苦労する以前に、プランニングの段階で混雑する列車を見極めておく必要もあるでしょう。「サンライズ瀬戸・出雲」のように1日1往復しかない列車はどうしようもありませんが、運転本数が多い列車には、やはり混雑の傾向が生じます。

新幹線では、とにかく長距離を走る速い列車は避けること。東京〜博多間の「のぞみ」や東京〜新函館北斗間の「はやぶさ」などです。東京〜新大阪間しか乗らないのに、博多行きに乗る理由はありません。最初から新大阪行きを狙えばいいのです。盛岡から「はやぶさ」、金沢から「かがやき」で東京へ戻る時、仙台や長野で一気に混雑し、席が埋まります。ホームの向かいにはガラガラで自由席でも楽に窓側へ座れそうな「やまびこ」や「あさま」が発車を待っていてもそうなのですから、スピードが速く、停車駅が少ない列車に集中する傾向はいつまで経っても同じです。

大都市の方が人口が多いわけですから、平日、休日を問わず、東京や新大阪などのターミナル駅を朝早くに出発する列車、夕方〜夜に到着する列車は必然的に混雑します。また、金曜日の夜遅くに出発する列車も混雑する傾向にあり、時に満席の列車が続出します。大都市に単身赴任や長期出張で滞在していて、週末は自宅へ帰る人々ではないかと思われます。

昔は臨時列車の方が空いているといわれてました。しかし今では、インターネットで希望日に運転される列車を検索するようになり、「その日に走っている列車」として区別されず、そういうことはなくなりました。在来線の特急にはまだ多少、そうした傾向がありますが、今や定期列車と臨時列車の違いは、普通列車との接続が定期列車中心に組み立てられていることぐらいでしょう。

列車で好みの席を確保するには

座席の位置はリクエスト可能
自由席は連結位置を確認

「海側の景色が眺めたい」「酔いやすいので、揺れない車両の中央付近がいい」と、好みによって座席位置には注文があるものです。指定席の場合はどうすればいいのでしょうか。

JRの座席指定システム「MARS（マルス）」では、座席の列、席番を指定しての検索・予約発券が可能です。そのためインターネット予約でも、申し込みの際、シートマップが提示され、自分の好みに応じて位置が指定できます。「車両の端付近」「A～E列から選択」といった選び方ができるサイトもあります。私の場合、新幹線の普通車ならA列またはC席が好きです。なぜなら3人掛けの真ん中のB席は、最後まで空席であることが多いので、ゆったり過ごせるから。A席なら電源コンセントも確実にあります。そのように細かく考える向きには、これはありがたい仕組みです。また、希望がないなら「どこでもよい＝コンピュータにお任せ」といった購入方法もできます。

富士山が見たいといった要望も、シートマップと列車の進行方向から推測できます。東海道新幹線は博多へ向かっての進行方向左側がA席。右側がEまたはD（グリーン車）になります。富士山はおおむね下り列車の進行右側に見えるので、普通車ならE席を選べばよいのです。

「みどりの窓口」でももちろん、空席である限り、列、席番の希望通りの指定券を発売してもらえます。「ソロ」「シングル」といった個室寝台の上段下段も指定できます。窓口が空いている時ならば

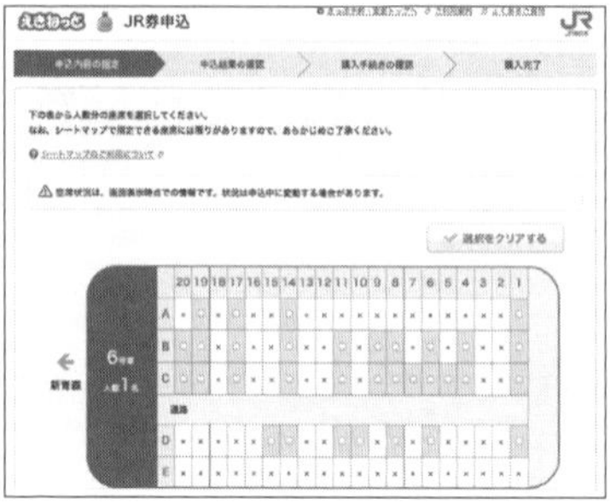

「えきねっと」の予約画面で表示されるシートマップ。空席が一目瞭然。

「海が見たい」といった漠然として希望にも、できるだけ応じるよう、席を探してくれます。市販されている「列車編成席番表」などの資料を窓口に備えている駅もあります。

指定席の発売状況は発車時刻まで刻一刻と変化しているため、あくまで目安ではあるのですが、シートマップで確認できるのなら、「お任せ」であっても一度、予約する前に覗いておいて損はありません。えきねっとでは、いちばん空席が多い号車がまず表示されますが、前後の号車の様子も一通り眺めてみれば、希望する列車の混み具合がわかります。全般的に空いているのに、特定の号車の席がぎっしり埋まっていれば、修学旅行の生徒たちだなといった予測もできます。

「お気に召すまま」といわれても、じゃあどこがいいのかわからないという人もいるでしょう。窓側か通路側かでは、まず窓側から席が埋まってゆく傾向にあります。昼間だと景色がよく見えるし、人の出入りにわずらわされることもありません。しかし通路側にも、トイレへ行きやすい、乗り降りに便利といった利点があります。夜の列車なら、車窓はあまり関係ないでしょう。

車両の端は、出口やトイレは近いのですが、揺れは中央部より大きくなります。中央部の利点、欠点はその裏返し。すぐに降りるなら端、長距離を乗るなら中央部といったところです。

さて、自由席の場合はどうすればいいのでしょう。近年は数を大きく減らしていますが、指定席より若干安く、予約なしでもすぐ乗れる反面、車両の座席数に関係なく、何枚でも自由席特急券は発売されますから、乗り込んでも100%座れるという保証はありません。特に繁忙期においては、不安が残ります。

近年はマーケティングリサーチ

が徹底されていることもあって、各列車の自由席の利用者数もほぼ正確に読まれ、適正な両数設定になっているようです。JR各社も可能な限り柔軟に増結や臨時列車の増発などを行っていますから、以前と比べて「何時間も立たされた」ということも少なくなってきました。しかし、自由席に確実に座りたいのなら、いくつかコツがあります。

始発駅からなら自由席も比較的座りやすくなります。ただ、途中駅からだと、列車が到着するまで状況はわかりにくいです。

そのため列車の編成を把握し、自由席の乗車位置を確認しておく必要があります。全車指定席ではない一般的な新幹線、特急列車は普通車指定席、普通車自由席、グリーン車指定席の3種類の座席を設けています。しかし、自由席の位置は列車によって異なります。おおむね列車の端で、その駅に発着する特急は同じサイドに連結されているのが一般的ですが、かつての北陸本線の特急のように、途中での分割併合の都合から、編成の中央部に設定されていたこともありました。東海道・山陽新幹線の「のぞみ」は通常、1～3号車が自由席、4～16号車が指定席で、そのうち8～10号車がグリーン車に統一されています。

新幹線を含む、特急列車の編成は、時刻表の巻末にまとめて掲載されていますから、乗車前に確認しておくのもよいでしょう。持っていなくても、多くの特急停車駅では、「みどりの窓口」や待合室に備え付けられています。ただ、在来線の特急は、増結によって自由席の位置が変わることもありますので注意。

駅によっては待合室や跨線橋などに時刻表とともに、列車の編成案内表が掲げられているところがあります。それだと増結の案内にも対応しています。そうした表がなくても、特急停車駅なら、ホームに乗車位置案内があります。頭上から吊り下げられているものと、ホームに直接描かれているものと、大きくわけて2種類ありますので、自由席の文字を確認しましょう。

いろいろな特急列車が発着する駅や、東北新幹線の東京駅のようにさまざまな編成の新幹線列車が発着する駅では、数種類の案内が混在していることもあって、色な

LED 式の乗車位置案内。東海道新幹線で使われているものです。

大阪駅における整列乗車案内。列車別に色分けされています。

どで区別されています。乗車する特急の愛称、号数、編成両数などを確認してから、所定の位置に並びましょう。列車が到着してから

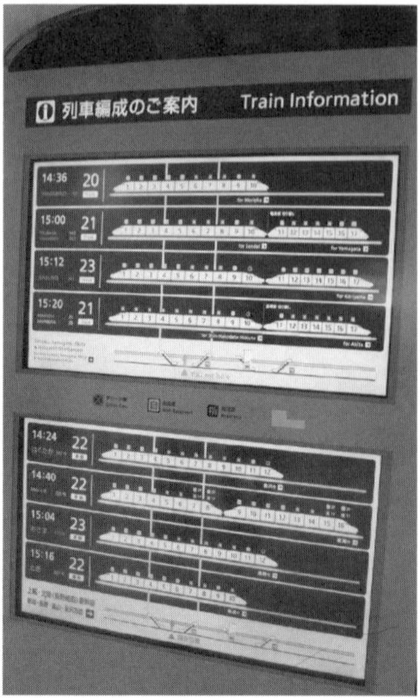

東京駅の新幹線の編成案内。自由席の位置が明示されています。

目の前に目的の車両が来ないことに気付き、あわてないように。

普通や快速など、自由席だけの列車でも対応方法は同じです。ただ、特急ほど手厚い案内がない場合もあります。反対に大都市圏では、整列乗車を求めるため、懇切丁寧な案内が行われている駅もあります。要領は同じこと。どこに自分が乗りたい列車が停車するかを把握し、できるだけ早く並ぶことです。

レール&レンタカーきっぷ

JRの割引率も大きい!

運賃が20% OFF、特急料金・グリーン料金まで10% OFF

「自分は鉄道旅行派だ。絶対、自動車では旅をしないぞ！」と力が入っていたとしても、運転免許証を持っているのならドライブもたまには楽しいと思ってみてはいかがでしょうか？　目的地までは列車で移動すれば、渋滞に巻き込まれる心配はありません。目的地ではレンタカーを使えば、駅から離れた観光地でも楽に行けます。

「駅レンタカー」は国鉄時代から行われている事業で、現在はJR各社などの出資による「株式会社駅レンタカーシステム」が経営しています。駅から至近距離に営業所を置いて、鉄道との連携を特徴としている会社です。

そして「周遊券」亡き今、前身を含めると「**レール&レンタカーきっぷ**」は現存する最古級の割引きっぷといえるでしょう。このきっぷは**割引率が高く**、利用できる区間も幅広いのが特徴です。

利用する際の段取りは、以下の通りです。まず「駅レンタカー」の公式サイトからのインターネット予約で、車種や利用日、利用時間を指定してレンタカーを予約します。そして回答や予約番号を持って、駅の「みどりの窓口」や主な旅行代理店へ行き、JRのきっぷとレンタカー券を同時に発券する「レール&レンタカーきっぷ」を購入するのです。

このきっぷを利用する、JR線側の条件としては、まず片道・往復・連続のいずれかの乗車券の要件を満たす（1-03参照）ルートで、営業キロが201km以上の区間を利用すること。そして最初にJRを利用し、出発駅からレンタカー

駅レンタカーは駅のすぐ近く

金沢駅の駅レンタカー営業所。駅出口からすぐの高架下にあります。

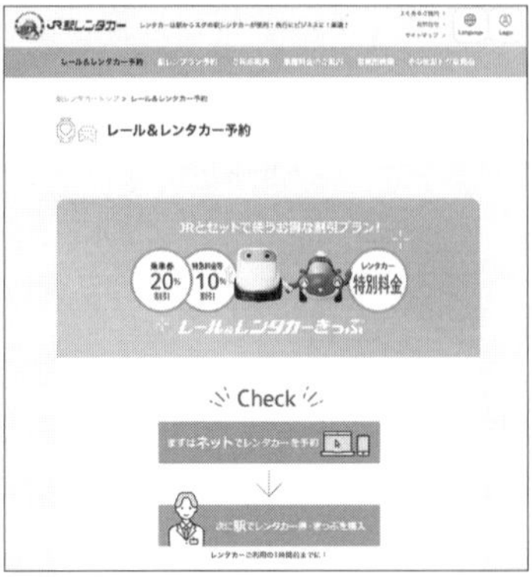

を使い始める営業所がある駅まで、最短経路で101km以上、離れていることも必要です。JRとレンタカーの利用行程も連続（乗車券のルート上に利用営業所がある）していなければなりません。

難しいようですが、例えば東京を出発駅とし、JRは熱海まで（営業キロ104.6km）の往復、そして熱海の駅レンタカー営業所で自動車を借りることにすれば、もう成立します。**乗車券の行き先＝レンタカーを利用する営業所の所在駅である必要はなく**、東京都区内～大阪市内の片道乗車券に、熱海での駅レンタカーをつけてもOKです。発駅・着駅とも、JR駅であれば、どこでも構いません。

これで、同じ行程で旅する同行者を含めて、運賃が学割と同じ20%引き、「のぞみ」「みずほ」を除く特急列車の特急料金、グリーン料金まで10%引きになります（グランクラスや個室などを除く）。自由に利用区間を設定できる上に、グリーン車まで割安になる割引きっぷは、他にはほとんど見当たりません。

もちろん、レンタカーにも割安な「レール&レンタカーきっぷ」向けの料金が適用されます。なお、他の多くの割引きっぷと同様、4月27日～5月6日、8月10～19日、12月28日～1月6日は、JR線の運賃・料金は割引になりませんのでご注意を。

旅行会社の「ツアー」も“使える”！

人気列車への乗車ツアーや、宿がセットのフリープランもある

自由気ままな鉄道旅行に慣れてくると、スケジュールが決まりきっている旅行会社の「ツアー」を、ついつい無視しがちになるものです。確かに、自分でプランニングしたり、予約をしたりする手間もまた、旅の楽しみといえましょう。しかし時と場合によってツアーを利用してみれば、何かと便利で、割安な旅ができるものです。

例えば、全国各地の観光列車やSL列車など、指定券類が取りづらい人気列車にどうしても乗りたいと思うのならば、こうした列車に乗車する観光ツアーを探してみるのも、一つの手です。2人以上で申し込まないと割高になるなどデメリットも確かにありますが、列車の指定券はもちろん、旅行中の宿や食事もセットになっていますから、楽なものです。

一般向けのツアーではなく、鉄道好きな人々向けのツアーも、今ではかなりの数が見られるようになりました。人気列車や路線への乗車をはじめ、走行写真の撮影タイムがあったり、車両基地などふだんは入れない場所の見学が組み込まれていたりで、各社とも工夫を凝らしてファンを迎え入れています。えてして、こうしたツアーは旅行会社の担当者自身も鉄道好きであったりするので、中身の充実ぶりについても、ファンが納得できるものが多いと感じています。検討してみる価値は十分あると思います。

一方、旅行会社が販売しているツアーは、全行程添乗員がつき、貸切バスで観光地をめぐるといったものばかりではありません。

時にはツアーも便利

旅行会社が店頭やWEBで公開しているツアーのパンフレットは実に数多く、目移りしそうです。

旅行会社の営業所の内外や公式サイトでは、さまざまな種類のツアーのパンフレットが並べられています。ところが、よく見てみると、かなりの割合で表紙に「フリープラン」と入っていることに気付くことでしょう。

「フリープラン」とは、新幹線や飛行機など往復の交通機関とホテルや温泉旅館といった宿泊施設をセットにした商品で、添乗員はつきません。きっぷやクーポンだけ旅行会社で受け取ったら後の行動は自由で、指定された列車に乗り、指定されたホテルなどにチェックインすればいいだけです。現地でも自由に動けます。

中には「ビジネスプラン」「卒業旅行」などと銘打ったプランもありますが、宿泊施設がビジネスホテルであったりするだけで、あくまで宣伝文句。誰が利用しても構いません。

鉄道旅行派にとって嬉しいのは、九州や北海道などで使える、エリア内乗り降り自由な「フリーきっぷ」つきのものが、時にあること。これは一般には発売されていない種類のもの。つまり「フリープラン」利用者専用のきっぷであったりします。

「フリープラン」の利点には、オフシーズンに思い切った値引きが行われることもあります。往復の交通費程度の値段で、一流ホテルに泊まれたりします。

コラム

昔、懐かしい「周遊券」

国鉄時代を知る、ある一定以上の年代の方には「周遊券」が懐かしく思い出されるのではないでしょうか？　私自身もそうですが、若き日の鉄道旅行に使った経験は皆さん、お持ちではないかと思います。

観光旅行に便利なように、鉄道の乗車券だけではなく、船やバスなどのきっぷもひとまとめにして割り引くというきっぷは戦前から存在していましたが、国鉄の本格的な割引きっぷのスタートは、戦後の混乱も落ち着いた1955年に始まりました。

この時、誕生したのが周遊割引乗車券。後の「周遊券」です。最初に売り出されたのは、一般周遊券と呼ばれるもの。これは出発地から、日本各地に設定された「周遊指定地」を２カ所以上巡り出発地へ戻るという行程を、利用者が自ら考え、必要となる国鉄の乗車券、周遊指定地への会社線（私鉄、バスなど）の乗車券をまとめて購入すると、割引になりました。

例えば、以下のようなルートです。○が周遊指定地でした。

・東京都区内（国鉄）長野原駅（現在の長野原草津口）
・長野原駅（国鉄バス）○草津温泉
・草津温泉（長野電鉄バス）○湯田中駅
・湯田中駅（長野電鉄）長野駅
・長野駅（国鉄）東京都区内

これで国鉄が２割引、長野電鉄バスなど会社線が１割引になったのです。有効期間は１カ月ありました。

新婚旅行向けの「ことぶき周遊券」もありました。後に「グリーン周遊券」に改称され、最終的には発売条件としてグリーン車やA寝台を201km以上利用する必要がありました。しかし、グリーン料金や寝台料金も２割引になったのです。

鉄道旅行者愛用の「ワイド」「ミニ」

一般周遊券は発券に手間がかかり、しかも旅行代理店でしか買えなかったので、より手軽に、国鉄の窓口でも買える周遊券として1956年に誕生したのが均一周遊券です。後に「ワイド周遊券」「ミニ周遊券」とし

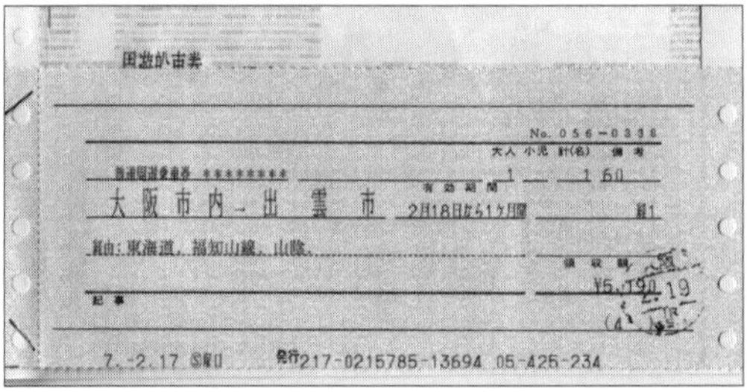

一般周遊券は旅行代理店で販売。きっぷをセットにして、ひとまとめにして発行された。

て定着しましたので、そちらの名前で記憶している方も多いでしょう。

ワイド周遊券は、全国の主な都市を出発地として、北海道全域や九州全域といった自由周遊区間までの国鉄線往復（いくつかの経路が指定されていました）プラス、自由周遊区間内は有効期間中乗り降り自由というのが、基本的なスタイル。国鉄時代はたくさん走っていた急行の自由席を急行料金不要で利用することができましたので、夏休みなどに長期旅行する学生や、出張であちこち回るビジネスマンなどに愛用されました。

ミニ周遊券は、自由周遊区間を狭くする代わりに値段を安く、有効期間も短めにしたもの。1970年の日本万国博覧会以降の観光客の落ち込みを防ぐために、新たに発売されました。語呂合わせもあって、全国で「32（ミニ）」種類設定されたものです。おおむね、自由周遊区間の中心駅への往復運賃と同額であったため、首都圏が乗り降り自由だった東京ミニ周遊券などは、かなりの売り上げがあったそうです。

なお、どちらもA券片、B券片の2枚セットで、出発地から自由周遊区間で最初に下車する駅まではA券片。自由周遊区間内と出発地までの帰路はB券片を使うしくみでした。

売れなかった「ルート周遊券」「周遊きっぷ」

一方、人気がある観光ルートを選び、それに沿った国鉄、会社線の乗車券をあらかじめワンセットにして割り引いた「ルート周遊券」も1972年に登場しました。非常に細長いきっぷで、交通機関に乗るたびに必要な券片を切り取って渡す、珍しい方式でしたが、「立山黒部アルペンルート」などを除いて売れ行きは芳しくなかったそうです。

国鉄末期には、相次ぐ値上げによる鉄道旅行離れを食い止めるため、ワイド周遊券の自由周遊区間内では特急の自由席を料金不要としたり、片道は飛行機を利用できる「立体周遊券」を発売したりするなどのテコ入れが行われました。立体ワイド周遊券は、鉄道、船、飛行機といった往復の交通機関を自由に選べる「ニューワイド周遊券」に発展的解消を遂げています。

しかしJR化後、さらに多彩な割引きっぷが売られるようになって、相対的に周遊券の地位は低下し、販売成果も落ちていきました。そこで、従来の周遊券をすべて廃止統合する形で、1998年から売り出されたのが「周遊きっぷ」でした。これはすべてのJR駅を出発地とすることができ、出発駅から周遊ゾーンまでの「ゆき券」、全国に設定された周遊ゾーン内乗り降り自由の「ゾーン券」、周遊ゾーンから出発駅に戻る「かえり券」の3枚セットで発売されています。けれども、かつての周遊券のような人気は獲得できず、規模縮小を繰り返した後、2013年3月末で全廃されてしまいました。

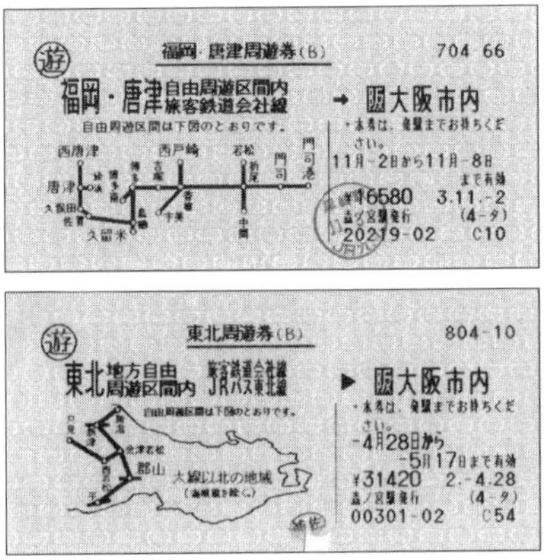

ワイド周遊券、ミニ周遊券の例。これらはB券片で、このきっぷで自由周遊区間を乗り降りできた。

予期せぬアクシデントへの対応

「あけぼの」乗車始末記

2014年の1月末。今は廃止されてしまった寝台特急「あけぼの」に乗ったら、悪天候に見舞われ、スケジュールも大崩れ。だが、購入した乗車券・指定券の変更やら払い戻しやら。図らずも「きっぷのルール」を説明するための、現在でも通用するよい実践例となったのであった……

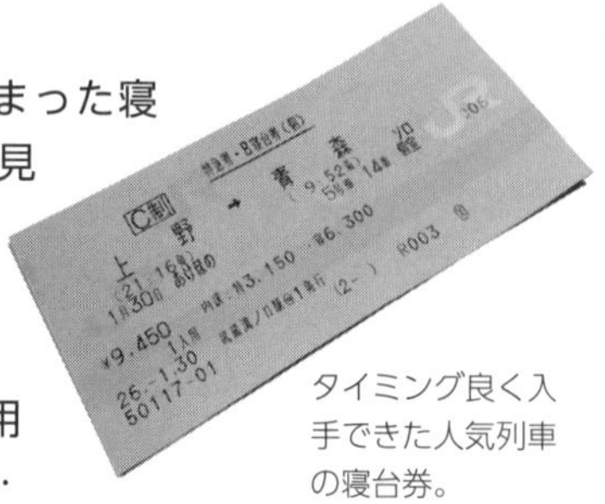

タイミング良く入手できた人気列車の寝台券。

注：この記事中の運賃・料金は、2014年1月の旅行当時のものです。

乗車当日に難関の指定券を確保 「ぐるり一周」乗車券を購入

これほど急に仕事が入るのは、あまりないことだけれど、1月30日の朝。翌31日の午後、盛岡市内で取材をすることが決まった。盛岡へは15時ぐらいまでに着けばよく、その日の午前中、外出する用があったついでにJR渋谷駅の指定席券売機（1-06）で、東京から盛岡までの新幹線自由席特急券を買っておいた。朝は余裕があるので、自由席がある「やまびこ」でのんびり向かおうと考えていたのだ。

だが待てよ。今晩の「あけぼの」に乗ることができたら、好都合ではないかと思い返したのが、渋谷から帰宅する電車の中。上野～青森間を結ぶ寝台特急「あけぼの」は、2014年3月15日のダイヤ改正で定期運行を終えて臨時列車に格下げされる。ちょうど、別の出版社から「あけぼの」がらみの記事を頼まれていたところだ。実際に乗車してから書くのも悪くなかろう。「あけぼの」の終点・

上野駅での「あけぼの」。写真：Douglas P. Perkins(CC BY-SA 3.0)

青森到着は9時52分だから、それから東北新幹線で盛岡へ向かえば取材にも影響はない。

ただ、鉄道ファンの「お別れ乗車」などが多く、「あけぼの」は連日満席が続いていると聞く。発車当日で寝台が空いているだろうか。指定券は、指定した列車が発車する前なら、その時点で発売している、あらゆる列車の指定券へ一度だけ変更が可能だ。先ほど買った自由席特急券でも、差額を精算することで同様に変更できる(5-01)。

最近、指定券の空席状況は「えきねっと」など、鉄道各社のインターネットサイトを通じて確認できる例も多い（1-05)。だが、残念ながら寝台券、特に個室寝台車は、そうしたサイトでは扱われていない。昔ながらだが、駅の「みどりの窓口」へ行くしかなく、自宅最寄りJR駅である武蔵溝ノ口駅に立ち寄ることにした。確保が難しい指定券を取るには、まず何よりチャレンジしてみること。そして変更や払い戻しされる席は必ずあり、空席状況は刻一刻、変動しているから、あきらめないことだ（4-13)。

果たして、最初はすべての寝台・座席に空きがなかった。けれ

酒田駅で抑止（運転見合わせ）中。

どもここは粘り腰だ。1時間ほどしてから今一度、「みどりの窓口」へ足を運んでみると、窓口氏が「あ、ソロが1室だけ空いています！」と、驚いてつぶやいたのであった。私自身、こういう引きの強さは何度か発揮しており、にんまりした。

今宵のベッドが確保できたついでに、乗車券も購入しておく。運賃は「遠距離逓《ていげん》減制」（4-01）のおかげで、距離を長く乗れば乗るほど1kmあたりの運賃が割安になる。今回の乗車ルートは都合よく、ぐるっと一回りする片道乗車券にできる（1-03）。東京や上野から長距離列車に乗る時は、大井町からJR京浜東北線で発車駅に向かうのがいつものパターンだから、発駅は「東京都区内から」となる（2-03）。以下、「あけぼの」の運転経路通り、東北本線・高崎線・上越線・信越本線・羽越本線・奥羽本線・東北新幹線経由で、ひと筆書きの経路がぶつかる「大宮ゆき」の乗車券を、1万5540円で買った。盛岡では、このきっぷで途中下車（2-09）することになる。

東京都区内～青森間の往復運賃には、往復割引（4-01）が適用されるものの、それでも1万7760円

列車代行バス。途中の休憩所で。

だから、これで安くついた。経路からはみだす新青森〜青森間往復は別払いすればいい。帰路の大宮から先は「Suica」（1-08）で乗れば手軽だ。そうした細々した出費を加えても、駅弁代ぐらいはひねり出せている。

暴風雪のため酒田で抑止！ きっぷの払い戻しが発生

無事に確保したB個室「ソロ」の上段に納まり、21時16分の定刻には上野を発車。車内改札も受け、22時48分発の高崎を出てから、就寝…… 。

翌朝。秋田到着20分前にあると予告された「おはよう放送」で目が覚めたのだが、なんと暴風雪のため約80分遅れで走っており、山形県の余目《あまるめ》を出たところ。日本海に沿って走る羽越本線は強風や雪の影響を受けやすく、「あけぼの」もしばしば運休や遅延することがある。

私が乗った列車もその後、徐行を繰り返し、定刻だと5時ちょうどに到着するはずの酒田に6時33分着。この先は風がさらに強いということで、とうとう動けなくなった。自然が相手なのでどうしようもないが、スケジュールが心配になってくる。

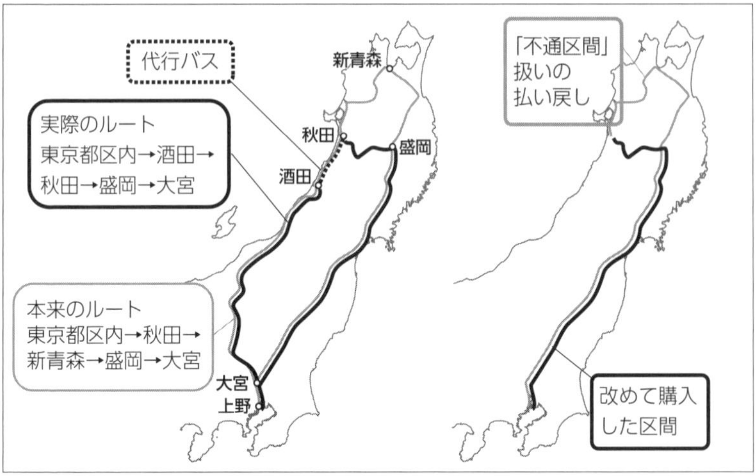

結局、運転再開の見通しが立たないとのことで、秋田まで列車代行バス（5-08）が出ることになった。地元の会社からチャーターされた貸切バスには「JR東日本代行バス」と印刷された磁石の札が車体に貼られていて、この地方では悪天候で列車が運休し、バス代行輸送というパターンが珍しくないらしい。

バスが酒田駅前を出たのが8時15分頃。嵐の中を突っ切って秋田駅前に到着したのが10時20分頃。「あけぼの」の秋田着は定刻なら6時38分だから、3時間40分ほど遅れての到着となった。秋田新幹線はほぼ定刻で動いているとのことで、盛岡へ行くことはできそうだ。

しかし、それ以外の各方面への列車は軒並み運休となっていて、秋田駅はやや混乱気味。駅員がコンコースに折り畳み机を出して臨時精算所としていたので、「あけぼの」の特急・寝台券を差し出すと、特急料金分の3150円が「ご迷惑をおかけしました」との言葉とともに戻ってきた。不通区間発生により、特急券の全区間、乗車できなかった時のきまり（5-08）を適用してもらったことになる。寝台は朝6時まで使用しているの

乗り間違えた「こまち32号」。

で、寝台料金6300円は設備使用料金として払い戻しなし（5-08）と、これもきまり通りだ。

さて、乗車券はどうするか。秋田から先の経路は新青森経由だけれど、「あけぼの」に乗って通るのでなければ意味がない。秋田新幹線（田沢湖線）経由に経路変更（5-02）してもらえればいいのだが、「みどりの窓口」も大行列だ。そこで思い切って、秋田で旅行を中止（5-08）。秋田～新青森～大宮間は乗らないということにして、秋田～盛岡～東京都区内の乗車券を改めて買うことにした。

折り畳み机の臨時精算所で、その旨、伝えてみると、改札口脇にある正規の精算所へどうぞ、とのこと。そちらには、きっぷの裏に記されている磁気情報を読み取れる端末があるからだろう。

旅行中止の場合、発駅から旅行中止を申し出た駅までの正規の運賃＋手数料210円を差し引いた額が払い戻しとなる（5-02）。私が持っている乗車券は運賃1万5540円だから、東京都区内～秋田間の羽越本線経由の運賃9030円と210円を引いた6300円が戻ってくるものと思っていた。ところが「では、秋田から新青森回り大宮までの運賃、1万1030円をお返しします」と窓口氏。ちょっと面食らったが、奥羽本線の秋田～青森間は、この時、やはり暴風雪で運転を見合わせており、鉄道が不通になって乗車できない区間がある時のきまり（5-08）の方が適用されたのだった。

改めて旅をスタート。
ところが乗った列車が…？

改めて、秋田から秋田新幹線・盛岡経由東京都区内行きの乗車券（9560円）と、発車時刻が近づいていた「こまち34号」の盛岡までの特急券を、こちらはほとんど列がなかった指定席券売機で購入。秋田新幹線の盛岡～秋田間と東北新幹線の盛岡～新青森間は、走る列車がすべて全車指定席のため、自由席特急券と同額の特定特急券が発売され、空席があれば着席できる（3-05）。しかし混雑しているのが目に見えているから指定席利用として特急券を買い、新鋭E6系の指定された席に、やれやれと座り込んだのだ。

秋田新幹線も暴風雪の影響でダイヤが乱れがちだったけれど、10時56分の定刻から15分遅れぐらいで秋田を出発。これで取材にも間に合うと、ホッとひと息ついた、その時…… 。

「ご乗車ありがとうございます。秋田新幹線『こまち32号』東京行きです…」

「え？」

やってしまった。気が緩んで、しっかり確認しなかった自分が悪いのだが、うっかり直近の発車が「34号」と勘違いして、特急券を買ってしまったのだ。たまたま「34号」で指定された席が「32号」の秋田発車時点では空席で、座っていた私も気付かなかった。こうした場合は素直に車掌へ「誤乗」を申し出て、自由席がある列車なら自由席に移るなど、指示を受ければよい（5-05）のだが、あいにく「こまち」は全車指定席。特急券と特定特急券の差額は、1月31日は通常期（3-02）ゆえ510円だし、あきらめるとして、盛岡まで約1時間45分。席がないと辛い。けれども、そうそううまくいくはずもなく、次の大曲で、早くも私が座っていた席の本来の持ち主が現れ、角館でまったく空席がなくなった。しかたなく盛岡まで1時間弱、デッキで過ごしたのであった。

第5章

トラブル、アクシデントに遭ってしまったら?

慣れない旅先でアクシデントに遭うと、
ついついあわててしまいがち。
しかし、JRの規則では
きちんと対応が決まっています。

旅行の予定が変わってしまった…

——きっぷを変更する時のルール①

指定券を含む乗車券類は、乗車前なら1回だけ変更できる

週末、旅行の予定だったのが、仕事の都合で1週間延期…などというのはよくあること。買ってあったきっぷは、変更しなければなりません。きっぷを変更することを、使用開始前、使用開始後を問わずに「**乗車変更**」と呼びます。

ややこしいのですが、乗車変更のうち、きっぷを使い始める前に行うものを規則上、「**乗車券類変更**」といいます。手元にある乗車券や指定券など（乗車券類・1-03参照）を、他のきっぷに取り替えてもらうことからの呼び名です。

その際、基本的な制約が二つあります。一つ目は、同じ種類のきっぷにしか変更できないこと。乗車券を特急券にするような変更はできません。例えば特急券を持っていて普通車からグリーン車へ（つまり特急券＋グリーン券へ）の変更ならできます。指定券（1-03参照）から指定券への変更は同じ種類になるからです。また、片道乗車券を連続乗車券へといった変更も、同じ普通乗車券同士となりますので、可能です。

座席が指定されない自由席特急券、特定特急券、急行券、自由席グリーン券を、指定券に変更することもできます。ただし、指定席から自由席への変更は基本的にできません。変更後の列車の指定席が満席の場合にのみ、自由席に変更できるきまりです。

二つ目は、**乗車券類変更は1回しかできない**ということ。変更後のきっぷには「**乗変**」と文字が入り、変更を行ったきっぷであることを示します。この文字があるきっぷを変更すると二度目となり、

いったん払い戻し（5-03参照）してから買い直しとなります。

乗車券や自由席特急券は有効期間が終了するまでが、変更の期限です。指定券は指定された列車が乗車駅を発車する時刻を過ぎたら、変更、払い戻しできません。

乗車券類変更を行う場合、手数料は一切不要です。変更前の乗車券類より変更後の方が高い場合は差額の支払い、変更後の方が安い場合は差額の払い戻しとなります。変更前が学割で変更後の乗車券も学割の条件を満たすならば、運賃は学割で計算してもらえます。

また、乗車券類変更を行う際、変更前後の乗車区間に対する制約はありません。「東京都区内から大阪市内ゆき」の乗車券を「札幌から小樽ゆき」の乗車券に変更しても差し支えありません。

指定券も同じで、変更前後の列車、区間がまったく違ってもOK。変更できる列車は、申し出た時点で発売されている列車に限ります。7月10日乗車の「のぞみ」の東京～新大阪間の特急券を、7月10日の発車前に、8月10日の「はやぶさ」仙台～盛岡間に変更することはできますが、8月11日の「はやぶさ」へは、発売開始前なので変更できません。

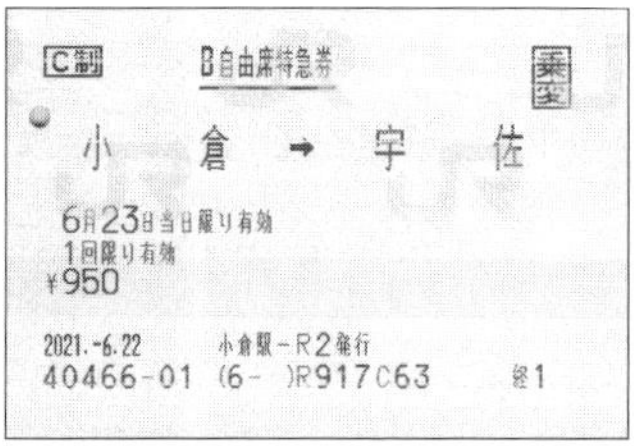

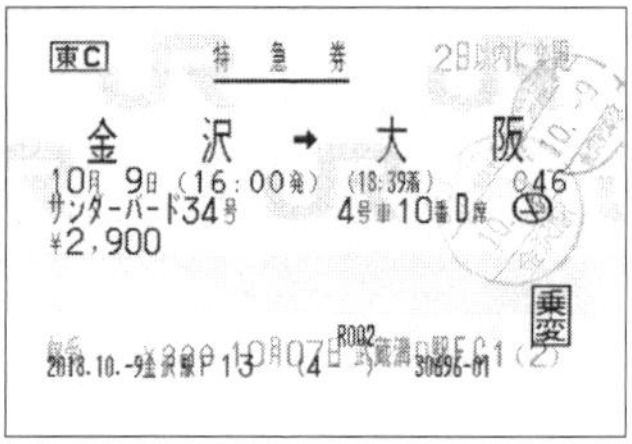

「乗車券類変更」をしたきっぷの例。下は2日以内に変更したことが表示されている(5-03参照)。

なお、定期券、回数券、割引きっぷの乗車券類変更は基本的にできません。一度、払い戻してからの再購入になります。

特に、**割引きっぷには注意が必要**です。旅行の予定が完全な確定ではなく、変わることも考えられるのなら、どのような扱いになるのか、購入前に鉄道会社のサイトなどをチェックしておいた方がよいでしょう。払い戻し（5-03参照）自体は、手数料を支払えばできます。

旅行の途中で予定変更!?

――きっぷを変更する時のルール②

もし、列車に乗った後で予定を変えるには?

列車で得意先へ向かっている途中、携帯電話がブルブルと震えてメールが入り、別の得意先へも行ってくれ……ということも、あるかもしれません。使用開始前の変更である「乗車券類変更」に対し、旅客営業規則では乗車券類を使い始めた（改札口を通過した）後でも、きっぷの変更を行うことができるとし、その場合の取り扱い方法を定めています。

普通乗車券を使用開始後に変更することを「**区間変更**」と呼びます。一般的な区間変更としては、いわゆる「**乗り越し**」があります。券面に記された着駅から、さらに先へと行きたいケースです。

乗車券で乗り越した時は、元の着駅から新しい着駅までの運賃が必要となります。例えば「東京都区内から岡山ゆき」の乗車券で、福山まで乗り越す場合。岡山～福山間の運賃990円を支払う必要があります。勘違いされやすいのですが、東京都区内～岡山間と東京都区内～福山間の**運賃の差額ではありません**。

都区内・特定市内、または東京山手線内着の乗車券で乗り越す場合は、各市内などに含まれる駅で、乗り越す方向にある、いちばん端の駅からの運賃を払うことになります（2-03参照）。大阪市内ゆきの乗車券で堺市まで乗り越す場合は、杉本町～堺市間の運賃140円を払えばよいのです。

ただし、乗車区間の**営業キロが100kmまでの普通乗車券で乗り越しをする場合は、差額を支払えばOKです**。例えば、熊本から久留米ゆきの乗車券（営業キロ82.7km・1680円）で佐賀まで乗り越した時は、熊本から佐賀までの運賃2170円との差額、490円を支払えば大丈夫です。

また、発駅も着駅も大都市近郊区間（2-04参照）内にあり、経路もすべて大都市近郊区間である乗車券を持っていて、やはり大都市近郊区間内の駅まで乗り越す時も、差額計算となります。例えば東京から新宿ゆきの乗車券で三鷹まで乗り越したならば、東京～新宿間の運賃210円と東京～三鷹間の運賃410円の差額、200円を払うことになります。

区間変更には、ある駅を分岐点として別の方向へと向かうような変更もありえます。例えば先の「東京都区内から岡山ゆき」の乗車券で、姫路から播但線経由豊岡へ向かうような場合です。その際は、使わない区間と変更する区間の運賃を比較し、変更する区間の方が高い場合は、差額を支払う必要があります。ただし、変更する区間の方が安い場合は、払い戻しはありません。

例としたケースだと、姫路～岡山間の運賃（1520円）と姫路～豊岡間の運賃（1980円）を比較し、変更する区間の方が高いので差額の460円を払えばよいのです。仮に和田山までの変更だとすると、姫路～和田山間の運賃は1340円ですので、お金の精算はなしとなります。

乗り越しの場合と同様、元の乗車券が営業キロ100km以下の場合と、大都市近郊区間の相互発着の乗車券の場合は、やはり元の乗車券の運賃と、変更後の全区間の運賃の差額計算になります。

そして、こうした規則は、発駅・着駅はそのままで、途中の経路のみ変更する場合にも、同じように適用されます。「東京都区内から岡山ゆき」の乗車券で、姫路～岡山間を山陽新幹線経由から姫新・津山線経由に変更するようなケースで、不足額は精算、過剰額は払い戻しなしというのもまた同じです。

なお、自由席特急券、特定特急券、急行券、自由席グリーン券でも、使用開始後の利用区間の変更や、指定席への変更が可能です。この場合、乗車券と同様変更前と変更後の料金を比較し、変更後が高ければ差額を支払えばOK。変更後の方が安くても払い戻しはありません。

泣く泣く旅行中止に…

――きっぷを払い戻す時のルール①

きっぷを払い戻すには手数料が必要。
その金額を小さくする裏技も、なくもない。

せっかく旅行を楽しみにしていたのに風邪を引いてしまって泣く泣く……などという、利用者の側の都合で旅行を中止する時、すでに買ってあったきっぷは払い戻しができます。

まず、変更の時と同様、そのリミットは、乗車券や自由席特急券など指定を伴わないものは、有効期間が終了するまで。指定券は指定された列車が乗車駅を発車する時刻までとなります。改札口を通過しておらず、未使用であることが前提です。

普通乗車券、回数券、自由席特急券、特定特急券、急行券、自由席グリーン券は、1枚につき手数料220円が差し引かれた額が払い戻されます。立席特急券は、列車が指定されていますので、払い戻しのリミットは発車時刻までとなりますが、手数料は220円で変わりません。

特急券（指定席）、指定席グリーン券、寝台券、指定席券は少し扱いが違います。まず、列車出発の2日前（前々日）までは、手数料340円を差し引いた額が払い戻されます。出発前日から発車時刻までは、額面の30%（最低340円）に跳ね上がります。例えば、東京～新大阪間の「のぞみ」の特急券（5810円）なら、1740円が手数料で引かれてしまいます。高いきっぷであればあるほど、ダメージは大きくなりますので、できるだけ2日前までに払い戻ししたいところです。

ならば、「もし乗車前日または当日に払い戻しするのなら、2日以上先の日付の指定券に一度、変更してから払い戻せば、手数料は

340円で済む」と考える向きもありましょうけれど、これはアウト。変更後の指定券には「乗車2日前以降に変更」といった表示がされ、払い戻す時の手数料は変更後の券の額面の30%で計算されます。

もし、手数料を安く上げたいのなら、快速などの指定席券にいったん変更してからにすれば、最低額の340円で済みます。本州・四国の各社の閑散期の指定席券は330円（「SLぐんま」など一部観光列車を除く）ですので、さらに10円、手数料を節約できます。

こうした指定席券を持っていて払い戻す時は「逆に10円取られるのか？」と心配になりますが、額面以上の手数料は取られることはありません。ただし、1円も戻ってこないからといって、きっぷを持ったままにしないこと。使わない指定席は「みどりの窓口」へ返却して、使う必要がある人に譲るべきでしょう。

なお、特急券または急行券とグリーン券・寝台券・指定席券が1枚にまとまったきっぷを払い戻す時は、特急券・急行券分の手数料は不要ですので、ご安心を。山形新幹線「つばさ」や秋田新幹線「こまち」の特急料金は、新幹線と在来線のものを合算していますが、払い戻す時は1枚の特急券として扱います。学割や「ジパング倶楽部」など、割引証を使って購入したきっぷは、払い戻しをしても割引証は戻ってきませんので、気をつけてください。

JR東日本が運転している在来線の全車指定席特急の座席未指定券は、使用開始前で、券面に表示されている乗車日までなら、手数料340円で払い戻しできます。座席は指定されていませんが、あくまで自由席特急券ではなく、指定席が利用できる特急券ですので、手数料が220円ではないことには注意しなければなりません。また、座席を指定した後は、特急券と同じ扱いになり、出発前日から発車時刻までは額面の30%の手数料が必要となります。

なお、クレジットカードを使って購入したきっぷは、ルール上は全国のJR駅で払い戻しできるはずですが、最近は「購入した会社の窓口で払い戻してください」と言われるケースがほとんど。その際は、きっぷに「未使用」の証明をしてくれます。

旅に出てから旅行中止…

――きっぷを払い戻す時のルール②

旅行開始後、途中で中止しての払い戻しは、制約があるが可能

無事に旅行に出られたのはいいけれど、やはり何らかの都合で、途中で止めなければならない場合を「**旅行中止**」と呼びます。乗車しない区間の営業キロが100kmを超え、旅行を取り止めた駅で申し出た場合にのみ、乗車券については払い戻しを受けることができます。もちろんのこと、払い戻そうという乗車券の有効期間内に限ります。

払い戻し額は、元の乗車券の額面から、すでに乗車済みの区間の運賃を差し引き、さらに手数料220円を引いた額です。

例えば、東京都区内から大阪市内ゆきの乗車券を名古屋駅にて旅行中止とした場合。まず名古屋～大阪間の営業キロは190.4kmあるので、使ってない区間の払い戻しを受けることができます。東京～大阪間の運賃8910円から引かれるのは、東京～名古屋間の運賃6380円と手数料220円。2310円が手元に戻ってきます。もし仮に、旅行を中止した駅が京都であるならば、京都～大阪間の営業キロは42.8kmしかありませんので払い戻しを受けることはできません。

また、乗車券の区間の中間で一部だけ中抜けで乗らなかった場合や、発駅の側で乗らなかった区間があった場合も、払い戻しを受けることはできません。後者だと、乗車券類変更で対応できるからだと思われます。私の経験では、宮崎から鹿児島中央ゆきの乗車券を持っていて、宮崎～都城間を乗らなかったことがありましたが、都城駅で都城から鹿児島中央ゆきの乗車券にすんなり変更して、それで終わりでした。

旅行中止の場合の払い戻し額計算

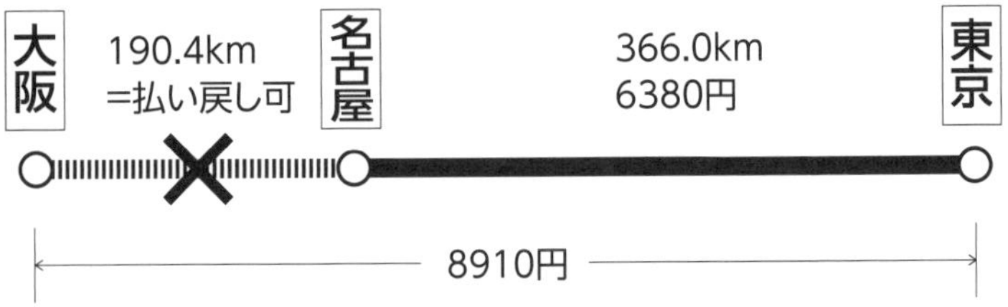

8910円−6380円−手数料220円=2310円

なお、往復乗車券の往路や連続乗車券の連続1の券を使用中に旅行を中止した場合、まだ使っていない方の券は、使用開始前の乗車券の払い戻し（5-03参照）と同じ扱いです。

往復割引が適用された往復乗車券の場合、差し引かれる運賃は、使用した区間の無割引のものとなります。例えば4-01で紹介した東京都区内～明石間の往復乗車券（1万7620円）を、復路（帰り道）の大阪で旅行中止とした場合の払い戻し額は、東京都区内から明石までの片道運賃9790円と、明石から大阪までの片道運賃950円、手数料220円を引いた6670円です。「往復しなくなったことによって、往復割引を受けるために必要な条件を満たさなくなった」との考え方です。

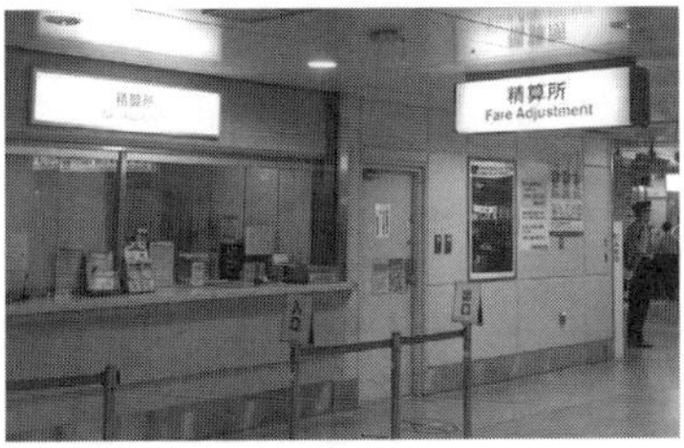

払い戻しは駅の精算窓口で。

現在では、普通回数券そのものが絶滅危惧種になってしまい、レアケースではありますが、一部を使った後に払い戻しをするケースがあります。この場合、使った回数券の数×回数券の区間の無割引の片道運賃と手数料220円が引かれた額が戻ってきます。現在、JR各社に残っているのは身体障害者割引または知的障害者割引きのもののみです。なお、新幹線回数券などは、1枚でも使った後には払い戻しできません。

列車を乗り間違えた! 乗り遅れた!

自分がミスをしてしまった時は、どうすればよいか

本人の名誉にはなりませんが、乗り間違いや乗り過ごしの常習犯のような人はいるものでして、私の知り合いにも、しょっちゅう自分が望まない方向へ行ってしまう人が……。

もし自分のミスで乗り間違え、乗り過ごし、乗り遅れなどをしまったような場合、規則上はどうなるのでしょう。

親切にも？旅客営業規則には「**誤乗**」をしてしまった際のきまりがあります。それによると、**係員がその事実を認定したときは、乗車券の有効期間内に限って、直近の列車で誤って乗ってしまった区間を無料で戻ることができます**。これを「**無賃送還**」といいます。

大都市圏で頻繁に列車が運転されている線区では、いちいち係員（車掌になることが多いでしょう）に申し出ず、「しまった！」と次の停車駅で反対方向へ向かう列車に乗り換えることでしょう。それでいっこうに構いません。ただ長距離列車などだと、すぐには有効なリカバリー策を思いつかないことも多いでしょうから、まずは車掌に相談することをお勧めします。なお、**無賃送還中は途中下車できません**。

また、きっぷを間違って買ってしまうことも、ままあるかもしれません。短距離の乗車券だと「すみません」と駅員に申し出て、お金を返してもらっておしまい、ということも多いでしょう。長距離の乗車券だと規則上は、駅名が似ているなど「やむを得ない」と係員が認めた場合は、正当な乗車券に交換してもらえます。これは乗車券類変更（5-01参照）とは別の

扱いです。指定券にはこの扱いはなく、乗車券類変更で対応することになります。

指定券を買っていた列車に乗り遅れることも、しばしばあることです。私も新横浜駅行きのバスが大渋滞に巻き込まれてしまい、指定席を押さえていた「こだま」に乗れなかったことがあります。インターネット予約利用によって、どこからでも予約を変更できるようになってからは、このようなケースは減ったと思われますが、やはり注意しなければなりません。

こうした、利用者側に責任がある（JRの責任ではない）乗り遅れに対しては規則上は厳しく、指定券は無効になります。払い戻しもできません。来るのか来ないのかわからない利用者を待って、結局、空席のまま発車せざるを得なくなるからでしょう。

ただ、指定席の特急券の場合は、後続の特急列車の自由席に限って乗車できるという**救済措置**があります。この場合、そのまま自由席に乗ってしまっても、特にとがめ立てされることはないようです（先の「こだま」のケースも含め、何回か私も経験があります）が、本来は駅で申し出て「自由席に変更、券面の乗車日に限り有効」などと書かれた印を特急券に押してもらってから乗るきまりです。あくまで救済措置なので、自由席が混雑しているなどの理由で指定席を利用したい場合は、改めて正規の特急料金全額が必要です。

全車指定席の「はやぶさ」「はやて」「こまち」「成田エクスプレス」「ひたち」「あずさ」などの特急券を持っている場合は、後続列車を立席で利用できます。ただし、後続の「はやぶさ」「こまち」に乗れるのは、「はやぶさ」「こまち」の特急券を持っていて乗り遅れた時のみです。JR西日本の列車も同様です。

これはミスではないのですが、駅へ早めに来たら、指定席を取った列車より1本早い特急が発車前で、そのまま自由席に乗ってしまった……ということも、時にありますが、本来、窓口で1本早い列車の指定席に乗車券類変更を行うのがきまりですので、ご注意を。自由席特急券へ変更できるのは、5-01でも述べた通り、変更後の列車の指定席が満席の時だけです。

きっぷをなくしてしまったら…

もう一度、同じきっぷを買って、見つかったら払い戻し

何万円も出して買ったとしても、きっぷは薄くて小さな紙でしかありません。どこかに挟んだまま、見当たらない……なんて経験もあるのではないでしょうか。JRの長距離旅行用のきっぷをなくした記憶はありませんが、私が紛失したいちばん高いきっぷは、学生時代の通学定期券。買ったばかりの6カ月定期を、今は亡き高松〜宇和島間の夜行急行「うわじま1号」の車内で、定期入れごとなくしてしまいました。

もし、きっぷを紛失してしまったら、旅行前なら駅、旅行中なら車掌に申し出て、**同じきっぷを再度、購入しなければなりません**。指定された列車に乗った後、指定券をなくしたと気が付いた場合は、その列車の車掌に申し出る必要があります。紛失したものが、ジパング倶楽部などの割引で購入したきっぷであっても、無割引の運賃・料金を支払います。

いずれにしろ、きっぷを「なくしたまま」では、列車に乗ることはできません。1-01で紹介したように、きっぷは「輸送サービスを受けることができるという証明」ですから、証明を鉄道会社側に示すことができなければ、サービスを受けられないと心得てください。

区間が違うきっぷでも、同額の場合がありえます。領収書など「きっぷの代金を支払った証明」では証明になりません。

ただし、運賃・料金を二度払いしたことに対しては、救済措置が決められています。

新たに買い直したきっぷには、紛失再発行を意味する「**紛失再**」という表示がされます。**この表示**

「紛失再」と「再収受証明」

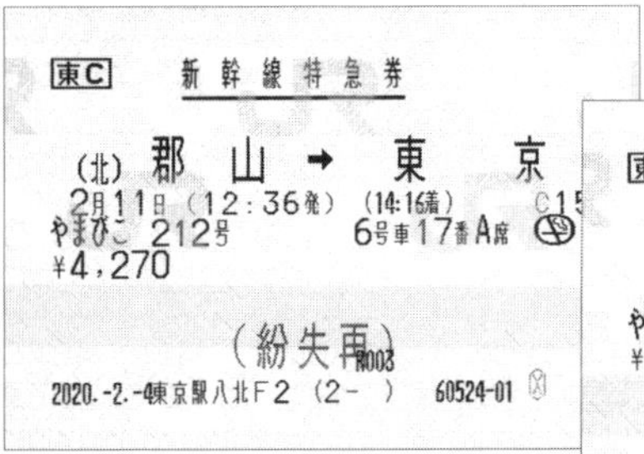

元のきっぷを紛失したため、もう一度、購入した特急券。きっぷの下に赤字で「紛失再」と表示されています。

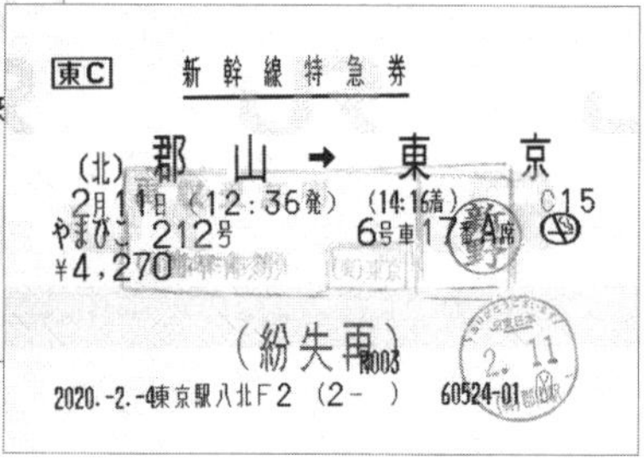

左の特急券を使用した後、下車駅(東京)で「再収受証明」をしてもらったもの。これがあれば払い戻し可能です。

があるかどうかは、必ず確認してください。この再発行されたきっぷは、着駅で下車する時に、うっかり改札口で渡してしまってはいけません。駅員から注意されるとは思いますが、もう一度、お金を払ったという「**再収受証明**」という証明を下車した駅で受けて、きっぷは自宅へ持ち帰り、保管しておくのです。証明といっても大げさなものではなく、スタンプが押されるだけではありますが、これが大きな意味を持ちます。

そしてもし、なくしたきっぷが出てきたら、無事見つけたきっぷと再収受証明を受けたきっぷを両方持って、駅の窓口に行けば払い戻しを受けることができるのです。期限は再度運賃・料金を支払ってから1年以内。これは規則上、全国どこのJR駅へ申し出ても構わないはずですが、JR東日本の場合、なくしたきっぷを購入した駅へ申し出るよう、案内しています。

この時、後の「紛失再」の文字が入った、無割引のきっぷが払い戻されます。払い戻し手数料が乗車券などは220円、指定券は340円かかりますが、なくしたのは自分の責任ですので仕方のないところでしょう。

いちばんいいのは、きっぷをなくさないこと。保管場所を決めておくなど、日ごろからご注意を。

できる?できない?振替輸送

——大都市圏でよくある「振替輸送」のしくみ

きっぷを持っていれば振替輸送してもらえるが、SuicaなどのICカード乗車券ではNG

残念ながら、いろいろな理由で首都圏を中心としたJR、私鉄、地下鉄の各線では「運転を見合わせております」という案内を受けることが少なくありません。復旧の見通しがすぐつけばよいのですが、人身事故などの場合、運転再開の目処が立たないこともしばしばあります。列車が運転できないという事態は、まとめて「**輸送障害**」とも呼ばれています。

輸送障害が発生した時に、「**振替輸送**」が行われることもよくあります。振替輸送とは、運転ができない路線に代わって、近くを走る迂回ルートに乗車してもらうというもの。利用者の立場から見て、「**振替乗車**」ともいいます。

振替乗車では、他社の路線にも迂回乗車できることが一般的です。もし、山手線が全線で運転見合わせという場合。品川から新宿へ行くのなら、まず京浜東北線に乗って東京で中央快速線に乗り換えるという、JR東日本だけのルートが取れますが、そういう区間は少ないので、東京メトロや都営地下鉄の路線などへも振替が行われます。例えば東京から巣鴨へ行くのなら、次善の策として東京駅近くの都営地下鉄大手町駅からも都営三田線で巣鴨へ行けるからです。

輸送障害が発生した時は、各社局は事前に結ばれている相互協定に基づいて振替輸送を実施するとともに、会社に関係なく、輸送障害の情報と振替乗車の案内を流すことになっています。

この振替輸送を受ける場合、いくつか条件があります。まず何より、**事前に購入した乗車券を持っていること**。定期券や回数券でも

振替輸送が発生したら

振替乗車票

着駅　　　　　　　駅
当日限り有効、途中下車できません。
着駅でお渡しください。自動改札機は
ご利用になれません。
稲田堤　駅長

振替輸送を実施する時に、駅で渡される「振替乗車票」の実物。

輸送障害が発生し振替輸送を行う時は、会社に関係なく案内が流れます。

構いませんが、「品川⇔新宿」や○○から170円区間といった、乗車区間や金額が明示されていることが大切なのです。もちろん、運転を見合わせた区間に関わる乗車券であることが必要です。ストップしているのが山手線なのに、横浜から品川ゆきの乗車券では振替乗車できません。

振替乗車できる他の路線は「東京メトロ全線、東急東横線渋谷〜横浜間、……」などと細かく指定されます。それ以外の区間には一切、振替乗車できません。

乗車できる会社は駅や列車内で案内されるほか、「JR東日本アプリ」でも確認できます。

そして乗車券を輸送障害が起こっている鉄道会社の改札口で示すと、「**振替乗車票**」が渡されます。これを元のきっぷとともに持っていれば他社にも乗れます。首都圏などでは振替輸送する利用者の数も多いので、元の乗車券だけで他社の路線にも乗れることもあります。いずれにしろ自動改札機は利用できません。

こうすれば、先の例でいうと、東京から巣鴨ゆきの180円のJR東日本の乗車券で、都営地下鉄の大手町から巣鴨まで、220円の区間ですが、乗車できるのです。1-01で説明した通り、きっぷを持っているということは、その利用者に対する輸送サービスを代金（運賃）と引き換えに鉄道会社が請け負ったということであり、請け負った以上、サービスを提供する義務があります。もし運転不能となってもできるだけ代替手段を提供しなければならず、振替輸送といったことが行われるのです。

このため、首都圏においては盛んにPRが行われていますが、**SuicaやPASMOといったICカード乗車券では、定期券として使っている区間を除き、振替輸送は受けられません**。定期券の区間においては、磁気式定期券と同じく係員に見せれば大丈夫です。もし、振替乗車ができるルートであっても、改札機にタッチして出入りするとチャージから所定の運賃が差し引かれるだけです。

小難しい話ではありますが、ICカード乗車券で、いつ輸送サービスに関する契約が結ばれるかというと、規約によれば自動改札機にタッチした時。タッチする前は、何の契約も結ばれていないから、振替輸送も行えないという解釈のようです。また、システム上も、対応が困難と考えられているのでしょう。**もし、タッチして入場した後に運転見合わせを知って振替乗車区間へ向かうのなら、改札口の係員に乗車記録を取り消してもらわねばなりません。**

先の例だと、山手線東京～巣鴨間に「乗るつもり」であっても、乗車券を購入していない以上、都営三田線大手町～巣鴨間をICカード乗車券で乗れば、チャージから所定の運賃220円が差し引かれます。大手町～巣鴨間を、220円払っている本来の都営地下鉄利用者とは別に、170円だけ差し引いて利用してもらうためには、振替乗車票とは異なる何らかの大規模なシステムや体制が必要となるからでしょう。170円で乗車したければ、あらかじめ東京駅で乗車券を買ってから、三田線の大手町駅へ行かねばならないのです。

乗るはずだった路線で輸送障害が発生し、振替輸送が行われているのなら、ICカード乗車券を利用するつもりであったとしても、とにかく改札口を通る前に、駅で乗車する予定区間の紙の乗車券を買ってから、自分の対応を考えることをお勧めします。5-08や5-09などで紹介する不通などのトラブルの場合でも、乗車券やその他のきっぷを持っていると、何かと有利に働きます。

不通区間が発生!

――もしもの時のきっぷのきまり①

旅先で、天災や事故で列車が運転できない事態に遭ったら

長年、あちこち旅をしていると、けっこう天災や事故などによって不通、列車の運転不能という事態に遭います。私は、振替輸送を利用した経験はほとんどないのに、不思議なものです。

不通区間が発生した場合、その区間を通過する乗車券類の発売は中止されます。大都市近郊ならば5-07のように振替乗車という手段が取られることが多いのですが、近くに迂回できる路線がなく、復旧までに時間がかかる地域の場合は、バスによる代行輸送を行うことが多くなります。P182からのルポで紹介した「あけぼの」乗車時の羽越本線など典型的なケースですし、東日本大震災で大きな被害を受けた東北の太平洋沿岸の鉄道各線でも、バスによる代行輸送が行われていました。

「**列車代行バス**」の運転が始まれば、乗車券は「鉄道が開通したもの」と見なして発売が再開されます。文字通り、列車の代わりに運転されるものとの解釈です。一方、路線バスなどによる「**代替輸送**」も、三陸では行われていました。これは定期券や回数券のみJRのもので乗車できるという方法。JRの乗車券は発売されず、乗車には所定の路線バスの運賃が必要となっていました。

では、乗るはずだった区間が不通になってしまった場合、すでに買ってあった手元のきっぷはどうなるのでしょうか?

まず、出発する前の場合。完全に旅行を取り止めるのなら、運賃・料金は全額、無手数料で払い戻ししてもらえます。

問題は出発した後に不通区間が

発生してしまった場合です。その時は、規則で定められた主に5通りの方法のうちから、自分で一つを選ぶことができます。いずれの場合も手数料はかかりません。

まず、一つめ。**途中の駅で旅行を中止することができます**。ルポの時、私が秋田駅で申し出たのが、このケースでした。

この場合、乗車券は「旅行を中止した駅から着駅までの運賃」、イコール「乗れなかった区間の運賃」が中止した駅で払い戻されます。ルポでは、秋田から大宮までの運賃の払い戻しを受けるつもりでした。元が学割などの割引運賃が適用された乗車券なら、中止した駅から着駅までの割引運賃が払い戻しとなります。すでに乗車した区間の運賃と手数料を差し引いて払い戻す、自分の都合で旅行を取り止めた時（5-04参照）とは逆になります。

特急券、急行券、グリーン券、寝台券なども、不通区間発生によって一部または全区間、乗車できなかった場合は全額払い戻しとなります。ただし、全区間、乗車済みの指定券の払い戻しはありません。寝台券に関しては、朝6時まで使用できた場合も払い戻しされません。ルポの「あけぼの」では、6時33分に着いた酒田で代行バスに乗り換えましたので、寝台料金は払い戻されませんでした。このきまりは以下の方法を取った場合にも適用されます。

二つめは、「**有効期間の延長**」。指定を伴わない、乗車券、自由席特急券、特定特急券、急行券、自由席グリーン券に対する措置です。「ホテルに泊まって、台風の通過を待とう」などというケースで、きっぷを駅に預けておけば、不通区間の開通後、5日以内における旅行再開日の前日までの日数を、元のきっぷの有効期間に加算してもらえます。

三つめが、「**無賃送還**」と運賃・料金の払い戻し。「この先、旅行できないのなら、出発地へ戻る」という場合で、発駅まで無賃で戻れる上、支払った運賃は基本、戻った駅で全額払い戻しとなります。特急で来た場合は特急で、グリーン車で来た場合はグリーン車で戻れるという、律儀なきまりになっています。

ただし、すでに途中下車（2-09参照）をしていた乗車券の場合、

列車の運転ができない時

台風被害で一部区間が不通になった両毛線の代行輸送の様子。多くのバスが集められました。

払い戻される額は、最後に途中下車した駅から乗車券の着駅までの運賃となります。乗車券に押される**途中下車印は記念のための印ではなく**、こうした場合に備えて、**「この駅までは輸送サービスを提供した」という証拠なのです。**

四つめは「**他経路乗車**」。乗車券に表示された目的地（途中下車を予定していた駅を含む）まで、不通区間以外の最短経路に乗車できるというきまりで、やはり特急に乗っていた場合は他の経路でも特急に、グリーン車に乗っていた場合はグリーン車に乗れます。

この場合、旅行を終えた駅で、もともと支払った運賃と、実際に乗車した経路での運賃を比較し、過剰額が出れば払い戻し。不足額は請求されません。うっかりしていましたが私自身、ルポの時、「他経路乗車」を選んで秋田新幹線に乗っていれば、結果的に安くついたかもしれませんでした。

五つめは「**別途旅行**」。不通区間を高速バスなど、他の方法で旅行する場合で、乗車しなかった区間の運賃が払い戻されます。私も2005年の福岡西方沖地震の時、福岡市内から横浜市内ゆきの乗車券を持っていて、九州内の鉄道が全線不通になったため、博多～下関間を高速バスで移動。このきまりの適用を受けました。

乗るはずだった特急が来ない!?
――もしもの時のきっぷのきまり②

特急が運休、運転打ち切りとなった場合はどうなるのか

天災や事故で不通……とまではならなくても、乗るはずだった特急がダイヤの乱れなどの影響を受けて運休ということにも、しばしば出くわすもの。私の経験では、何と『鉄道ジャーナル』誌の取材で乗るはずだった、上野発高崎行きの特急「スワローあかぎ11号」が、車両故障で運休という目に遭いました。

この場合、5-08で紹介したように、旅行出発前に完全に乗車を取り止めるならば、運賃、特急料金などが全額、無手数料で払い戻しとなります。

ただ、路線が不通となった場合とは異なり、特急の運転本数が多い現在においては、ふつうは後続の特急が運転されるので、後続列車の基本的に同種の指定券に振り替え（変更）という措置もよく行われます。「スワローあかぎ」の特急券も後続の15号に変更して、ついでに？取材対象も変更して、解決しました。

これも規則通りの取り扱いで、もちろん利用者の責任ではありませんから、一度変更した特急券でも問題なく振り替えてくれます。こうした扱いを「**事故列変**」ともいいます。振り替えの際、過剰額が出たら払い戻しで、不足額は請求されません。

特急が発車後、途中で先の運転ができなくなった（運転打ち切り）時や、先に乗った列車の遅れで接続列車に乗り継げなくなった時も、同様の措置が取られます。在来線の特急が単線区間の列車交換の影響で遅れ、本来、接続するはずの新幹線に接続できなくなるといったケースがよくあります。

新幹線は運転本数も多いので、接続駅で列車を待たせるより、振り替えてしまう方がダイヤを乱さなくてよいという考え方でしょう。

ただ、東京行きが品川・大宮・上野、上野行きが大宮、大阪行きが新大阪で運転打ち切りとなった時だけは別。特急料金などの払い戻しは、元の料金の額と打ち切り駅までの料金の額に差が生じた場合の差額のみとなります。

また、振り替えようとした先の列車の指定席が満席で、自由席に乗らざるを得なくなることもあります。その際は特例として、指定席の特急料金の半額が払い戻しとなります。自由席にも席がなく立ちっぱなしになることも考えられるため、「お詫び」という意味合いでしょう。指定席と自由席の差額を払い戻しと勘違いしないように。グリーン車から自由席への変更となった場合、もちろんグリーン料金は全額払い戻しです。

多くはないケースでしょうけれど、ダイヤの乱れなどによって、規則上の表現では「固定編成客車以外の車両」、つまりは特急用車両以外の車両で特急が全区間運転される場合は、特急料金は半額払い戻しになります。車両のやりくりがつかず、普通用の車両が「代走」するようなケースです。

「ひかり」「こだま」などに乗っていて「のぞみ」への振り替え、「やまびこ」「はやて」などに乗っていて「はやぶさ」への振り替えも基本的にできませんが、JRが特に認めた場合は振り替えられることがあります。在来線特急が遅れたことを理由として新幹線へ振り替えることも規則上はNGではありますが、現実には私が乗っていた寝台特急「サンライズ瀬戸・出雲」が遅れ、上りの熱海から東海道新幹線へ振り替え、あるいは下りの姫路から山陽新幹線へ振り替えといった経験をしたことがあります。

要は、列車を預かる車掌と列車の運行と輸送を管理する列車指令が連絡を取り合い、できるだけ利用者に迷惑をかけないよう、柔軟にケースバイケースの対応が行われているのです。列車が運休、運転打ち切り、接続しなくなった時は、まず車掌の案内に注意することです。周囲には同じような境遇の人がたくさんいます。あわてず騒がずが一番だと思います。

5-10 乗った特急が大幅に遅れた…

――もしもの時のきっぷのきまり③

2時間以上の遅れが出たら、特急料金は払い戻し

「新幹線が2時間以上遅れたら、特急料金は全部、払い戻し」というきまりは、鉄道旅行のトラブルに対応する規則として、いちばんよく知られているものではないでしょうか。列車ダイヤが乱れた時は、さほど鉄道に詳しくない人であっても、この規則についてSNSに書き込んでいるのを、よく見かけます。

確かに、**新幹線を含む特急列車が定刻より2時間以上遅れた場合は、特急料金が全額、払い戻しとなります**。自由席特急券、特定特急券であっても同様です。特急料金は3-01で解説したように、「スピード料金」としての性格があります。早く着くどころか、2時間以上も大幅に遅れて到着するとは申し訳ない、とのJR側の姿勢の現れでしょう。

この扱いを行うのは、特急券の着駅に到着した時、何時間何分、乗っていた特急が遅れていたかが基準となります。仮に、東京発博多行きの「のぞみ」が2時間5分遅れて新大阪に着いたが、その後、遅れが回復して博多へは1時間55分遅れで到着したとします。この場合、新大阪までの特急券を持っていた利用者は払い戻しを受けることができますが、博多までの特急券を持っていた利用者に払い戻しはありません。

その一方で、名古屋から新大阪まで、来た列車に自由席特急券で乗ったら、たまたまその列車が2時間以上遅れていたということもあるでしょう。この場合でも、実は払い戻しは受けられます。乗った時点や途中で何時間遅れていようと、その列車が目的地にどれだ

け遅れて着いたかが問題なので、その目的地で下車する乗客全員が対象になります。

遅れないことでは世界的に定評がある日本の鉄道で、新幹線や特急が2時間以上遅れるというような事態は、私も何度か体験しましたが、おおむね天災や事故などによって、路線全体のダイヤが大きく乱れている時です。特急が1本だけ大きく遅れているような時は、後続列車や新幹線などへの振り替えがすぐ行われるからです。

そのため到着駅も混乱しがちで、精算所には特急料金の払い戻しを受ける人の列がズラッと……ということになりがちですが、**特急料金の払い戻し自体は、乗車した日から1年以内であれば、全国どこのJR駅であってもできる**きまりです。これは5-08、5-09で紹介した規則に則って払い戻しを受ける時も同じです。

急いでいるなど、その場で払い戻しの順番を待っていられない時などは、きっぷに「遅払証・○○(駅)」や「払戻し申出○年○月○日・1年間有効・××駅」といったスタンプを受けておけば大丈夫。特に、乗車した列車が特定できない自由席特急券の場合は、これが押してあれば払い戻しがスムーズです。

なお、「列車が、どこの駅へどれだけ遅れて到着したか」ということは、きちんとJR側で記録が取られていますので、当日から時間が経っていても、ご心配なく。ただ、あまり関係ない駅へ払い戻しを申し出たりすると、駅員が面食らってしまうかもしれません。きっぷを買った駅か、遅れた特急を降りた駅あたりの窓口へ行くのが無難です。

最近では稀ですが、ダイヤが大きく乱れて、特急が軒並み2時間以上遅れている場合は、半額の「**遅れ承知**（正式には遅延特約）**特急券**」が発売されることがあります。これには、払い戻しを一切しないという条件が付きます。

これも適用された例をあまり聞かないのですが、乗車した列車が遅れ、接続駅で乗り換えを予定していた列車に乗れなかったなどの理由で、本来の到着時刻より2時間以上遅れた場合、列車が運転不能となった時と同じく、旅行中止や出発駅への無賃送還を受けられるきまりもあります。

きっぷのルール 応用編②

トラブルに遭った時の心構え

人間、トラブルに出くわすと平常心はどこへやら。どうしても、落ち着いた行動や思考ができなくなりがちです。しかし、慌てたり怒ったりしたところで問題は解決しません。まずは深呼吸。それから、どう対処するか、ゆっくり考えましょう。くれぐれも、見苦しい振る舞いをしないように心がけましょう。

まず情報収集

「何が起こっているのか」をまず把握すること。情報源は改札口付近の掲示板、構内（車内）放送、鉄道会社の公式サイト・アプリです。個別に駅員や車掌へ質問しないこと。トラブル発生時に出せる情報は全部、出されていて、鉄道会社の社員といえども、それ以上のことは何もいえないと思って間違いないです。特に、事故や天災の時の運転再開見込みは「わからない」と考える方がベター。現場の状況は刻一刻変わっています。

自分で「どうするのか決断」

駅員や車掌に「どうすればいいのですか？」と尋ねるのではなく、自分たちで判断すること。復旧を待つのか、旅行を中止して引き返すのか、決めるのはあくまで自分たち。他人ではないのです。

旅先ではゆとりを持とう

遊びの旅行に出かけている時にトラブルに巻き込まれると「ついていない」と思ってしまいます。限られた休日ですから、なかなかゆとりも持てないでしょうけれど、ここは開き直って、「運転再開まで遊ぼうか」と考えるのも手。「きっぷのルール」を知り、どう対応しようかと逆に楽しめるようになったら、もう旅の上級者です。

「お得」に「長く」列車を楽しむ!?

「一日乗車券」をとことん使う！ ～めざせ、東京の地下鉄“完乗”

1日乗車券は、乗れば乗るほどお得というけれど、どれほど乗れるのか？「東京メトロ・都営地下鉄共通1日乗車券」は、東京の地下鉄が1日乗り放題だ。
では、始発から終電までの間で、全線を完乗することは可能だろうか？渋谷を起点にチャレンジしてみたが、その結果は……

究極の？お得をめざして

東京の地下には地下鉄のネットワークが張り巡らされており、その総延長は、営業キロベースで東京メトロが9路線195.0km、都営地下鉄が4路線109.0km。合わせて13路線304.0kmにもなる。JR東海道本線に置き換えると、東京から豊橋の少し先にまで相当する距離だ。

さすが首都で、毎日、ビジネス客、観光客など、数多くの利用客を集めているだけに、東京メトロ、都営地下鉄（以下、地下鉄と総称）それぞれに各種の1日乗車券類が充実している。今回は、シンプルに地下鉄全線に乗り降り自由な「東京メトロ・都営地下鉄共通1日乗車券（900円）」を買い、実際に1日使って、どれだけお得になるのか検証してみた。

どうせなら、全路線、全区間に乗車する「完乗」に挑んでみよう。さて1日で乗り切れるのか。ダメだったらダメでもいい。そういう「ゆるい」気持ちで、2020年2月22日の土曜日、自宅からもっとも近いターミナルである渋谷へ、始発電車で向かった。2020年1月3日には銀座線が新しい駅に移ったばかりで、話題性もある。

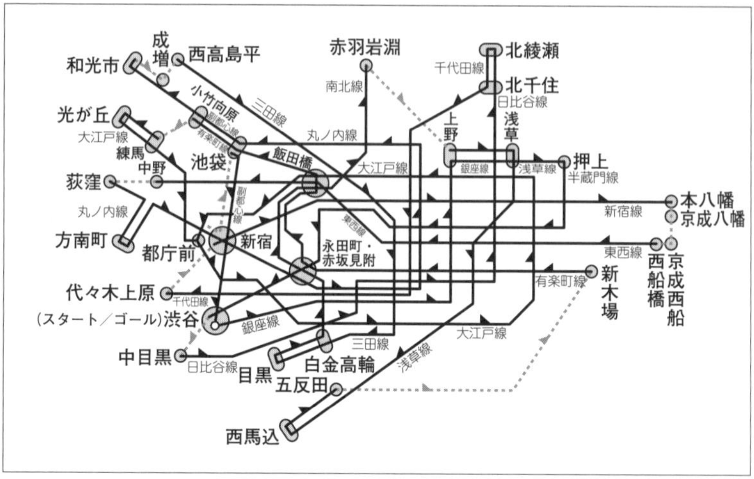

PASMOに1日券を載せる

銀座線渋谷駅の自動券売機で、PASMOに載せる形で1日乗車券を購入。紙とは違い、ICカード専用改札機も通れるし、他社へ乗り越した場合もチャージ額から自動的に運賃を引き落としてくれる。

5時41分発の銀座線からスタート。浅草へ向かう途中、ルールというほどでもないが「決して無理しない、駆け込み乗車などもってのほか」「各列車は先頭車に乗る」「各線の起点・終点駅では、最低限、改札口は出る」「別払いになるが、他社線で間をつなぐこともOK」と条件を心に決めた。

浅草までは33分。都営浅草線で押上へ回り、半蔵門線で7時05分には渋谷へ戻る。行ったり来たりになるが、乗り換え回数を極力減らすのが完乗への近道だ。

渋谷〜中目黒間は東急東横線で早くも「ショートカット」。しかし、中目黒で外へ出ても運賃は引き去られなかった。渋谷、中目黒とも東急と東京メトロの間には中間改札はなく、かつ東京メトロだけでも両駅間を行き来できるルートがある。1日乗車券を使ったと見なされ、こういう扱いになるようである。

移転して面目を一新した銀座線渋谷駅。

中目黒は東急と東京メトロの共用駅で中間改札はない。

中目黒からは日比谷線で一気に北千住へ。

綾瀬～北綾瀬間は区間運転列車に乗車。

休憩をはさみつつ…

中目黒から日比谷線で北千住へ。千代田線に乗り継いで、運転本数が少ない綾瀬～北綾瀬間の支線を先に「制覇」しておく。代々木上原へ達した時点でまだ9時30分。これで5路線を乗りつぶしたことになり、快調だ。都営浅草線で京急、半蔵門線で東武、千代田線ではJRの電車に当たり相互直通運転の広がりを感じたところで、いったんコーヒーブレークとする。

新宿へは小田急で回ったが、初めてチャージ額から157円引き落とされる。ここは改札口を通らないと、他社線へは乗り継げないからなと、納得した。

都営新宿線で急行に乗れたのはラッキーだった。びゅんびゅん飛ばして本八幡まで29分で走り、時間を節約。終点に着くと、なんとなく京成八幡駅へ回り、京成西船まで京成に乗る余裕もできる。

西船橋では11時24分発の快速に間に合い、これも幸運。途中、浦安に停まり、葛西では先行の各停も抜く。東京の地下鉄線内で、特別料金不要ながら通過駅がある4系統中、2系統にうまく乗れた。残る二つは都営浅草線のエアポート快特と副都心線の急行だ。

代々木上原へはJR東日本の電車で到達。

都営新宿線では急行に乗れた。

エチカフィット永田町。

方南町への支線にももちろん乗車。

早川徳次の銅像に挨拶できず

中野へ乗り通せば東西線も完乗となるが、ちょうどお昼時。東京メトロのエキナカ「エチカフィット」で昼食にしよう。フードコートもある「エチカフィット永田町」へ行けば、改札内で食事もできる。アジフライ膳が1080円で、場所柄を考えればリーズナブルだ。

飯田橋へ戻って東西線の残りを乗りつぶし、中野からはJR中央線で荻窪。そして丸ノ内線へと進む。中野坂上で乗り継いだ方南町への支線は、2019年に北綾瀬への支線ともども輸送力増強工事が完成。本線と同じ編成が営業運転できるようになっている。方南町から戻る際には、新型2000系の池袋行きに乗ることができた。

荻窪、新宿から銀座を回って池袋へ、U字を描く丸ノ内線を乗り通す人はいないだろうが、こちらはひたすら地下鉄につきあう。ただ、銀座では途中下車。早川徳次の銅像には挨拶しておきたかった。銀座線の前身である東京地下鉄道の創始者で「地下鉄の父」と呼ばれる人物だ。ところがこの時は、銀座駅は改装工事中で、仮囲いに覆われて銅像の所在がわからなくなっていたのは残念だった。

複雑な線路の所属

時々地上に顔を出す丸ノ内線にはいやされたが、基本的に車窓風景がない地下鉄に乗り続けていると、ふつうの鉄道より疲れが溜まるように思う。池袋で二度目の休憩。これからまだまだ、厄介な路線が残っているのだけれど……。

再開後、まず副都心線池袋駅から和光市行きに乗る。副都心線は、運転系統上は和光市～渋谷間だが、実情は、和光市～小竹向原間は有楽町線への乗り入れの形で、小竹向原～渋谷間が、届け出られた線路の所属上の区間である。小竹向原～池袋間では有楽町線とは別線を走るゆえ、こうなっているのだ。このことを頭に置いておかないと、後で差し支える。

和光市からは、他線との接続駅がない区間が長い都営三田線の、終点・西高島平を目指したいところ。だが当然、バス利用になる。こういう時は各種検索サイトが便利で、成増からなら、頻繁に高島平方面行きの便が出ていることが簡単にわかり、助かる。都営三田線は、東武東上線との直通運転を前提に計画されていたが、実現していれば楽だった……と、夢想してもしょうがない。

東急の電車なのに都営三田線内しか走らない白金高輪行き。

複雑な所属線区を表す目黒駅の自動券売機。

目黒～白金高輪間はどっち？

東急の電車なのに自社線には戻らない白金高輪行きに乗り、日吉行きに乗り継ぐ。白金高輪～目黒間も複雑で、線路の所属は東京メトロだが、都営地下鉄も営業する権利を持ち、どちらの1日乗車券も使える。この区間だけを乗る場合は安い方（現在は同額）の運賃が適用されるが、南北線方面、都営三田線方面へ乗り通す場合は、乗車区間の営業キロに対し、それぞれの運賃が必要だ。

浅草から西馬込直通列車で先を急ぐ。

新木場では西武直通電車に間に合う。

乗りつぶしの場合は考えどころだが、南北線、都営三田線直通列車に乗れば、各々の路線に乗ったことにする。日吉行きは南北線からの列車。折り返し西高島平行きに乗り、双方乗車済みとした。赤羽岩淵行きに乗り換え南北線も完乗。もうすっかり日も暮れた。

都営浅草線の浅草では、少し待てば羽田空港行きのエアポート快特が来るのがわかったが、泉岳寺での接続が悪く、先に来た西馬込直通に乗る。この頃になると、だんだん気が重くなってきた。「大物」がまだ残っているからだ。果たして完乗できるのか。楽に構えていた朝とは、ずいぶん気の持ちようが変わってきていた。

大江戸線一周にどれだけかかる？

夕食どころではなくなり、西馬込から五反田経由で新木場へ急ぐ。りんかい線（東京臨海高速鉄道）も東京都が90％以上を出資している鉄道会社だが、都営地下鉄ではないことが幸いに思えてきた。東京には地下鉄以外、JR横須賀・総武快速線やつくばエクスプレスなどの地下線があるが、それらにまで手を広げていたら、とても1日で完乗など無理と覚る。

新木場で西武直通電車に乗れたのはありがたかった。小竹向原まで行けば、小竹向原～和光市間は先ほど乗ったから有楽町線完乗となる。そのまま練馬まで乗り通すと、改札口では西武有楽町線（小竹向原～練馬間）の運賃147円だけがPASMOから引き去られた。

さて、大江戸線だ。営業キロは40.7kmもある。東京の地下鉄では最長で、この線を最後の方まで残すのではなかったと後悔しても遅い。もはや毒食らわばの心境で、練馬から光が丘へいったん向かってから、21時32分発で折り返し、

ようやくたどり着いた都庁前駅。

もう深夜で都庁前駅は人影も少なかった。

副都心線の東急直通列車でゴール。

一周しにかかる。どれだけ時間がかかるか、調べる気にはならない。1時間半ぐらい？というあいまいな記憶だけが頼りだった。

無事？渋谷へ戻る

今日、何度も通ったような駅名を眺めつつ、大江戸線の電車はひたすら各駅に停車してゆく。こちらは退屈との戦いだ。両国発が22時31分。1時間以上も、しかも全線地下の地下鉄の電車に乗り通したのは、生まれて初めての経験だったかもしれない。

結論は、都庁前に戻ってこれたのが22時57分。東京の夜は長い。「勝負」は終わった。

朝帰りの眠そうな客が乗っていた早朝の銀座線とは反対に、まだ元気でハイテンションな客で埋まった深夜の山手線外回りで池袋へ向かい、最後となった副都心線の残存区間（池袋〜渋谷間）でフィニッシュ。渋谷着23時48分。かろうじて日付をまたがずに済んだ。

寄り道や休憩は多かったが、こうして、1日で東京の「地下鉄完乗」は可能とわかった。後になって気が付いたが、中野坂上と小竹向原でいったん改札口を出ることを忘れていた。ご容赦願いたい。乗車した列車は40本。計算してみると、いちいち運賃を払っていたら地下鉄だけで5227円かかったところを900円で乗れたことがわかった。お得なのは確かではあるけれど、ここまでやることはなかったのでは……というのが、正直な感想である。

東京メトロ＆都営地下鉄「完乗」の旅・行程（2020年2月22日・土曜日）

乗車区間				乗車路線	運　賃（IC）	運　賃（参考）	（備考）
発		着					
渋谷	5:41	浅草	6:14	銀座線（完乗）			
浅草	6:21	押上	6:25	都営浅草線		318円	渋谷～押上
押上	6:34	渋谷	7:05	半蔵門線（完乗）		242円	
渋谷	7:11	中目黒	7:16	東急東横線・各停	0円		
中目黒	7:24	北千住	8:08	日比谷線（完乗）			
北千住	8:18	綾瀬	8:22	千代田線			
綾瀬	8:32	北綾瀬	8:36	千代田線支線（完乗）		283円	中目黒～北綾瀬
北綾瀬	8:38	綾瀬	8:42	千代田線支線			
綾瀬	8:50	代々木上原	9:30	千代田線（完乗）		283円	北綾瀬～代々木上原
代々木上原	9:56	新宿	10:03	小田急小田原線・各停	157円		
新宿	10:20	本八幡	10:49	都営新宿線（完乗）		377円	
京成八幡	11:04	京成西船	11:14	京成本線・各停	157円		
西船橋	11:24	飯田橋	11:54	東西線			
飯田橋	12:00	永田町	12:06	南北線　※エチカフィット永田町へ		283円	西船橋～永田町
永田町	12:35	飯田橋	12:41	有楽町線			
飯田橋	12:48	中野	13:02	東西線（完乗）		199円	永田町～中野
中野	13:10	荻窪	13:16	JR中央線・各停	157円		
荻窪	13:18	中野坂上	13:28	丸ノ内線			
中野坂上	13:33	方南町	13:39	丸ノ内線支線（完乗）		199円	荻窪～方南町
方南町	13:49	銀座	14:17	丸ノ内線　※早川徳次像にあいさつ		242円	
銀座	14:29	池袋	14:48	丸ノ内線（完乗）		199円	
池袋	15:11	和光市	15:30	副都心線～有楽町線		242円	
和光市	15:44	成増	15:51	東武東上線・普通	147円		
成増駅北口	16:00	西高島平駅前	16:13	国際興業バス・高01系統	220円		
西高島平	16:24	白金高輪	17:11	都営三田線			
白金高輪	17:14	目黒	17:19	南北線		377円	西高島平～目黒
目黒	17:25	白金高輪	17:30	都営三田線（完乗）			
白金高輪	17:33	赤羽岩淵	18:07	南北線（完乗）		283円	目黒～赤羽岩淵
赤羽	18:22	上野	18:33	JR高崎線・普通	168円		
上野	18:44	浅草	18:49	銀座線			
浅草	18:54	西馬込	19:27	都営浅草線（完乗）		370円	上野～西馬込
西馬込	19:42	五反田	19:50	都営浅草線		220円	
五反田	19:54	大崎	19:55	JR山手線・内回り			
大崎	20:01	新木場	20:20	りんかい線	534円		五反田～新木場
新木場	20:24	練馬	21:12	有楽町線（完乗）～西武有楽町線	147円	283円	
練馬	21:19	光が丘	21:25	都営大江戸線		178円	
光が丘	21:32	都庁前	22:57	都営大江戸線（完乗）		272円	
都庁前	23:03	新宿西口	23:05	都営大江戸線		178円	
新宿	23:12	池袋	23:21	JR山手線・外回り	157円		
池袋	23:31	渋谷	23:48	副都心線（完乗）		199円	
				合計	1844円	5227円	

第6章

旅先の楽しみと旅のヒント

工夫次第で、旅は楽しく、豊かになります
鉄道旅を「旅」にするための、
いろいろなヒントを集めました。
自分だけの旅の楽しみ方を、
ぜひ見つけてください。

使いこなせると便利！――時刻表

インターネット検索が普及しても、時刻表ならではの見やすさがある

鉄道旅行に出るとなると、計画を立てるにしろ、実際に旅に持って出るにしろ、昔は書店で「**時刻表**」を買ってくるのが当たり前でした。国鉄がJRになってからも、交通新聞社の「**JR時刻表**」とJTBパブリッシングの「**JTB時刻表**」という、長い歴史を持つ2種類の大型時刻表がシェアを分け合い、毎月発行され続けています。

その他にも大小合わせて数種類の時刻表が発売されています。全国版であれば極端に大きな内容の違いはないので、手に取ってみて、お好みのものをどうぞ。

「時刻表の見方がわからない」という向きもあるようですが、手順は簡単です。まず、巻頭に「索引地図」がありますので、自分が乗りたい路線を探し、何ページに掲載されているかを調べます。大型の時刻表では、そのページに、路線の全駅と、走っている全ての列車が掲載されています。ひと塊になって縦にずらっと並んでいる時刻の列が、1本の列車の各停車駅の発車時刻を表しているのです。「時刻表とて表」と考えればいいと思うのですが……。

最近では、各鉄道会社の公式サイトや、「交通ナビゲーション」専門の無料・有料サイトが充実しており、以前のように「時刻表が頼み」ということも少なくなりました。私自身、取材のスケジュールを組むときなどは、今でも時刻表のページをめくっていますが、タブレット型情報端末を買ってからは、長旅であっても時刻表を持ち歩かなくなってしまいました。それゆえ、世間一般の傾向も推し

て知るべしです。

しかし、時刻表は使いこなせると便利です。何よりの利点は、その路線の列車運転体系が把握できること。特急、普通がそれぞれ何分間隔、どこからどこまで運転されているかなど、路線の全容がわかります。これはインターネット検索ではつかめない点です。

例えば、A駅からC駅まで行く時、途中で列車を乗り継ぐ必要があるとします。インターネット検索だと単純に、途中のB駅で乗り換える、A駅発・B駅着～B駅発・C駅着の時刻が示されます。仕事で東京都区内を巡るぐらいなら、それで差し支えありません。

しかし、青春18きっぷ（4-08参照）と普通列車を駆使して長距離旅行をしようという時など、これでは「上手な旅」ができないこともあります。なぜかというと、C駅行きとして示された列車が、実はB駅ではなく、A駅とB駅の間にあるX駅始発であったりするからです。これはインターネットではわかりにくいところ。途中停車駅のB駅から乗るより、始発のX駅から乗る方が、座れる確率が高いのは間違いありません。

「JR時刻表」と「JTB時刻表」が二大メジャー時刻表。長い伝統を持っています。

インターネットサイトが提示するのは、あくまで「乗り継ぎ案」です。それほど親切でもありません。「確実に座りたい」とか、「旅の途中で、ぶらり途中下車を楽しみたい」などという**旅の要素が加わってくると、時刻表の出番があるのです**。

なお、厳密にいえば、JRの時刻は毎月変わっています。旅行をする時には、その月の時刻表を用意するのが無難でしょう。しかし、毎月買うのは高くついて辛いというのなら、臨時列車は四季ごとの設定ですので、ダイヤ改正号を別とすれば、春夏秋冬、各1冊ずつでもいいでしょう。

鉄道会社の公式サイトは情報の宝庫！

旅に関するあらゆる情報を、自ら発信している

時刻表のような「紙媒体（本や雑誌などの総称）」しかなかった時代は、鉄道会社からの直接の情報発信も、ポスターやチラシ、広報誌、TVCMぐらいに限られていましたが、今は違います。日本に存在する、旅客を扱う一般的な鉄道会社（ケーブルカーやロープウェイなどを除く）は、すべてインターネット上で「**公式サイト**」を公開しており、時刻や運賃はもちろんのこと、割引きっぷの発売やイベントの告知、ダイヤ改正といった各種のお知らせを、鉄道自ら広く利用者に発信しています。ここ20年ほどの間に起こった、大きな変化です。

現地へ行って初めてわかる、発見の喜びは減ったかもしれませんが、旅に出る前にさまざまな情報を得られるのは、プランニングの面からもありがたいもの。**公式サイトなら、市販の時刻表には掲載されていないような小さな駅の発車時刻や運賃などが、まず間違いなく掲載されています**から、鉄道旅行において、大いに役に立ちます。まさに情報の宝庫といえましょう。

特に、時刻表では詳しい情報がわからない中小私鉄のサイトは重宝します。乗車する予定があるのなら、出発前に必ず一度は覗いておくことをおすすめします。お得な割引きっぷの情報など最たるもので、値段や効力はもちろんのこと、発売されている場所がわかるのがありがたいです。昔は直接、問い合わせ先として時刻表に掲載されている電話番号へかけて、「一日乗車券はありますか？　いくらですか？　どこで売っている

充実している各社の公式サイト

東武鉄道の公式サイト。時刻・運賃検索、特急券の予約などが可能です。

岩手県のローカル鉄道「三陸鉄道」の公式サイト。沿線情報も掲載しています。

んですか？」などと聞いていましたから……。

そして、なにぶん「公式」ですから、情報の信用度においても申し分ありません。JR東日本、JR西日本のように「会社としての公式サイト」と「列車や旅行の情報を提供するサイト」（これが「えきねっと」や「JRおでかけネット」）を分けている会社もありますが、大半の会社は両方の情報を一つのサイトで公開しています。また、路線バスも兼営している会社やグループ内にバス会社がある会社は、バスの情報も同時に掲載されていたり、リンクが張られていたりします。

地方では鉄道の経営が苦しい昨今、沿線の観光資源への誘客に熱心ではない会社はありませんから、観光協会や観光施設などへのリンクも張られているのはふつうで、その地方へ観光で行く際の「ポータル（入口）サイト」としての役割も期待できます。

JR各社や大手私鉄のサイトも、列車の時刻や運賃が検索できるようになっていたりで、日常生活においても役立ちます。特急などのインターネット予約（1-05参照）も可能です。駅の窓口の営業時間やエレベーターなどのバリアフリー設備、駅内の売店、飲食店情報なども充実しています。

モバイル端末を活用しよう!

便利なタブレットやスマホ
旅先で使える楽しいアプリも

私がタブレット型情報端末「iPad2」を購入したのは2011年6月。それからというもの、旅先での必需品だった時刻表と地図が、カバンから消えました。差し引き、かなりの軽量化となったのです。その後、スマートフォン（スマホ）も購入し、同じように取材先などで活躍中です。

鉄道で「タブレット」といえば、昔は単線区間の安全を確保するための保安装置のことでした。それが今や情報端末のことに変わり、各社ともが積極的に業務用に導入しています。

旅行用としても大変、重宝するもので、6-02で紹介した各鉄道会社の公式サイトへつないで、列車の時刻や運賃を調べることなど序の口。メールのやりとりはもちろんのこと、インターネット予約（1-05参照）を出先でしたり、時にはメモ代わりのカメラとして使ったり、インタビュー取材の時には録音をしたりで、非常に幅広い活用の場があります。他にも、音楽を聴いたり、電子書籍や新聞の電子版を読んだり、ラジオを聴いたり。タブレットやスマホがあれば何でもできそうなほどです。

旅先での「X」やFacebook、Lineの閲覧や書き込みも、タブレットやスマホから行うのが当たり前。時間待ちの暇つぶしにはもってこいですし、旧Twitterを覗いていたら、たまたま友人が近くにいることがわかり、じゃあ会おうかとなったことも何回かあります。

列車に乗っている時には、地図アプリ、GPS（全地球測位システム）ロガーアプリがあれば鉄道旅行がいっそう楽しめます。現在地

旅先で活躍するモバイル機器

iPadのようなタブレットは旅先でも大いに役立つ。GPS-Trkを作動中。

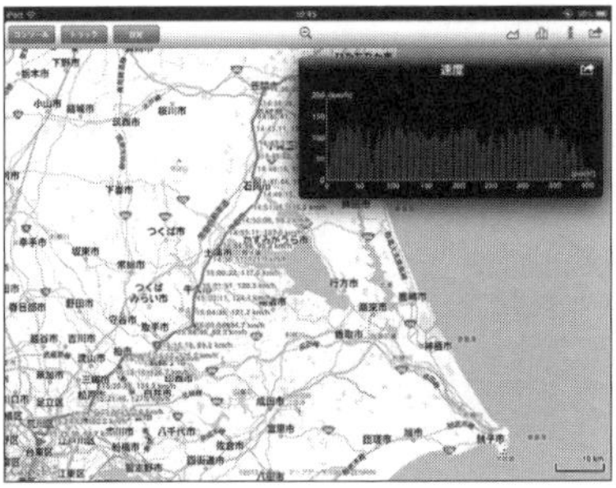

GPS-Trkで取得した「ひたち」の水戸～上野間の走行ログ。

点を示す丸が、線路の上を動くのを眺めているだけでも面白いですし、「もうすぐ海沿いに出る」といったこともわかります。夜行列車でふと目覚めた時、GPSがあれば、外が見えない寝台の中でも、今、どのあたりを走っているのかすぐわかります。

もちろん、町歩きの時のナビゲーションにも役立ちます。私も**「旅行貯金」**（6-13参照）をする時には、郵便局探しのため、しょっちゅう参照しています。

GPSロガーアプリとは、衛星からの電波を受け取って現在地点の緯度、経度、高度などを測定し、例えば15秒とか、一定時間ごとに受信機の移動経路や移動距離から計算した速度などを記録していくアプリです。私が愛用しているのは、有料アプリですが「GPS-Trk」というもの。これを使うと、列車やバスの速度の変化や運転ルート、線路が通っている峠の標高などが自動的に記録され、のちのちまで保存しておけます。

他にも写真の位置情報記録を利用して、地図上に撮影地点を落とし込んで整理できるカメラアプリや、路線の乗車記録、駅の乗降記録を管理できるアプリなどもあります。アプリは数え切れないほど存在します。自分なりの利用法を考える楽しみもあるのです。

「サンライズエクスプレス」に乗りたい!

毎日走る最後の寝台特急
寝台はすべて個室

新幹線や空路がまだ未発達だった時代には、夕方～夜に出発して、眠っている間に移動し、翌朝に目的地へ着ける夜行列車は、日常的かつ合理的な移動手段として、全国の幹線を走っていました。しかし、新幹線の延伸などもあって、時代が平成に変わった頃からは衰退傾向となり、あれよあれよという間に本数が大きく減ってしまいました。

現在、毎日運転されている夜行列車は寝台特急「サンライズ瀬戸」（東京～高松間）と「サンライズ出雲（東京～出雲市間）だけになってしまいました。この2本は東京と岡山の間は連結して走ります。実用的な寝台特急としては、最後の存在となったこの列車には、「サンライズエクスプレス」という愛称を持つ、2階建ての285系寝台電車が使われています。人気は高く、金曜日東京発の寝台券の入手は困難だとささやかれています（4-13をご参考に）。

この列車の寝台はすべて個室になっています。最上級にあたるのが個室A寝台車「シングルデラックス」。2階部分に6室だけあり、室内には洗面台やデスクも備わっています。

広めの1人用B個室「シングル」がいちばん数も多く、主体になっています。2階、1階、それぞれに配置されていますので、お好みに合わせてどうぞ。B個室「ソロ」は「シングル」より手狭ですが、寝台料金が若干割安です。

2人用の個室としては、「サンライズツイン」と「シングルツイン」があります。「サンライズツイン」はベッドがふたつ並行に並

あこがれのサンライズエクスプレス

出雲市駅に到着した「サンライズ出雲」。午前中に着くので、観光にもビジネスにも便利です。

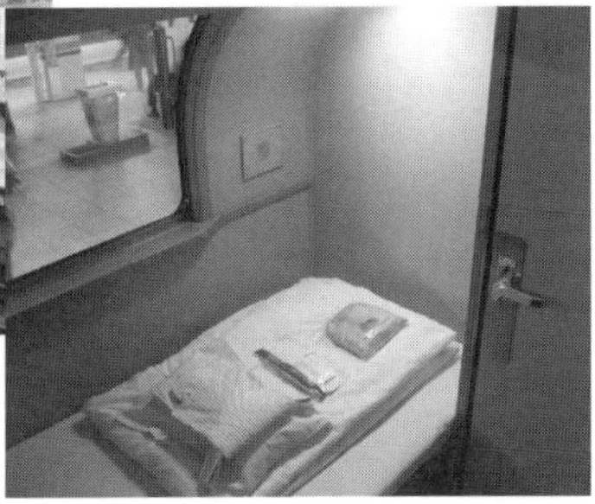

「サンライズエクスプレス」の個室A寝台「シングルデラックス」。

んでいます。「シングルツイン」は2段ベッド。この部屋は天井が高くゆったりしています。1人で利用することもできます。

「ノビノビ座席」はカーペット敷きで、寝台ではなく座席の扱い。寝台料金不要で、特急料金だけで横になって利用できるので格安旅行派に人気があります。

列車内にはシャワールームもあって、330円のシャワー券を自動券売機で買えば、予約などなしで利用できます。人気があって売り切れてしまうことが多いので、乗ったらすぐ確保しておきたいものです。シャワーの側には待合室を兼ねたミニラウンジもあり、気分転換もできます。

2020年5月に運転を開始した「WEST EXPRESS 銀河」は、運転日限定ですが、ベッドとして使える座席を備えた、新しい形の夜行列車として期待されています。

いわゆるクルージングトレインも話題です。列車内で宿泊できるものとしてはJR九州の「ななつ星 in 九州」、JR東日本の「TRAIN SUITE 四季島」、JR西日本の「TWILIGHT EXPRESS 瑞風」があります。これらは一般の列車のような寝台券は発売されず、ツアー専用。高額な料金が必要ですが人気は高く、いつも抽選で乗車できる人が選ばれています。

「SL列車」や「観光列車」に乗るには?

JRが運転している列車ならば、乗車方法は基本通り

国鉄時代の1979（昭和54）年に運転を開始した老舗の「やまぐち」や、蒸気機関車の動態保存運転の草分けである大井川鐵道の「SL急行」（1976年運転開始）など、全国で**SL列車**が盛んに運転されています。

SL列車に乗りたいという場合、JR各社が運転している列車であれば、乗車方法は一般的なルール通りです。つまり、いずれも列車としての種別は「快速」。そして**全車指定席**となっているので、乗車券+指定席券で乗車できます。グリーン車を連結している列車もあります。乗車券は、利用期間中であれば青春18きっぷでも構いませんし、その他の割引きっぷでもOKです。極端な例ですが、JR東日本が高崎～水上間で運転している「SLみなかみ」などは、運転区間がすべてSuicaの利用エリア内。指定席券を用意すれば、あまり似つかわしくはない気がするものの、ICカード乗車券で乗車しても差し支えありません。

指定席券の発売場所（1-04参照）や発売開始日（1-11参照）も、一般の列車とまったく変わりありません。

なお、私鉄・第三セクターの大井川鐵道、真岡鐵道、秩父鉄道、東武鉄道のSL列車に乗る場合も、基本的にはJRとそう変わりなく、**SL急行券**や**座席指定券**、**乗車整理券**といった名称の、追加料金券を購入することになります。各社とも公式サイトからのインターネット予約が可能です。

蒸気機関車が牽引する列車だけではなく、JR九州の「あそぼーい!」「海幸山幸」やJR北海道の

SL列車・観光列車

JR東日本の「SL碓氷」。高崎地区はSLの運転が盛んだ。

宮崎駅のみどりの窓口前に置かれた「海幸山幸」の空席状況。

「くしろ湿原ノロッコ号」など、各地では旅行シーズンを中心に、さまざまな趣向を凝らした**観光列車**が走っています。これらに乗車したい時も、基本的には一般の列車と同じです。「あそぼーい！」などがそうですが、「特急」と種別が設定されていれば、乗車券+特急券で乗車できます。羽越本線を走る「海里」など、快速・普通と設定されている列車の指定席に乗るには、乗車券+指定席券です。

ただし一種の「観光列車料金」として高めの料金が設定されている列車もあります。JR北海道の「SL冬の湿原号」やJR九州の「SL人吉号」用の客車が使われる列車の指定席料金は1680円。JR北海道の「ノロッコ号」やJR東日本の観光列車は840円といったところ。JR九州のD&S列車の特急料金は、通常のB特急料金より500円増しになります。「SLばんえつ物語」のグリーン料金も一般より割高な料金が適用されます。

こうしたSL列車、観光列車の人気は高く、夏休みなどはすぐに席が埋まってしまうこともあります。ただ、空席がある場合は、みどりの窓口の前に「○○号の空席状況」といった案内が出されていることもありますので、旅行スケジュールに余裕があれば、思いつきで乗ってみても面白いでしょう。

旅先で何を食べよう?

レストラントレインが花盛り 駅弁や駅前食堂の楽しみも

海外を旅行していると、日本ほど外食産業に恵まれた国はないと思うこともしばしば。「食」は旅の大きな楽しみでもあります。

数えるほどしか乗降客がなさそうな無人駅のすぐ近くに、今やコンビニが店を構えていたりします。35年ほど前の高校から大学生にかけての頃、私も鈍行旅行を繰り返していたのですが、日が暮れると開いている店はなくなり、ひもじい思いをしたことが何度か。けれど現在では、都市部であれば「食いはぐれ」ということはまずなくなったといえましょう。駅周辺には何もなくても、国道沿いに出れば、全国チェーンの飲食店が軒を並べていたりします。

昔は、鉄道旅行における食といえば食堂車でした。高い、まずい、といわれていましたが、それでも昭和50年代ぐらいまでは、全国の主な特急には必ず食堂車が連結されていたものです。私は、その最末期になって、何とか食堂車に座れるだけの資金力ができ、特急「雷鳥」や寝台特急「富士」などで食事を楽しめました。しかし、今は、そういう経験もできなくなってしまいました。

一般的な食堂車を営業するJRの列車はなくなりましたが、代わって今、全国的に流行しているのが「レストラントレイン」などと呼ばれるものです。

走る列車内で食事を楽しむこと自体をコンセプトにした列車で、地域の特産品を活かし、地元出身の有名シェフが監修した料理を出すなど、旅とグルメを結びつけ人気を集めています。例えばJR東

車内での食事は旅の楽しみ

グランクラスで提供される軽食の例。

三陸鉄道久慈駅の「うに弁当」。人気が高く売り切れもしばしば。

日本が八戸線を中心に運転している「TOHOKU EMOTION」、新潟地区で運転されている日本酒をテーマとした列車「越乃Shu＊Kura」などが代表的。第三セクター鉄道でも、肥薩おれんじ鉄道の「おれんじ食堂」、しなの鉄道の「ろくもん」などが走っています。これらはツアー専用列車でふつうのきっぷでは乗れず、旅行代理店などへ申し込む必要があります。

東北新幹線「はやぶさ」などの「グランクラス」では、軽食や飲み物が専任アテンダントから無料で提供されます（サービスが一部省略され、安めの料金が適用される列車を除く）。特に軽食の料理には、豊かな郷土色を感じさせる工夫がしてあり、旅の趣が増します。2015年春の北陸新幹線金沢開業時には「かがやき」「はくたか」へも同様のサービスが拡大されました。

販売員がワゴンを押して車内を巡回してくる「**車内販売**」も、最近は大幅な縮小傾向にあります。東海道新幹線では全廃された他、中部・中国地方の特急列車などでも姿を消してしまいました。しかし、飲み物などを自分の座席まで運んできてくれるサービスはありがたいものです。首都圏の普通電車のグリーン車では、小さなかごに飲み物を入れて、アテンダント

東北のあるローカル駅近くで見つけた駅前食堂。飾らない店にこそ美味があります。

が巡回してきます。

食堂車や車内販売といった、列車内での供食サービスが姿を消しつつある一方、最近の駅における飲食店や各種売店の充実ぶりには目を見張らされます。コンビニや大型売店がある駅は当たり前。品揃えは車内販売より多く、ちょっとした旅行用品もあります。私の最近の経験では、デジタルカメラ用のマイクロSDカードが容量いっぱいになってしまい、あわててJR小松駅内のコンビニに駆け込んだら、あっさり入手できたということがありました。

首都圏では「**エキナカ**」と称し、駅の改札内に"商店街"が形作られています。軽く休憩できるカフェから、かなり本格的なレストランまで、店の種類もさまざま。

そうした中で昔からある「**駅弁**」も、やや高級化の流れにはあるものの、高い人気を誇っています。輸送技術の発達もあるのでしょう、首都圏のJR東日本の主要駅では全国各地の駅弁も運ばれてきて売られているなど、ここのところ少々、郷土色が欠けてきているきらいもあります。買ってみたら実はその駅で昔から営業している駅弁屋の商品ではなく、近くの駅の別な駅弁屋のものだった、ということも。ですが、仕事帰りにちょっと旅気分にひたるために購入するといった向きにも人気があるようです。

一方、旅情を強く感じる存在として「**駅前食堂**」をお勧めしておきます。およそ観光客が降りそうにない駅の近くで、地元の人しか利用しなさそうな店を見つけたら、思い切って入ってみてください。メニューは平凡でも新鮮な食材が使われている、絶品の味に出会えたりします。その地方の人々がふだん食べている地域色豊かな料理にも、時に出会えます。

どこに泊まる?
――旅先の宿選び

全国チェーンのビジネスホテルや駅前旅館を活用しよう!

旅先の宿選びというのも、プランニングの時の楽しみの一つ。もちろん、1泊数万円の高級温泉旅館や高級ホテルに泊まりたいというような、旅館やホテルそのものが目的であるならば、宿泊費の価値があります。

問題は、格安旅行なので、できるだけ宿泊費を抑えたいという時、あるいは、多少高めでもいいから、安心して泊まれて、それなりのホスピタリティは求めたいという時などでしょう。

青春18きっぷなどを使って鉄道旅行をする時、宿泊先として強い味方となるのが「**駅前旅館**」です。「眠れたらいい」と割り切り、トイレや風呂は共同で6畳1間という設備でよければ、素泊まり（食事なし部屋代のみ）1泊5000円もしない値段でみつかるでしょう。名前の通り駅の近くに固まっているから、到着や出発の時も便利。昔から旅行者向けに営業してきた宿だから、深夜の到着や早朝の出発などにもできるだけ対応してくれます。

駅前旅館がもう少し近代的な姿になったのが**ビジネスホテル**です。さほど広くはない1人用のシングルルームが中心のホテルで、やはり主な駅の近くにあります。値段は駅前旅館より少し高めですが、7000円以下で泊まれるところも探せばいくつも見つかります。バス・トイレは各部屋についているのが基本。朝食サービス付きのホテルも多いです。

最近では、**全国チェーンのビジネスホテル**も増えました。どこへ行っても設備やインテリアは基本的に同じで旅情は感じられないけ

あるホテルチェーンのシングルルーム。豪華ではないけれど、設備は整っています。

れど、逆に、同じチェーンのホテルならばクオリティは保証されているともいえます。

こうしたホテルチェーンは、一般論ながら、昔からあるビジネスホテルと比べて値段はやや高めだけれど、セキュリティもしっかりしており、細かい点にまで神経が行き届いている感じ。快適性では上回ると私は思っています。チェーン同士の競争も激しく、大浴場があったり朝食が充実しているといった、それぞれの個性も発揮されています。公式サイトからのインターネット予約は、もう当たり前です。

チェーンではないビジネスホテルや駅前旅館などは、どうやって探せばいいのでしょうか？「楽天トラベル」など全国の宿泊施設を網羅し、インターネット予約が可能なトラベルサイトはいくつかあり、ビジネスホテルや駅前旅館の予約も扱っています。宿泊予定の都市や駅などをキーワードとして検索すれば手っ取り早く、利用者の宿泊施設に対する「口コミ」も掲載されていたりするので、選択の際の参考にもできます。最近ではホテルチェーンに対抗して、クオリティを高める努力をしているローカルなビジネスホテルも増えてきており、嬉しい限りです。

少し慣れてきたら、予約はせずに旅に出て、宿泊予定地の観光案内所（6-10参照）で宿を紹介してもらうという方法を取るのもいいでしょう。観光シーズンのピークだと難しいですが、予算などの条件を伝えれば合う宿を見つけだしてくれ、場所によっては電話をして空室があるか問い合わせてもくれます。

この場合、観光協会など公的な機関が設けている案内所を利用すること。最近では絶滅寸前ですが、観光地で「宿泊案内所」と称するところは、特定の宿の単なる営業窓口であったりもします。

子供連れでも大丈夫?
――最新トイレ事情

赤ちゃん用の設備も完備

小さな子供、特に赤ちゃんを連れての旅はなかなか大変なもの。ぐずったりすると、乗り合わせた周囲の利用者にも気をつかってしまいます。

赤ちゃんへの授乳、オムツの交換などにも利用できる、列車内の「**多目的室**」は、JR発足後に登場した新型特急用車両においては基本設備の一つとなりました。例えば、東海道・山陽新幹線用N700A・S（16両編成）では、11号車に設置されています。指定席の座席の位置は希望できる（4-13参照）ので、赤ちゃんを連れて「のぞみ」などに乗る時は、11号車に席を取れば楽です。

在来線の特急にも多目的室は普及しています。一般的に身障者用の設備（車椅子用座席など）と同じ車両にありますので、時刻表の編成表を参考にしてください。九州新幹線など、駅に設けられている例もあります。ただ、すぐに使える状態になっていないこともあります。「多目的室を使うかもしれない」と、車掌にひと声かけておくのがよいでしょう。

多目的室に限らず、特急列車のトイレの中にはオムツ交換用ベッドや、用を足している間、赤ちゃんを座らせておけるベビーチェアが備えられています。これらも、身障者用の大型トイレにまとめて装備されている例が多いです。

また、新幹線を筆頭に、男性用の小便所を別に備える列車も多くなりました。男性が小用で個室を占領して女性が使えなくなるということも減っているでしょう。東北新幹線の「はやぶさ」など、女性専用トイレを設置している列車

子供づれには嬉しい設備

九州新幹線新大牟田駅の多目的室。列車内のものと同じく授乳などに使えます。

JR西日本683系特急型電車の、折り畳み式オムツ交換台。

もあります。

列車内に限らず駅や駅ビルなどの商業施設などにも、赤ちゃんや身障者に対応できる設備を備えた「多目的トイレ」が普及しているのは喜ばしいこと。おおむね快適に利用できます。女性用トイレを私が覗くわけにはいきませんが、一般向けの男性用トイレでもベビーチェアが設けられているところがありますから、推して知るべしでしょう。

私が若かった頃は汚くて使えたものではない駅のトイレが多かったのですが、マメに清掃されるようになり、デザインにも工夫が凝らされたトイレが増えてきたのは、旅行者にとっては嬉しい限りです。

ただ、公園など目が届きにくいところにあるものでは、管理がよくなく荒れている感じのトイレが見受けられるのは残念です。

その点、安心できるのは市役所などの公共施設。トイレを借りるためだけに入るのは、やや気が引けますが、さすがに「街の顔」というべきで、どんな町でも間違いなく清潔に保たれています。私がありがたく使わせていただいたのは、道南いさりび鉄道七重浜駅の側にある北斗市役所七重浜支所。正直、ローカル駅では信頼がおけないトイレもまだありますので、助かりました。お礼の意味を込め、観光パンフレットなどを頂戴して帰ったものです。

ペットと一緒に旅ができる?

――「手回り品」の話

列車内へ持ち込める物品には制限がある

最近では、「ペットも家族の一員」という考え方が広まり、旅行に犬や猫を連れて行く人も珍しくなくなりました。「ペットと一緒に泊まれる宿」といったガイドブックも刊行されているぐらいです。

しかし、そうした人々の大半は、旅に自家用車を利用しています。他の旅行者に迷惑をかける可能性が少なく、ふだんから乗り慣れている車ならば、ペットのストレスも少ないからでしょう。

ただ、鉄道での旅も不可能ではありません。旅客営業規則には**「手回り品」**という章があり、列車内に持ち込める物品の制限を定めています。その中に動物についてのきまりもあるからです。

旅客が列車内に持ち込める動物は具体的に、小犬・猫・ハト又はこれらに類する小動物で、猛獣及びヘビの類を除くと定められています。そして、タテ・ヨコ・高さの合計が120cm以内の動物専用の容器に収納したもので、かつ他の旅客に危害を及ぼし、または迷惑をかけるおそれがないと認められるもの、容器に収納した重量が10kg以内のものと大きさも定められています。

動物を列車内へ持ち込む際は、規程の大きさ以内であっても、**「普通手回り品料金」**として、1回の乗車ごとに290円が必要です。なお、個数の制限は特になく、何匹持ち込んでも規則上は問題ありません。私の知人は引っ越しの時、猫3匹を新幹線に持ち込んだそうですが、普通手回り品きっぷを3枚買って乗車できました。1人で運ぶのは相当、大変で、音を上げ

養老鉄道のサイクルトレイン。自転車を無料で車内へ持ち込めます。

たそうですが。

身障者の外出の手助けをする盲導犬や補助犬は、もちろん無料で自由に列車に乗ることができます。慣れない環境であっても、むやみに動揺しないよう訓練を受けているのですから当然です。また「少数量の小鳥、小虫類、初生ひな、魚介類で容器に入れたもの」も無料で持ち込めます。

その他、無料で列車に持ち込める手回り品も、規則で大きさなどが細かく定められています。**3辺の最大の和が250cm以内、重量30kg以内のものを2個以内という制限**で、実際にはよほど巨大な箱でも持ち込まない限り、心配しなくても大丈夫です。

2020年5月20日乗車分から、東海道・山陽・九州・西九州新幹線では、3辺の和が160cmを超える特大荷物を持ち込む場合、きっぷ購入時（インターネット予約や自動券売機でも可）に、荷物スペース付き座席を事前に予約する必要ができました。国際線の飛行機に乗る際でも、有料託送手荷物扱いとなる大きさです。予約せずに持ち込んだ場合は、車内で手数料1000円を支払うことになります。

時々、列車内に**自転車やサーフボード**を持ち込んでいる人を見かけますが、これも規則に定められた通りの状態なら、無料で持ち込めることになっています。自転車は解体するか、折り畳み式なら折り畳んで、専用の袋（輪行袋）に収納すればOK。サーフボードも専用の袋に収納してあれば問題ありません。

また、養老鉄道や一畑電車など、ローカル私鉄の一部では「サイクルトレイン」などという呼び名で、車内への自転車の持ち込みを認めています。有料の会社と無料の会社とがありますが、利用促進策の一環です。

現地の人に聞くのがいちばん

——観光案内所を利用してみよう

情報収集はもちろん、宿の紹介や自転車の貸し出しなどもある

インターネットサイトやガイドブックを駆使して完璧な事前の情報収集をやり、いざ乗り込む……といった旅もいいでしょうが、現地での発見を大切にして、**気まぐれに列車を乗り降りし、町を歩く**という旅もまた、自由でいいものです。

旅先での情報収集に役立つのは、駅の中や駅前などにある「観光案内所」です。地元市町村の観光協会などが運営しており、有名観光地ばかりではなく、意外に小さな町にもあったりします。

観光案内所へ行けば、地元の観光に関する情報なら何でも手に入ると思っていて大丈夫です。パンフレットやチラシの類も完備しています。地元の自治体だけではなく、近隣の情報もおおむねそろっています。山梨県の富士吉田市の案内所で、ある美術館への行き方を尋ねたら、所在地は実は隣の忍野村。けれども、すんなり教えてもらえました。

バスなどの一日乗車券を発売していたり、ポケットに入れておける時刻表を配っているところもあります。休憩所を兼ねてカフェが併設されていたり、コインロッカーが置かれていたりで、その形態やサービス内容は場所によりさまざまですが、観光の心強い拠点であることには間違いありません。

時には観光施設やイベントの入場料金などが安くなる割引券が置かれていたりするので、お見逃しなく。私自身の経験で、あって便利だったなと思ったのが、携帯電話の充電装置。以前、スマホの電池が切れかけていた時、とある町の観光案内所で存在に気が付き、

観光案内所がある駅

JR金谷駅前にある観光案内所。島田市観光協会が運営しています。

下呂市総合観光案内所。JR下呂駅前にあります。

有料でしたが、ありがたく使わせていただきました。

6-07でも解説したように、旅館やホテルなどを決めずに来ても、観光案内所で希望に合った宿を紹介してくれます。インターネットで検索する方が気軽といえば気軽ではありますが、やはり直接、どんな宿がいいのかを伝え、地元を知り尽くした職員の感性に任せるのもまた、上手な旅のやり方でしょう。

レンタサイクルを置いている観光案内所も多くあります。中にはいくつかの市町村が広域的に連携して、好きなところで乗り捨てができるようにしてあるところもあります。

もっと細かい、言い換えれば漠然とした要望をしても、可能なかぎり対応してもらえます。例えば「○○山がきれいに見えるところはありますか？」とか、「テレビドラマの『×××』のロケ地が、この町と聞いたのですが……」といったようなこと。「駅の近くで、美味しい蕎麦屋はありませんか？」などと尋ねてもいいのです。観光案内所の職員は公平中立の立場上、特定の飲食店を挙げ「ここが美味しい」とは断言しづらいものですが、私は「個人の感触でも構わないので……」と言い添えて何度かくわしい情報を聞き出し、期待に違わない結果となったことがあります。

気軽に温泉を楽しみたい

――日帰り入浴を利用してみよう

どんどん「外湯」へ! 安い料金で温泉に入れるのが魅力

温泉というと、最低でも1泊2食1万円以上はする旅館に泊まらないと楽しめないようなイメージがありますが、温泉地には必ずといっていいほど共同浴場があり、数百円ほどの料金で誰でも入浴することができます。鉄道旅行の汗をさっぱりと流すには、もってこいです。カバンの中にはタオルを入れておくのを忘れずに。

共同浴場は場所によって、「外湯」などとも呼ばれ、地元の自治体や組合などによって運営されています。著名な温泉地では、旅館と見まがうような立派な建物であったりします。観光客を意識して、休憩所や食堂などを併設している、かなり本格的な設備の浴場もあります。

あるいは、地元の人しかわからないような目立たない建物のところもあり千差万別ではありますが、一ついえるのは、間違いなくそこも温泉であること。裸になって入ってしまえば旅館の浴室と変わりはありません。

中には旅館に宿泊している人しか入れない、あるいは地元専用で観光客はお断りという温泉もあります。それぞれ地域の事情ですので、やむを得ません。

共同浴場の所在は、観光案内所(6-10参照)で尋ねれば確実にわかるでしょう。営業時間は午後～夜のところが多いですが、24時間入れたり、早朝から営業しているところも少なくありません。ただ、稀にですが、清掃などで臨時休業することもあります。

お湯につかる前には必ずかけ湯をし、タオルは湯舟に入れないなど、入浴のマナーは守りたいもの。

駅舎内に天然温泉の公衆浴場「ゆぽっぽ」があるJR石巻線女川駅。

出る時には次の人のことを考えて、椅子や桶をきちんと片づけておくべきです。町中に銭湯があって誰もが銭湯に行っていた時代ではないせいか、時折、いい加減な人に出くわします。共同浴場は基本、地元の人が使う設備でありますので、気軽に入るのは構いませんが、「入らせていただいている」という気持ちはどこかに持っていたいものです。

共同浴場ばかりではなく、温泉旅館の「日帰り入浴」を試してみるのもよいでしょう。料金は共同浴場より高めですが、露天風呂など、温泉の風情を楽しみたいのなら価値があります。共同浴場並みに数百円で入れるところもあれば、部屋での休憩や、昼食などをセットにした数千円のプランとして出しているところもあります。これも観光案内所で尋ねてみれば、どこの旅館で入れるかわかります。

嬉しいことに、**駅舎内に天然温泉の公衆浴場を併設している駅**もあります。

北から順に挙げていくと、秋田内陸縦貫鉄道阿仁前田温泉駅、JR北上線ほっとゆだ駅、山形新幹線高畠駅、JR石巻線女川駅、JR飯山線津南駅、上越新幹線越後湯沢駅、同ガーラ湯沢駅（季節営業）、わたらせ渓谷鐵道水沼駅（休館中）、西武鉄道西武秩父駅、JR飯田線平岡駅、長良川鉄道みなみ子宝温泉駅、JR紀勢本線那智駅、JR予土線松丸駅となります。なぜか東高西低の傾向です。

この他、JR山陰本線城崎温泉駅や京王電鉄高尾山口駅、長野電鉄湯田中駅など、すぐ脇に浴場がある駅もあります。阪急電鉄箕面駅や一畑電車松江しんじ湖温泉駅など、手軽な「足湯」がある駅も多く、日本人の温泉好きを表しているかのようです。

記念写真を上手に撮ろう!

写真は旅行にはつきもの きれいに撮って思い出に残そう

デジタルカメラや、もっと気軽に写真を撮れるスマートフォンなどが普及して、旅の思い出も簡単に残せるようになりました。フィルム時代のような失敗も、その場で写真を確認できるデジカメなら避けることができます。

とはいえ、私は写真については素人。ふだんからメモ代わりにパチリと撮る程度ですので、アドバイスといえるほどのことはできません。そこで、仕事仲間でもある鉄道カメラマン・久保田敦さんに「上手に写真を撮るコツ」をうかがいました。文責は私にありますが、以下、この項目に限って、語り手は久保田さんです。

まずは、最初のカメラ選びから。本格的な鉄道写真を撮るならともかく、旅先の記念写真ぐらいなら、ふだん使っているスマートフォンでも十分対応できます。驚くほど高性能な機種もあります。

そして、スマートフォンで撮る写真が物足りなく感じてきたら、次の段階として「ミラーレス一眼」を購入するのもよいでしょう。最近の主流となっている、軽いレンズ交換式カメラです。プロカメラマンでも仕事に使う人が増えていますが、初心者向けの、安くて形や色が可愛らしい機種も多く発売されています。

グループで記念撮影をする時もそうですし、一人旅の時にも役立ちますが、ポケットに入るぐらいの大きさのミニ三脚があるとブレの防止にもなって便利です。仲間内で誰かが撮影役になってしまって1人だけ写っていないとか、通りがかりの人がおらず、誰にも「シャッターを押して」と頼めない状況の時に活躍します。安いものでも十分、用が足ります。足が自由に曲げられるタイプのものもあり、手すりなどに取りつけることができます。

そして、記念撮影をする時には、とにかく顔がはっきり写るよう、人間を大きく撮るようにしたいところです。風景を主にするより、思い出づくりにはそちらの方がよいと思います。

また、撮る側も撮られる側も単純に立って写すだけではなく、カメラを持った人がしゃがんで、低い位置から撮ってみるのも面白いものです。普通の人間の目線から外す工夫をしてみると写真にインパクトが出ます。また、何かポーズを考えて、写してみるのも楽しいでしょう。

グループの場合は、できるだけギュッと固まって撮ること。やはり仲よく見えますし、顔も大きく撮れます。

風景などを撮る場合は、カメラをすぐ取り出せるようにしておくこと。シャッターチャンスを逃すと後悔するものです。幅広のストラップをつけて、首から下げておくなどしておきましょう。

あと大切なのはストロボはオフにしておくこと。最近のカメラは超高感度撮影も可能で、夜でも撮れます。ストロボを使うと確実に写るのですが、臨場感に乏しい写真になってしまうのです。

また、電池の残容量にも気をつけましょう。思い出深い場面で確実に撮れるよう、できれば予備の電池を持ち歩きたいところです。

駅で鉄道の写真を撮る時には安全第一。絶対に黄色い線の外側へ出てはいけません。もちろん、線路などの敷地内に入ってはダメです。そして、一般の利用者の迷惑にならないよう注意することや、他の撮影者のカメラの前に入って邪魔をしたりしないことなど、周囲への気配りも非常に大切です。

デジタルカメラではありますが、撮った写真はプリントしてみるのもよいです。今ではコンビニのマルチコピー機で直接、記憶媒体からプリントができますので、旅先で人数分、印刷して、旅の仲間に配ると喜ばれると思います。そういうことを考えているのなら、写真の周囲に余裕を持たせて撮ると、プリントした際のバランスがよくなります。

鉄道趣味のいろいろ

はまると奥深い、鉄道の世界を趣味として楽しもう

最初はなんとなく、列車に揺られて旅をしているのが楽しいというところから始まって、そのうち鉄道の魅力に取りつかれ、鉄道趣味の深い世界にどっぷりはまりこんでしまう人が少なからずいます。鉄道は「社会の縮図」ともいわれます。それだけに趣味としても非常に幅が広く、いろいろなタイプの人がいます。

まず何より「列車は乗り物」と考える乗り鉄といわれる人々。愛読書は時刻表で、休みになるたびに鉄道旅行に出かけ、観光も何もせず、早朝から深夜までひたすら列車に乗り続けています。それがだんだん高じてくると、「全線完乗」へと向かいはじめます。一般の旅客が乗れるJRの路線は全部で約2万kmあります。さらに私鉄・第三セクター・公営交通も約7000km。これらにすべて乗ってしまおうという企て？です。ちなみに私は、日本の全鉄道に乗車済み＝完乗を達成しています。

もう一つの大きな勢力が、撮り鉄と呼ばれる、鉄道写真を撮ることを趣味とする人々。珍しい列車が走るとなると自慢のカメラを抱えて出動し、好撮影地と呼ばれるところにレンズを並べて、作品をものにしたりします。単に列車のキチンとした写真を撮るだけでは飽きたらず、鉄道が醸し出す「情景」を題材とした、芸術性が高い写真を写すことに主眼を移す人もいます。

鉄道模型をたしなむ人々は模型鉄。欧米では大人の趣味として認知されており、日本においても社会的地位が高い人の中にも、この趣味を持つ人が少なからずいるよ

「旅行貯金」用の郵便貯金通帳。日付や局名が入り、自分の旅の記録になります。

うです。私の知り合いの、とある会社の代表者は、自宅の屋根裏部屋にHOゲージ（1/87スケールで線路の幅は16.5mm）のレイアウトを引き回し、1両数万円もする新幹線電車の16両編成を走らせています。

これら「三大派閥（？）」の他にも、きっぷの収集、廃線跡の探索、車両の調査などを趣味としている人がいたり、鉄道車両ではなく、鉄道のトンネルや橋梁などの構造物に興味を抱く人々もいます。駅弁の掛け紙をひたすら集めていたり、ホームの屋根や跨線橋の柱などに転用されている中古レールの探索が大好きな人も、知り合いにいます。

鉄道の運転は、自動車や飛行機、船とは違ってアマチュアが存在しない世界です。しかし中には本格的な線路を敷設して、古い蒸気機関車などを自分たちの手で走らせる「保存鉄道」に取り組んでいる人もいて、ここまでくると趣味の域を超えているような気もします。しかし、当人たちはあくまで鉄道を楽しんでいるのです。

そこまで深くのめり込まなくても、鉄道旅行の最中にでも簡単に楽しめることもあります。駅弁の食べ比べなどは、グルメ趣味の範疇でしょうが、鉄道ならではの面白さです。駅の記念スタンプを集めることも、手軽な遊びです。

平日のみ行えることで、一般的なサラリーマンには厳しいかもしれませんが、旅先で郵便局を訪れ、いくばくかの貯金をし、通帳に局名のゴム印を押してもらう「旅行貯金」にも根強い支持者がいます。貯金をすることが目的ではなく、神社の朱印集めに近い趣味ですが、ずらりと並んだスタンプを見ていると、不思議と旅の思い出がよみがえってくるものです。

コラム　懐かしい昭和時代の鉄道旅行

この旅行で使った
東北周遊券。

2024年3月に廃止された乗継割引を始め、周遊券など、今となってはもう思い出の中になってしまった鉄道旅行のアイテムは数々あります。

ここでは、国鉄を知る世代である私が1981年3月に、中学の卒業旅行として東北をめぐった旅から拾い上げてみましょう。記憶も記録もあいまいではありますが、若い皆さんには興味深い話もあるかと思います。

最長距離急行「きたぐに」

出発したのは3月17日火曜日でした。大阪駅11番線から22時10分に発車する、急行「きたぐに」をまず青森まで乗り通しています。走行距離が1000kmを越える列車は当時でも希少な存在で〝最長距離急行〟として知られていました。東北周遊券（東北ワイド）を手に自由席で過ごしています。思えば、機関車が牽引する定期客車列車も、JRではもう走っていません。東北は初めて。見るもの聞くものすべて珍しく、まったく退屈もせず、17時10分に青森に着きました。ちょうど19時間の旅でした。

青森では先行していた鉄道研究部仲間と合流。まだビジネスホテルなど数えるほどしかなかった時代で、この日は国民宿舎に泊まっています。翌日は五能線に乗り、大鰐温泉のやはり国民宿舎泊。続いては花輪

急行「きたぐに」のサボ（愛称板）。

五能線艫作駅の駅名標。

線から盛岡に出て、改築工事中の駅舎の中にあった立ち食い蕎麦屋で、初めて東日本の濃い味の蕎麦をすすっています。この時はさらに山田線、岩泉線に向かうつもりでしたが、山田線の盛岡～区界間が土砂崩れで不通！　列車代行バスも初めて経験したのでした。

宮古で泊まり、朝の急行「陸中2号」で花巻へ。鉄道研究部仲間とは途中で別れ、花巻からは電車急行「くりこま3号」で八戸へ向かいます。周遊券は急行の自由席乗り放題だったので、遠慮なくどんどん使いました。八戸からは八戸線、久慈線を往復し青森へ。急行「十和田6号」を宿代わりにしました。夜行急行がいくらでも走っていたので、周遊券を使って自由席で宿代を浮かせるのが、当時の常識でした。

すっかり様変わりしたローカル線

無事に平（現在のいわき）で目が覚め、磐越東線の急行「いわき1号」で郡山へ出て、贅沢にも特急「やまびこ1号」に乗り込みました。食堂車を体験したことがなかったので、特急券を奮発したのです。

また盛岡に戻り、秋田新幹線に進化するなど想像もつかなかった田沢湖線の普通で角館。さらに現在は第三セクター鉄道の秋田内陸縦貫鉄道になった角館線で松葉まで往復したのでした。このあたりの様変わりは激しく、今となっては訪れても当時を思い出すのが難しいほどです。

田沢湖畔のユースホステル泊まりも、私にとっては初体験。その頃は安い宿といえばユースホステルや国民宿舎だったのです。翌朝、大曲に出て、急行「きたかみ2号」で小牛田。さらには陸羽東線から陸羽西線に乗り換えて酒田と右往左往です。新庄から酒田までは、珍しかった1等車（現在のグリーン車）格下げのディーゼルカーに乗っています。

日が暮れかけた酒田から、急行「しらゆき」でひたすら北上。大館まで「津軽4号」を迎えに行き、自由周遊区間内の南端の郡山まで、また夜行急行が宿代わりです。4人掛けの

花巻に到着する急行「くりこま3号」。

ボックス席もいっぱいで、辛うじて空席にありつきましたが、すぐ寝入ってしまい、福島を過ぎるまで記憶が途切れています。

松葉駅での記念撮影。15歳の頃の私。

郡山からは急行「あぶくま」にも乗れましたが、客車鈍行をチョイスし、福島へバック。さらに急勾配と4駅連続スイッチバックで知られた板谷峠に挑みます。といっても、頑張っていたのは先頭の電気機関車で、私は古い客車に揺られ、行きつ戻りつしていただけです。

米沢では急行「あさひ2号」に乗り換えて仙台へ。これで東北の旅はほぼ終わりで、松島を訪れるなど、観光らしいことをして1泊し、翌日のエル特急「ひばり」で上野まで行ったのでした。「数自慢、かっきり発車、自由席」とのキャッチフレーズがあり、「ひばり」は1時間ごとに仙台を発車していたのですが、何号に乗ったのか今となってはわかりません。当時の私にとってはただの移動手段でしかなかったのでしょう。だったら急行に乗ればよかったのにと、今となっては思います。

ただ、食堂車で作って車内販売で売りにきたカツサンドは、美味しそうでたまりませんでした。買おうかどうしようかさんざん迷いましたが、結局、手が出ず。もうお小遣いが尽きかけていたのでした。

スイッチバックの板谷駅ですれ違った下り列車。

松島で見かけた仙石線の電車。その後、津波に襲われるとは想像もつかなかった。

〈資料〉

鉄道営業法

(明治三十三年三月十六日法律第六十五号)
最終更新：令和四年六月十七日公布（令和四年法律第六十八号）改正

「きっぷのルール」のよりどころとなる法律、「鉄道営業法」と「鉄道運輸規程」をここに掲載します。原文は漢字カナ混じり文で、かつ濁点もついていない、現代においては読みづらい文であるため、編集部の責任で、一部の漢字とカタカナをひらがなに置き換え、適宜句読点を付しました。現代とは用字が異なるものは、一部、カッコ内で現代の表記を付しました。原文は縦書きであるため「左の」は「下の」と読み替えてください。また、原則として、別表や付則は省略しました。

第一章　鉄道の設備及運送

第一条　鉄道の建設、車両器具の構造及運転は国土交通省令をもって定むる規程によるべし

第二条　本法その他特別の法令に規定するもののほか鉄道運送に関する特別の事項は鉄道運輸規程の定むる所による

○2 鉄道運輸規程は国土交通省令をもってこれを定む

第三条　運賃その他の運送条件は関係停車場に公告したる後にあらざればこれを実施することを得ず

○2 運賃その他の運送条件の加重をなさんとする場合においては前項の公告は七日以上これをなすことを要す

第四条　伝染病患者は国土交通大臣の定むる規程によるにあらざれば乗車せしむることを得ず

○2 付添人なき重病者の乗車はこれを拒絶することを得（う）

第五条　火薬その他爆発質危険品は鉄道がその運送取扱の公告をなしたる場合のほかその運送を拒絶することを得

第六条　鉄道は左の事項の具備したる場合においては貨物の運送を拒絶することを得ず

一　荷送人が法令その他鉄道運送に関する規定を遵守するとき
二　貨物の運送につき特別なる責務の条件を荷送人より求めざるとき
三　運送が法令の規定又は公の秩序もしくは善良の風俗に反せざるとき
四　貨物が成規によりその線路における運送に適するとき
五　天災事変その他やむを得ざる事由に基因したる運送上の支障なきとき

○2 前項の規定は旅客運送にこれを準用す

第七条　運送につき特別の設備を要する貨物に関しては鉄道はその設備ある場合に限りこれを引受くるの義務を負う

第八条　鉄道は直に運送をなし得べき場合に限り貨物を受取るべき義務を負う

第九条　貨物は運送のため受取りたる順序によりこれを運送することを要す。ただし運輸上正当の事由もしくは公益上の必要あるときはこの限にあらず

第十条　鉄道は貨物の種類及性質を明告すべきことを荷送人に求むることを得。もしその種類及性質につき疑あるときは荷送人の立会をもってこれを点検することを得
○2　点検により貨物の種類及性質が荷送人の明告したる所と異ならざる場合に限り鉄道は点検に関する費用を負担しかつこれがため生じたる損害を賠償するの責に任ず
○3　前二項の規定は火薬その他爆発質危険品を成規に反し手荷物中に収納したる疑ある場合にこれを準用す
第十一条　旅客又は荷送人は手荷物又は運送品託送の際鉄道運輸規程の定むる所により表示料を支払い要償額を表示することを得
○2　前項の規定による表示額が託送手荷物又は運送品の引渡期間末日における到達地の価格及引渡なき場合において旅客又は荷送人が受くべきその他の損害の合計額を超ゆるときはその超過部分についてはその表示はこれを無効とす
第十一条の二　要償額の表示ある託送手荷物又は運送品の滅失又は毀損による損害につき賠償の責に任ずる場合においては鉄道は表示額を限度として一切の損害を賠償する責に任ず。この場合において鉄道は損害額が左の額に達せざることを証明するにあらざれば左の額の支払を免るることを得ず
一　全部滅失の場合においては表示額
二　一部滅失又は毀損の場合においては引渡ありたる日（延著（ちゃく・延着）したるときは引渡期間末日）における到達地の価格により計算したる価格の減少割合を表示額に乗じたる額
○2　託送手荷物、高価品又は動物については託送の際旅客又は荷送人が要償額の表示をなさざる場合においては鉄道は鉄道運輸規程の定むる最高金額を超えその滅失又は毀損による損害を賠償する責に任ぜず
○3　前二項の賠償額の制限は託送手荷物又は運送品が鉄道の悪意又は重大なる過失によりて滅失又は毀損したる場合にはこれを適用せず
第十二条　引渡期間満了後託送手荷物又は運送品の引渡をなしたる場合においては延著とす
○2　引渡期間は鉄道運輸規程の定むる所による
○3　延著による損害につき賠償の責に任ずる場合においては鉄道は左の額を限度として鉄道運輸規程の定むる所により一切の損害を賠償する責に任ず
一　要償額の表示あるときはその表示額
二　要償額の表示なきときはその運賃額
○4　前項の賠償額の制限は託送手荷物又は運送品が鉄道の悪意又は重大なる過失によりて延著したる場合にはこれを適用せず
第十三条　鉄道が引渡期間満了後一月を経過するも託送手荷物又は運送品の引渡をなさざる場合においては旅客又は貨主は滅失による損害賠償を請求することを得。ただし鉄道の責に帰すべからざる事由により引渡をなさざる場合は

この限にあらず

○2 前項の規定により賠償を受けたる者はその請求の際留保をなしたるときは到達の通知を受けたる後一月内に限り賠償金を返還して託送手荷物又は運送品の引渡を受くることを得

第十三条の二　荷受人及荷送人を確知することあたわざる運送品は国土交通大臣の定むる所により公告をなしたる後六月内にその権利者を知るあたわざる場合においては鉄道その所有権を取得す。託送手荷物及一時預り品につき亦（また）同じ

第十三条の三　鉄道がその責に帰すべからざる事由により貨物の引渡をなすことあたわざるときは貨主の費用をもってこれを倉庫営業者に寄託することを得

○2 貨物を寄託したるときは鉄道は遅滞なく荷送人及荷受人に対しその通知を発することを要す

○3 貨物を寄託したる場合において倉荷証券を作製せしめたるときはその証券の交付をもって貨物の引渡に代うることを得

○4 鉄道は第一項の費用の弁済を受くるまで倉荷証券を留置することを得

○5 前四項の規定は貨物の引取期間内にその引取なき場合にこれを準用す

第十四条　運賃償還の債権はこれを行使することを得べきときより一年間行使せざるときは時効によりて消滅す

第十五条　旅客は営業上別段の定ある場合のほか運賃を支払い乗車券を受くるにあらざれば乗車することを得ず

○2 乗車券を有する者は列車中座席の存在する場合に限り乗車することを得

第十六条　旅客が乗車前旅行を止めたるときは鉄道運輸規程の定むる所により運賃の払戻を請求することを得

○2 乗車後旅行を中止したるときは運賃の払戻を請求することを得ず

第十七条　天災事変その他やむを得ざる事由により運送に著手（着手）し又はこれを継続することあたわざるに至りたるときは旅客及荷送人は契約の解除をなすことを得。この場合において鉄道は既になしたる運送の割合に応じ運賃その他の費用を請求することを得

第十八条　旅客は鉄道係員の請求ありたるときは何時にても乗車券を呈示し検査を受くべし

○2 有効の乗車券を所持せず又は乗車券の検査を拒み又は取集の際これを渡さざる者は鉄道運輸規程の定むる所により割増賃金を支払うべし

○3 前項の場合において乗車停車場不明なるときはその列車の出発停車場より運賃を計算す。乗車等級不明なるときはその列車の最優等級により運賃を計算す

第十八条の二　鉄道による旅客の運送に係る取引に関する民法（明治二十九年法律第八十九号）第五百四十八条の二第一項の規定の適用については同項第二号中「表示していた」とあるは「表示し、又は公表していた」とす

第十八条の三　第三条、第六条乃至（ないし）第十三条、第十四条、第十五条及

前二条の規定は鉄道と通し運送をなす場合における船舶、軌道、自動車又は索道による運送につきこれを準用す

第十八条の四　前条の規定の適用を受くべき船舶による運送の区間及その運送業者は国土交通省令をもってこれを定む

第二章　鉄道係員

第十九条　鉄道係員の職制は国土交通省令をもってこれを定む

第二十条　鉄道事業者は鉄道係員の服務規程を定むべし

第二十一条　国土交通大臣は鉄道係員たるに要する資格を定むることを得

第二十二条　旅客及公衆に対する職務を行う鉄道係員は一定の制服を著（着）すべし

第二十三条　削除

第二十四条　鉄道係員職務取扱中旅客もしくは公衆に対し失行ありたるときは三十円以下の罰金又は科料に処す

第二十五条　鉄道係員職務上の義務に違背し又は職務を怠り旅客もしくは公衆に危害を醸すのおそれある所為（しょい）ありたるときは三月以下の懲役又は五百円以下の罰金に処す

第二十六条　鉄道係員旅客を強いて定員を超え車中に乗込ましめたるときは三十円以下の罰金又は科料に処す

第二十七条　削除

第二十八条　鉄道係員道路踏切の開通を怠り又は故なく車両その他の器具を踏切に留置し因て往来を妨害したるときは三十円以下の罰金又は科料に処す

第三章　旅客及公衆

第二十九条　鉄道係員の許諾を受けずして左の所為をなしたる者は五十円以下の罰金又は科料に処す

一　有効の乗車券なくして乗車したるとき

二　乗車券に指示したるものより優等の車に乗りたるとき

三　乗車券に指示したる停車場において下車せざるとき

第三十条　託送手荷物又は運送品の種類又は性質を詐称したる者は五十円以下の罰金又は科料に処す。記名乗車券を買求むる際氏名を詐称したる者亦同じ

第三十条の二　前二条の所為は鉄道の告訴あるに非ざれば公訴を提起することを得ず

第三十一条　鉄道運送に関する法令に背き火薬類その他爆発質危険品を託送し又は車中に携帯したる者は五十円以下の罰金又は科料に処す

第三十二条　列車警報機を濫用したる者は五十円以下の罰金又は科料に処す

第三十三条　旅客左の所為をなしたるときは三十円以下の罰金又は科料に処す
一　列車運転中乗降したるとき
二　列車運転中車両の側面にある車扉を開きたるとき
三　列車中旅客乗用に供せざる箇所に乗りたるとき
第三十四条　制止を肯（がえん）ぜずして左の所為をなしたる者は十円以下の科料に処す
一　停車場その他鉄道地内吸煙禁止の場所及吸煙禁止の車内において吸煙したるとき
二　婦人のために設けたる待合室及車室等に男子みだりに立入りたるとき
第三十五条　鉄道係員の許諾を受けずして車内、停車場その他鉄道地内において旅客又は公衆に対し寄付を請い、物品の購買を求め、物品を配布しその他演説勧誘等の所為をなしたる者は科料に処す
第三十六条　車両、停車場その他鉄道地内の標識掲示を改竄、毀棄、撤去し又は灯火を滅し又はその用を失わしめたる者は五十円以下の罰金又は科料に処す
○2 信号機を改竄、毀棄、撤去したる者は三年以下の懲役に処す
第三十七条　停車場その他鉄道地内にみだりに立入りたる者は十円以下の科料に処す
第三十八条　暴行脅迫をもって鉄道係員の職務の執行を妨害したる者は一年以下の懲役に処す
第三十九条　車内、停車場その他鉄道地内において発砲したる者は三十円以下の罰金又は科料に処す
第四十条　列車に向て瓦石類を投擲したる者は科料に処す
第四十一条　第四条の規定に違反し伝染病患者を乗車せしめたる者は百円以下の罰金又は科料に処す。伝染病患者その病症を隠蔽して乗車したるとき亦同じ
○2 前項の場合において途中下車せしめたるときといえども既に支払いたる運賃はこれを還付せず
第四十二条　左の場合において鉄道係員は旅客及公衆を車ほか又は鉄道地ほかに退去せしむることを得
一　有効の乗車券を所持せず又は検査を拒み運賃の支払を肯ぜざるとき
二　第三十三条第三号の罪を犯し鉄道係員の制止を肯ぜざるとき又は第三十四条の罪を犯したるとき
三　第三十五条、第三十七条の罪を犯したるとき
四　その他車内における秩序をみだるの所為ありたるとき
○2 前項の場合において既に支払いたる運賃はこれを還付せず
第四十三条　削除
(以下付則、省略)
第一章　総則

鉄道運輸規程

（昭和十七年二月二十三日鉄道省令第三号）
最終改正：令和五年十月十五日国土交通省令第六十九号

第一条　鉄道は運輸の安全便益を旨とし係員をして懇切にその職務を行わしむべし
第二条　旅客、貨主及公衆は鉄道係員の職務上の指図に従うべし
第三条　旅客、手荷物又は貨物の取扱に関する鉄道の処置を不当なりとして申告をなしたる者に対しては鉄道は遅滞なくこれが弁明をなすべし。ただし氏名及住所を明示せざる者に対してはこの限にあらず
第四条　鉄道は停車場に運賃表、料金表、旅客列車（混合列車を含む以下同じ）の時刻表その他運輸上必要なる諸表規則等を備付くべし
第五条　鉄道は旅客又は貨主に対し通知を発すべき場合においてその責に帰すべからざる事由によりこれを発することあたわざるとき又は著しく困難なるときは当該停車場における掲示をもってこれに代うることを得
第六条　削除
第七条　第十九条、第二十八条乃至第三十四条、第七十三条乃至第七十五条、第七十八条及第七十九条の規定は鉄道と通し運送をなす場合における軌道、自動車又は索道による運送にこれを準用す

第二章　旅客運送

第八条　鉄道は停車場に当該停車場よりの旅客運賃表及当該停車場における旅客列車の出発時刻表の摘要を掲示すべし
○２　鉄道は主要なる停車場には当該停車場における旅客列車の到著（到着）時刻表の摘要を掲示すべし
○３　第一項の出発時刻表には終著（終着）停車場の名称、列車及これに連結する客車の種類並に連絡列車の摘要を付記すべし
第九条　鉄道は旅客列車が著しく遅延して発著（発着）し又はその運転を中断しもしくは休止したるときは遅滞なくその旨を関係停車場に掲示すべし
第十条　鉄道は旅客の同伴する六年未満の小児を旅客一人につき少くとも一人まで無賃をもって運送すべし
○２　割引乗車券をもって乗車する旅客又は乗車位置の指定をなす列車もしくは客車に乗車し特に小児のためその座席を請求する旅客については鉄道は前項の規定によらざることを得
○３　鉄道は十二年未満の小児を第一項の規定により無賃をもって運送するものを除き大人の運賃の半額をもって運送すべし

○4 前項の規定による運賃に十円未満の端数あるときは鉄道の定むる所により切上げ計算をなすことを得

第十一条　鉄道は旅客に対し運賃及料金の正算払を請求することを得

第十二条　乗車券には通用区間、通用期間、運賃額及発行の日付を記載することを要す。ただし特別の事由ある場合はこれを省略することを得

第十三条　乗車券はその通用区間中何れの部分についてもその効力を有す。ただし特種の乗車券又は列車につき鉄道が別段の定をなしたるときはこの限にあらず

○2 鉄道は前項の規定に拘らず乗継停車場を限定することを得

第十四条　旅客は改札前旅行を止めたるときは乗車券の発行当日に限り当該乗車券を返還して運賃の払戻を請求することを得。この場合においては鉄道は相当の手数料を請求することを得

○2 旅客は改札後乗車券相当の座席なきため旅行を止めたるときは遅滞なく鉄道係員の認諾を受け当該乗車券を返還して運賃の払戻を請求することを得

○3 前二項の場合を除くのほか旅客は旅行を止めたることを事由として運賃の払戻を請求することを得ず

第十五条　旅客は乗車券相当の座席なきときはあらかじめ鉄道係員の認諾を受け下級車に乗車して運賃の差額の払戻を請求することを得

○2 前項の場合を除くのほか旅客は下級車に乗車したることを事由として運賃の差額の払戻を請求することを得ず

○3 旅客はあらかじめ鉄道係員の認諾を受け鉄道の定むる運賃を支払い上級車に乗車することを得

第十六条　旅客は列車に乗後れたるため発行当日限り通用の乗車券がその効力を失うべき場合においては遅滞なく当該乗車券を鉄道係員に提出しその翌日まで通用期間の延長を請求することを得。ただし特に列車を指定したる乗車券を所持する旅客に在りてはこの限にあらず

第十七条　天災事変その他やむことを得ざる事由により列車の運転を中断したるときは鉄道は旅客に対し相当の便宜を与えこれが保護をなすべし

○2 前項の場合において旅客の請求あるときは出発停車場まで無賃をもって送還すべし

○3 前項の規定により旅客を送還する場合においては鉄道は既に運送したる区間に対する運賃を控除し残額の払戻をなすべし

第十八条　列車が遅延して到著したるため旅客が相当の時間中に接続する列車に乗継ぐことあたわざるときは鉄道は旅客の請求により出発停車場（途中下車したるときはその 最近下車停車場）まで無賃をもって送還すべし。ただし旅客が出発停車場に向い運転する最初の列車をもって中断なく復帰する場合に限る

○2 前項の規定により旅客を送還する場合においては鉄道は既に支払を受け

たる運賃（途中下車したるときはその最近下車停車場と出発停車場との区間に対する運賃を控除したる残額）の払戻をなすべし

第十九条　有効の乗車券を所持せずして乗車し又は乗車券の検査を拒みもしくは取集の際これを渡さざる者に対し鉄道はその旅客が乗車したる区間に対する相当運賃及その二倍以内の増運賃を請求することを得

第二十条　旅客は列車の出発合図ありたる後は乗車することを得ず

○2 旅客は列車が停車場に停車したる後に非ざれば下車することを得ず

○3 旅客は列車が停車場ほかにおいて停車したるときは鉄道係員の許諾を受くるに非ざれば下車することを得ず

第二十一条　旅客は左に掲ぐる行為をなすべからず

一　秩序をみだし又は風俗を害する行為

二　保健衛生上有害なる行為

三　車両、器具その他鉄道の設備を損壊すべきおそれある行為

四　他人に危害を及ぼすべきおそれある行為

第二十二条　鉄道は時刻表に指示したる列車をその時刻前に出発せしむることを得ず

○2 鉄道は天災事変その他やむことを得ざる事由ある場合又は公益上の必要ある場合を除くのほか時刻表に指示したる列車の運転を休止することを得ず

第二十三条　旅客は自ら携帯し得る物品にして左の各号の一に該当せざるものに限りこれを客車内に持込むことを得

一　爆発質、自然発火質、腐蝕質その他危害を他に及ぼすべきおそれある物品。ただし銃用実包又は銃用空包にして二百箇以内（業務上の必要により銃用実包又は銃用空包を携帯する者がその者の専用に供する列車に乗車する場合は五百箇以内、競技用の公称口径二十二のへり打つのライフル銃用実包又は拳銃用実包を携帯する者が乗車する場合は八百箇以内）、銃用雷管又は銃用雷管つき薬莢にして四百箇以内、銃用火薬にして容器荷造共一瓩（キログラム）以内 及導火線又は電気導火線にして容器荷造共三瓩以内を超えざるものを除く

二　酒類、油類その他引火し易き物品。ただし旅行中使用する少量のものを除く

三　刃物但し同乗者に危害を及ぼすべきおそれなき様梱包したるものを除く

四　煖炉及焜炉。ただし懐中用のもの又は直に使用し得ざるものを除く

五　死体

六　動物。ただし鉄道において客車内に携帯することを許諾したる小動物にして同乗者に迷惑を及ぼすべきおそれなきものを除く

七　不潔、臭気等のため同乗者に迷惑を及ぼすべきおそれある物品

八　座席又は通路を塞ぐべきおそれある物品及客車を毀損すべきおそれある物品

○2 前項の物品については旅客自らこれを保管する責に任ず

○3　第一項第一号但書の火薬類は銃用実包、銃用空包及銃用雷管つき薬莢を弾帯に挿入する場合を除きこれを容器に収納しかつ旅客かこれを車内に持込む場合は火気その他保安につき特に注意すべし

第二十四条　旅客が前条第一項第一号乃至第七号に掲ぐる物品を客車内に持込み又は持込まんとしたるときは鉄道係員は旅客を車ほか又は鉄道地ほかに退去せしむることを得

○2　前項の場合においては旅客は既に支払いたる運賃及料金の払戻を請求することを得ず

○3　鉄道は前二項の規定によるのほかその物品につき乗車券に記載したる通用区間（有効の乗車券を所持せざるときは乗車列車の運転区間）に対する相当運賃及その十倍以内の増運賃並に前条第一項第一号及第二号に掲ぐる物品に在りてはなおその重量一瓩につき金千円以内の増運賃を請求することを得

○4　前項の規定は損害賠償の請求を妨げず

第二十五条　旅客が第二十三条第一項第八号に掲ぐる物品を客車内に持込みたるときは鉄道はその物品につき旅客の乗車区間における運送の委託を受けたるものと看做（みな）し相当運賃を請求することを得

○2　前項の場合においてその物品が直に運送の引受をなすに適せざるものなるときは鉄道は旅客を最近停車場に下車せしめかつその物品につき既に運送したる区間に対する相当運賃を請求することを得

第二十五条ノ二　鉄道係員は旅客が第二十三条第一項第一号乃至第三号に掲ぐる物品を客車内に持込むこと其の他危害を他に及ぼすべき虞ある行為を防止する為特に必要ありと認むるときは旅客又は公衆の立会を以て其の携帯する物品を点検することを得此の場合に於ては鉄道係員は旅客又は公衆に対し当該点検に必要なる協力を求むることを得

○2 旅客又は公衆が前項の点検又は協力の求を拒みたるときは鉄道係員は当該旅客又は公衆に対し車外又は鉄道地外に退去することを求むることを得

第二十五条ノ三　鉄道は車内ニ於ける第二十一条各号に掲ぐる行為の抑止の効果ヲ高むる為車両の客室に車内の状況を記録することを得べき設備を備付くべし但し運行形態、旅客の利用状況其の他の事由を勘案して国土交通大臣の定むる場合は此の限に在らず

第三章　荷物運送

第一節　通則

第二十六条　旅客又は荷送人は託送手荷物又は貨物の種類、性質、重量、運送距離その他運送の態様に従いその滅失、毀損及鉄道の設備又は他の託送手荷物若は貨物その他に対する損害を生ぜしめざる様適当なる荷造をなすべし

第二十七条　荷送人は貨物のほか面にその品名、到達停車場の名称、荷送人

及荷受人の氏名もしくは商号及住所並に配達をなすべきものに在りてはその届先を明瞭に記載し又はこれ等の事項を記載せる荷札を括付すべし。旅客が託送する手荷物につき亦同じ

第二十八条　左に掲ぐるものを高価品とす

一　貨幣、紙幣、銀行券、印紙、郵便切手、民間事業者による信書の送達に関する法律（平成十四年法律第九十九号）第二条第六項に規定する一般信書便事業者又は同条第九項に規定する特定信書便事業者による同条第二項に規定する信書便の役務に関する料金の支払のために使用し得る証票及公債証書、財務省証券、株券、債券、商品券その他の有価証券並に金、銀、白金その他の貴金属、いりぢうむ、たんぐすてんその他の稀金属、金剛石、紅玉、緑柱石、琥珀、真珠その他の宝玉石、象牙、鼈甲、珊瑚及その各製品

二　美術品及骨董品

三　容器荷造を加へ一瓩の価格金四万円の割合を超ゆる物。ただし動物を除く

○2 高価品と高価品にあらざるものとを混ぜる場合において容器荷造を加え一瓩の価格金四万円の割合を超えざるときはこれを高価品にあらざるものとみなす

○3 第一項第三号及前項の場合における重量及価格は一荷造毎にこれを計算す

第二十九条　要償額の表示は送り状を提出する場合においては送り状にこれを記載し、送り状を提出せざる場合においては鉄道の定むる要償額申告書をもってこれをなすことを要す

○2 第五十三条の規定は前項の要償額申告書にこれを準用す

第三十条　要償額の表示料は左の割合を超ゆることを得ず

一　託送手荷物（第二号及第三号に該当するものを含む）　表示額金千円まで毎に　金一円

二　高価品　同　金一円

三　動物　同　金三円

四　その他の貨物　同　金五十銭

○2 前項の規定は一口につき金十円を超えざる範囲内において最低料金を設定することを妨げず

○3 鉄道営業法第十一条第二項 の規定による超過部分に対する表示料についてはこれが払戻を請求することを得ず

第三十一条　託送手荷物又は貨物に対する引渡期間は左の各号の期間を合算したるものとす

一　発送期間

二　輸送期間

三　集配期間

○2 発送期間は託送手荷物に在りては運送のため受取りたる日としその他の

貨物に在りては運送のため受取たる日及その翌日とす。ただし第五十六条の規定により受取りたる貨物に在りてはこれを発送し得るに至りたる日をもって運送のため受取りたる日とみなす
○3 輸送期間は運賃計算の場合における輸送の経路に由り各鉄道毎に左の各号の通とす
一　託送手荷物については四百粁まで毎に一日
二　貨物については百六十粁まで毎に一日
○4 集配期間は停車場ほかにおいて託送手荷物又は貨物の受取又は引渡をなす場合にはその各につき一日とす
○5 鉄道の責に帰すべからざる事由により前各項の規定により計算したる引渡期間満了後託送手荷物又は貨物の引渡ありたる場合においてはその遅延日数だけ引渡期間は延長せられたるものとみなす
○6 前各項の規定により計算したる引渡期間満了後託送手荷物又は貨物の引渡ありたる場合においては鉄道がその引渡の準備をなしかつ到達の通知を発すべきものにつきその通知を発したるときはその後の期間については鉄道の責に帰すべき事由ある場合を除くのほか引渡期間はこれを超過せざりしものとみなす
第三十二条　鉄道は運送を引受けたる動物についてはこれが飼養の責に任ぜず
第三十三条　鉄道は託送手荷物又は貨物が損敗すべきおそれある場合においては旅客又は貨主に対し相当の期間を定めその処分につき指図をなすべき旨を催告すべし
○2 前項の場合において旅客もしくは貨主が指図をなさざるとき又はその指図を待つことあたわざるときは鉄道は旅客又は貨主の費用をもってこれを公売することを得
○3 前項の規定により公売をなしたるときは鉄道は遅滞なくこれを旅客又は貨主に通知すべし
○4 第二項の規定により公売をなしたる場合においては鉄道はその売却代金を運賃、料金その他の費用の弁済に充当し残額あるときはこれを旅客又は貨主に交付し不足額あるときはこれが支払を請求することを得
第三十四条　鉄道は託送手荷物又は貨物の引渡をなす際滅失、毀損又は延著を事由として旅客又は貨主の請求あるときはその引渡品の数量、状態又は引渡の年月日につき証明をなすことを要す
第三十五条　第二十四条の規定は旅客又は公衆が物品の無賃運送を図り因て運賃を逋脱（ほだつ）し又は逋脱せんとしたる場合にこれを準用す

第二節　手荷物運送

第三十六条　旅客は鉄道が手荷物の運送をなさざる定その他別段の定をなしたる場合を除くのほかその旅行に必要なる物品を手荷物として託送することを得

第三十七条　旅客は火薬類その他の危険品、危害を他に及ぼすべきおそれある物品又は臭気を発し若は不潔なる物品を手荷物として託送することを得ず

第三十八条　削除

第三十九条　旅客は手荷物を託送せんとするときはその乗車券を鉄道係員に呈示すべし

第四十条　鉄道は運送のため手荷物を受取りたるときは手荷物符票を交付すべし

第四十一条　鉄道は託送手荷物を旅客と同一列車をもって運送すべし。ただし運送上の支障ある場合はこの限にあらず

第四十二条　鉄道は手荷物符票を所持する旅客に託送手荷物の引渡をなすべし

○２ 旅客が手荷物符票を所持せずして託送手荷物の引渡を請求したるときは鉄道は当該旅客がその権利を証明し又は相当の担保を供したる場合に限りこれが引渡をなすことを得

第四十三条　鉄道はあらかじめ旅客の請求あるときは途中停車場において託送手荷物の引渡をなすべし。ただし運送上の支障ある場合はこの限にあらず

○２ 前項の場合においては旅客は既に支払いたる運賃の払戻を請求することを得ず

第四十四条　鉄道は第十七条第二項又は第十八条第一項の規定により送還する旅客の託送手荷物をその旅客が送還せらるべき区間に限り無賃をもってこれを返送すべし

○２ 第十七条第三項又は第十八条第二項の規定は前項の規定により返送する託送手荷物の運賃の払戻にこれを準用す

第四十五条　旅客が託送手荷物の到達したる後二十四時間内にこれを引取らざるときは鉄道はその後の時間に対し相当の保管料を請求することを得

第四十六条　第五十九条の規定は旅客が手荷物として託送し得ざる物品を他の品名により託送したる場合にこれを準用す

第三節　貨物運送

第四十七条　貨物を託送せんとする者は鉄道の許諾を受けたるときは当該貨物を託送するに至るまで自己の責任をもって停車場その他鉄道地内に一時これを留置することを得

○２ 前項の場合においては鉄道は相当の留置料を請求することを得

第四十八条　貨物を託送せんとする者は鉄道の定むる時間内にその手続をなすべし

第四十九条　死体を託送せんとする者は死亡証書を呈示してこれが運送の申込をなすべし

○２ 死体の託送人は送り状に死亡証書の写を添付すべし

第五十条　荷送人は貨物を託送する際送り状を提出することを要す
○2 送り状には左の事項を記載することを要す。ただし貸切貨車積以ほかの貨物の送り状に在りては鉄道の定むる所により第一号乃至第三号に掲ぐる事項を省略することを得
一　貨物の品名、重量又は容積及その荷造の種類、箇数並に記号
二　発送停車場の名称
三　到達停車場の名称
四　荷受人の氏名又は商号及住所
五　要償額を表示するときはその金額
六　高価品につきその価額を明告するときはその金額
七　運賃の支払方法
八　特約あるときはその事項
九　送り状の作成地及その作成の年月日
十　荷送人の氏名又は商号及住所
第五十一条　荷送人は送り状の記載につき鉄道に対しその責に任ず
第五十二条　鉄道は荷送人より貨物を受取りたるときは送り状にその受取番号を記入すべし
第五十三条　荷送人は送り状を提出する際その謄本の交付を請求することを得
○2 前項の規定により運送状の謄本を交付する場合においては鉄道は相当の手数料を請求することを得
第五十四条　荷送人は貨物を託送する際その運賃及料金を支払うべし
○2 前項の場合においてその金額を確定することあたわざるときは鉄道の請求により概算額を支払うべし
第五十五条　鉄道は死体又は動物の運送を引受けたるときはその受取の日時を指定することを得
第五十六条　鉄道は貨物の運送を引受けたる場合において直にその運送をなし得ざるときといえども特約をもって当該貨物を受取ることを。この場合においては送り状にその特約条項を記載することを要す
○2 前項の場合においては鉄道はその貨物の運送をなすことを得るに至るまでの期間に対し相当の保管料を請求することを得
第五十七条　削除
第五十八条　鉄道は死体、動物その他特種の管理を要する貨物の運送につき付添人を付すべきことを請求することを得
○2 鉄道は荷送人に対し相当の付添人料を請求することを得
○3 付添人の管理する貨物については鉄道はこれが保管の責に任ぜず
○4 付添人は貨物の運送中における管理に必要なる物品にあらざればこれを車内に持込むことを得ず
第五十九条　貨物の品名、重量その他送り状の記載に基き計算したる運賃が正

当運賃に不足する場合においては鉄道は不足額及その十倍以内の増運賃を請求することを得
○2 荷送人が火薬類その他の危険品を他の品名により託送したるときは前項の規定によるのほか鉄道はその重量一瓩につき金千円以内の増運賃を請求することを得
○3 前二項の規定は損害賠償の請求を妨げず
第六十条 貨物の積卸は鉄道においてこれをなすべし。ただし貸切貨車積貨物、死体、動物及一箇の長六米、重量三百瓩又は容積一立方米を超ゆる貨物の積卸は貨主においてこれをなすべし
第六十一条 貨主が貨物の積卸をなすべき場合においては鉄道はその積卸の準備をなしたる後貨主に対しその旨の通知を発すべし
第六十二条 貨主が鉄道の定むる積卸時間内に貨物の積卸を完了せざるときは鉄道はその後の時間に対し相当の貨車留置料を請求することを得
○2 鉄道は貨主が取卸時間内に貨物の取卸をなさざるときは貨主の費用をもってその取卸をなすことを得
第六十三条 貨主が貨物の積卸をなすべき場合において鉄道の機械又は器具を使用するときは鉄道は相当の使用料を請求することを得
第六十四条 鉄道は無蓋貨車用の覆布及綱を準備すべし
○2 鉄道は前項の覆布又は綱の使用については料金を請求することを得ず
第六十五条 貨物の種類又は性質により鎖錠を要するもの又は濡損もしくは引火のおそれあるものは有蓋貨車に搭載すべし。ただし特約ある場合はこの限にあらず
第六十六条 死体は特約により特別車に搭載する場合を除くのほか手荷物車又は有蓋貨車に搭載すべし
○2 死体は他の託送手荷物又は貨物と隔離して搭載すべし
○3 飲食物又はその原料品は死体と同一車に搭載することを得ず
第六十七条 死体は運送上の支障ある場合を除くのほか到達停車場に直通する列車をもって急送すべし
第六十八条 貨物が到達停車場に到達したるときは鉄道は遅滞なく到達の通知を発すべし。ただし配達をなすべきものに在りてはこの限にあらず
第六十九条 死体が到達停車場に到達したるときは遅滞なくこれを引取るべし
○2 死体が到達したる後六時間内にこれを引取らざるときは鉄道は到達地所轄警察署にその旨を届出づべし
第七十条 削除
第七十一条 貨主が鉄道の定むる引取時間内に貨物の引渡に応ぜざるときは鉄道はその後の時間に対し相当の保管料を請求することを得
○2 貨主が貨物の引渡を受けたる後これを引取らざるときは鉄道は相当の留置料を請求することを得。ただし引取時間内はこの限にあらず

第七十二条　天災事変その他やむことを得ざる事由により貨物の運送を継続することあたわざる場合において荷送人の請求あるときは鉄道は発送停車場まで無賃をもってこれを返送すべし
○2 第十七条第三項の規定は前項の規定により返送する貨物の運賃の払戻にこれを準用す

第四章　鉄道の責任

第七十三条　要償額の表示なき託送手荷物、高価品又は動物の滅失又は毀損による損害につき鉄道が賠償の責に任ずる場合においては鉄道に悪意又は重大なる過失ある場合を除くのほか左の金額を超え賠償の責に任ぜず
一　託送手荷物（第二号及第三号に該当するものを含む）　一個につき金十万円。ただし旅客一人につき金十六万円を最高額とす
二　高価品一瓩（容器荷造を含む）まで毎に金四万円。ただし一口金四百万円を最高額とす
三　動物
牛　一頭につき　金二十五万円
子牛　同　金十万円
馬　同　金十五万円
豚　同　金二万五千円
犬　同　金三万円
その他の獣類　同　金二万円
その他の動物　一瓩（容器荷造を含む）まで毎に金二千円。ただし一口金二十万円を最高額とす
第七十四条　要償額の表示ある託送手荷物又は貨物の延著による損害につき鉄道が賠償の責に任ずる場合において支払うべき金額は鉄道に悪意又は重大なる過失ある場合を除くのほか左の各号による
一　請求者において延著による損害額を証明したる場合においては表示額を限度として一切の損害額
二　その他の場合においては運賃額を限度として延著の期間一日まで毎に運賃額の百分の十
○2 要償額の表示なき託送手荷物又は貨物の延著による損害につき鉄道が賠償の責に任ずる場合において支払うべき金額は鉄道に悪意又は重大なる過失ある場合を除くのほか左の各号による
一　請求者において延著による損害額を証明したる場合においては運賃額を限度として一切の損害額
二　その他の場合においては運賃額の二分の一を限度として延著の期間一日まで毎に運賃額の百分の五
○3 前二項の場合における運賃額は当該託送手荷物又は貨物の運賃額及その

集配のため受くる金額を合算したる額とす

○4 第一項第二号及第二項第二号の場合において託送手荷物又は貨物の一部が延著し又は延著の期間を異にするとき鉄道の支払うべき金額は延著したる各部分の数量につきこれを計算す

第七十五条　鉄道営業法第十三条第二項の規定による留保ありたる場合において留保者の請求あるときは鉄道はこれが証明をなすことを要す

○2 鉄道営業法第十三条第二項の規定による留保ありたる託送手荷物又は貨物につきその到達、発見等により引渡をなすことを得るに至りたるときは鉄道は賠償を受けたる者に対し遅滞なくその旨を通知すべし

第七十六条　一時預り品の滅失又は毀損による損害につき鉄道が賠償の責に任ずる場合においては鉄道に悪意又は重大なる過失ある場合を除くのほか一箇につき金三万円を超え賠償の責に任ぜず

第五章　非常事態発生の際における運送（昭二一運令七・改称）

第七十七条　非常事態の発生に際し運送上の必要ある場合においては鉄道は第四条、第八条、第十条第一項、第十五条及第二十二条第一項の規定によらざること及第十三条第一項本文の規定に拘らず乗車券の効力につき別段の定をなすことを得

第七十八条　非常事態の発生に際し運送上の必要ある場合においては鉄道は貨物の受取の日時を指定し又は貨物を託送せんとする者に対しその託送前貨物の品名、数量、到達停車場の名称等を申告すべきことを請求することを得

第七十九条　非常事態の発生に際し運送上の必要ある場合においては鉄道は託送手荷物又は貨物に対する引渡期間の算定に当り合算せらるべき発送期間その他の期間を各二倍以内に延長することを得

（以下付則、省略）

索引

土屋武之（つちや・たけゆき）

1965年、大阪府豊中市生まれ。鉄道員だった祖父、伯父の影響や、阪急電鉄の線路近くに住んだ経験などから、幼少時より鉄道に興味を抱く。大阪大学では演劇学を専攻し劇作家・評論家の山崎正和氏に師事。出版社勤務を経て1997年にフリーライターとして独立。2004年頃から鉄道を専門とするようになり、社会派鉄道雑誌『鉄道ジャーナル』のメイン記事を毎号担当するなど、社会の公器としての鉄道を幅広く見つめ続けている。著書に『誰かに話したくなる大人の鉄道雑学』（SBクリエイティブ）『旅は途中下車から』（交通新聞社）など。

装丁…松村大輔（のどか制作室）
DTP・本文デザイン…Lush!
企画・編集…磯部祥行

きっぷのルール ハンドブック 三訂版《さんていばん》

2024年3月25日　初版第１刷発行

著　者　土屋武之
発行者　岩野裕一
発行所　株式会社実業之日本社
〒107-0062　東京都港区南青山6-6-22　emergence 2
［編集部］TEL 03-6809-0473
［販売部］TEL 03-6809-0495
https://www.j-n.co.jp/

印刷・製本　大日本印刷株式会社

ISBN978-4-408-65081-4（第二書籍）